移动商务系列丛书
中国电子商务协会移动商务专家咨询委员会推荐
中国信息经济学会电子商务专业委员会推荐

移动商务支付

主　编　王军选
副主编　王庆鹏　秦成德

对外经济贸易大学出版社
中国·北京

图书在版编目（CIP）数据

移动商务支付／王军选主编．—北京：对外经济贸易大学出版社，2012
（移动商务系列丛书）
ISBN 978-7-5663-0446-9

Ⅰ．①移… Ⅱ．①王… Ⅲ．①移动通信-通信技术-应用-支付方式-研究-中国 Ⅳ．①F832.6-39

中国版本图书馆 CIP 数据核字（2012）第 199374 号

移动商务支付

王军选　**主编**
责任编辑：王文君　张姗姗

对外经济贸易大学出版社
北京市朝阳区惠新东街 10 号　邮政编码：100029
邮购电话：010-64492338　发行部电话：010-64492342
网址：http://www.uibep.com　E-mail：uibep@126.com

山东省沂南县汇丰印刷有限公司印装　新华书店北京发行所发行
成品尺寸：185mm×260mm　16.5 印张　382 千字
2012 年 11 月北京第 1 版　2012 年 11 月第 1 次印刷

ISBN 978-7-5663-0446-9
印数：0 001-4 000 册　定价：30.00 元

移动商务系列丛书编委会成员名单

总　　序

移动商务是电子商务发展中最有活力的领域，是现代服务业和社会信息化的重要组成部分。移动商务是适应21世纪人类工作、生活模式和企业运作需求的新型通信和商务模式。随着网络和终端技术的发展，电子商务的影响力使得移动商务的兴起是必然的。移动商务，是指利用手机、掌上电脑等移动通信设备终端，通过移动通信的无线网络与互联网的有机结合进行的电子商务活动。它是对传统电子商务的整合与发展，是电子商务发展的最新形态。移动电子商务在具体产业领域的应用有其鲜明的实践特点，既是移动通信的增值业务，也是传统电子商务的延伸和发展，又属于电子服务的内容，是构筑我国现代服务业的基础。移动商务具有许多传统电子商务所不具备的特有属性，即位置相关性、紧急性、随时随地的访问。当移动商务能充分体现出以上三类特性时，移动商务服务才更能体现出它特有的价值。移动商务可以使人们在必须移动工作时更加方便，而便捷性就是移动商务的价值所在。由于无线网络具有的广阔覆盖范围和便携的手持设备，我们几乎可以随时随地为移动用户提供移动服务。移动商务不仅在技术特性方面有别于电子商务，在服务特性方面也和电子商务有重要的区别，这主要体现在用户群、交易、移动性、位置特性和时间等方面。我国移动手机用户已超过8亿，具有巨大的潜在市场。由于移动性，移动商务领域产生了许多传统电子商务所无法实现的服务内容。

随着信息技术的发展和互联网的日益普及，我国移动商务出现了良好的发展势头，对促进生产、流通和消费产生了巨大的作用。移动商务的快速发展给中国带来了巨大的机会，但是，与发达国家相比，我国移动商务仍处在起步阶段，还存在着应用范围不广、水平不高、政策环境亟待完善等问题，特别是在移动商务的教育和科研方面相对滞后。这就需要我们借鉴国外的理论研究成果和经验，同时又注重中国的现实问题，并进行总结、分析、归纳，用以指导移动商务的发展。

鉴于移动商务研究对于我国电子商务和现代服务业的发展具有重要意义，中国电子商务协会移动商务专家咨询委员会与对外经济贸易大学出版社合作，在移动商务应用的基础上策划了一套移动商务系列丛书，以适应电子商务发展的需要。这套丛书跟踪国际、国内移动商务发展的动态和趋势，从各个角度对移动商务进行了更深入和更广泛的探索和研究，力争为移动商务的进一步发展和应用、移动商务人才培养等实际工作提供坚实的基础，并为国家现代服务业发展战略中的移动商务应用研究作出贡献。

虽然移动商务课程在我国普通高等教育本科电子商务专业中只是一门选修课，但是最近教育部考试中心已批准了移动商务技术、移动商务管理两个自学考试本科专业，以培养适应现代社会需要的复合型人才。我国移动商务的建设和发展既需要移动商务技术人才，更需要推动移动商务产业发展的规划、组织、决策、管理、集成和实施的人才，因此移动商务学科的建设必须要得到经济学、管理学和法学等学科的合力支持。

科学性、前瞻性、实用性、综合性、开放性应该是移动商务系列丛书的五大特点。我们与相关高校从事移动商务教学的专家、学者联合组织了本套丛书的编写，为急需移动商务相关知识的学生提供了一整套体系完整、层次清晰、数据准确、通俗易懂的移动商务教材，同时出版了一批符合国家移动商务发展方向和有利于提高国民信息技术应用能力、造就信息化人才队伍的丛书。

本系列教材突出了理论联系实际、基础推动创新的特色，对基本概念、基本知识、基本理论进行了准确的表述，把抽象的理论与生动的实践有机地结合起来，使读者在理论与实践的交融中对移动商务有了全面和深入的理解和掌握。

自移动商务系列教材编写工作启动以来，我们得到了教育部电子商务专业教学指导委员会和中国电子商务协会移动商务专家咨询委员会的众多领导、专家、学者的关心和支持，在此，向他们表示衷心的感谢！鉴于时间、知识和能力的局限，书中可能会存在各种问题，恳请各位专家、学者以及全体读者不吝赐教，使我们能不断地改进。

高等学校《移动商务系列丛书》编委会

中国电子商务协会移动商务专家咨询委员会

2011 年 10 月 12 日

前　言

随着移动互联网的发展以及手机用户数量的不断增加，移动支付这种新型的支付方式正在流行开来。它也被人们称作移动商务中的新亮点。移动支付与传统的支付方式相比，可以给用户带来更新奇、更好玩的体验。移动支付的便捷性可以满足人们在任何时候进行消费的需求。在移动运营商加入后，移动支付在未来也能为他们带来直接的经济效益、品牌效益等。因此可以说手机支付拥有极大的可挖掘潜力。移动商务成为信息化时代最具发展潜力的业态，年复合增长率达到 40.7%。产业的发展引发大量的人才需求。中国电子商务协会移动商务专家咨询委员会为了培养移动商务专业人才和推动移动商务的发展，着手组织国内本领域专家和专业教师编写《移动商务系列》丛书。

2010 年 4 月中国电子商务协会移动商务专家咨询委员会成立，开始对我国移动商务发展的产业布局、产业规划、产业政策、产业技术创新、重大技术成果产业化等开展战略研究，并对移动商务发展情况进行跟踪研究，适时提出对策建议；同时认为组织出版一套《移动商务系列》丛书是适时的。

2011 年 3 月，中国信息经济学会组织申报移动商务管理专业，教育部考试中心于 2012 年 4 月批准了电子商务（移动商务管理方向）的自学考试专业。早在 2009 年初，中国电子商务协会移动商务专家筹备组即组织全国多所高校的老师和有关专家参加编写《移动商务系列》丛书共十本，包括《移动支付服务》课程在内的多种教材写作大纲。我们受对外经贸大学出版社的委托，着手《移动支付服务》的撰写工作，图为电子商务专业学生提供一本理论深入、内容充实、材料新颖、范围宽广、叙述简洁、条理清晰，适合教学的移动商务支付方面的教材。我们对《移动支付服务》的体系进行了重新构筑，形成了符合电子商务专业教学要求的理论体系。本教材是作者在教学层次上采纳并吸取了众多一线教师多年来在移动商务和移动支付方面教学理论成果和教学实践经验的结晶。

本书将《移动支付服务》分为 12 章，其中第 1 章是移动支付概述；第 2 章介绍远程移动支付技术 WAP；第 3 章介绍现场移动支付技术 NFC；第 4 章介绍移动支付系统与平台；第 5 章是移动支付产业价值链；第 6 章移动支付商业模式和第 7 章移动支付技术模式，构成移动支付的主体部分，即整个移动支付服务过程所涉及的主要问题。第 8 章介绍移动支付与电子银行；第 9 章移动支付服务市场分析；第 10 章阐述移动支付安全；第 11 章关注移动支付服务创新；第 12 章讨论移动支付的立法与监管。我们认为，上述内容足以涵盖《移动支付服务》的各个方面，形成了一个完整的体系。本书不但适合电子商务专业及移动商务方向、经济管理、信息技术、信息管理、移动通信等专业本科生或研究生使用，也可供从事移动商务管理实务或科学研究的人员如工程师、经济师、教师等一切对此有兴趣的人阅读。

本书的编写工作由国内多所院校的移动通信与电子商务专业教师完成，参与的院校教师是西安邮电大学王军选博士，副教授、秦成德教授、卫晨、徐曼君、陈静等老师，深圳大学王庆鹏老师，西安邮电大学的张燕燕高工、研究生刘正昊、罗丹、黎杰、燕红丽、王勇、赵永峰以及王梁磊为本书的完成做了一定的贡献。本书写作的分工（按各章先后为序）是：第 1、2、3、6 章由王军选副教授编写；第 5、12 章由秦成德编写；第 4 章由卫晨编写；第 7、8、11 章由王庆鹏编写；第 9、10 两章由陈静编写；秦成德对全书审阅还对第 1、4、7、10、11 各章进行了补充修改工作，全书由王军选和秦成德统稿。

在本书的撰写过程中，得到教育部电子商务专业教学指导委员会的关心，也得到中国电子商务协会领导、移动商务专家咨询委员会的支持，并受到中国信息经济学会及电子商务专业委员会的热情关怀。对外经贸大学出版社的领导，编辑李晨光、王宁等给予了大力帮助，本书写作过程中，参考了许多中外有关研究者的文献和著作，在此一并致谢。移动支付服务是一个日新月异的领域，许多问题尚在发展和探讨之中，观点的不同，体系的差异，在所难免。本书不当之处，恳请专家及读者批评指正。

目　　录

第1章

移动支付服务概述

内容提要

本章对移动支付的概念进行了简要的介绍，同时分析了移动支付的特点。在此基础上，给出了移动支付的不同分类，并分析了主要区别。最后，介绍了移动支付的发展前景。

移动支付（Mobile Payment）也称为手机支付，是移动用户使用其手机终端等设备对所消费的商品或服务进行账务支付的一种服务方式。移动支付是满足消费者多元化支付需求与高新技术发展的产物，它自身具有显著的优越性。试想一下，发一条短信就能支付账单，用手机也能像刷银行卡一样在自动售货机前购买饮料或在车站、机场购买火车票、飞机票，乘公交或地铁用手机当公交卡，水电费直接从手机账户扣除等，这些都是手机支付带给我们的全新生活体验。手机支付可以称为移动通信技术与信息安全技术相结合的产物。手机支付业务让手机终端代替了钱包，能够让玩家随时随地进行支付。简单、快捷是它最主要的特点。在传统支付方式一成不变的前提下，用户急需一种创新的支付方式来改变生活。手机支付这种全新的消费模式和方式满足了用户这种多样化、创新化的需求。进入2010年后，手机支付市场的主要竞争者如运营商、银行、第三方支付公司相继涉足，为手机支付行业带来了崭新的契机。

1.1 移动支付的概念

随着互联网的快速发展，电子商务也在全球顺势而起，这种新的商业模式给人们的生活方式产生巨大的影响。另一方面，移动通信的发展也非常迅速，从第一代模拟移动通信到第二代以GSM（Gloable System for Mobile Communication）为代表的数字移动通信，再到第三代以CDMA为代表的移动通信用了不到20年的时间。移动用户的数量也迅速增加，目前仅中国的移动用户数就超过了7亿。移动用户也不再仅仅满足于语音业务，人们将目光更多地放到以股票、小额支付、信息浏览等为主的数据业务上。随着互联网和移动通信技术、电子商务业务的进一步结合，移动支付也具有了良好的发展基础，并且已经迎来了发展的黄金时机。

近年来，电子商务领域的发展过程变化多端。随着移动互联网的发展以及手机用户数量的不断增加，手机支付这种新型的支付方式正在流行开来。手机支付与传统的支付方式相比，可以给用户带来更新奇、更好玩的体验。此外，手机支付的便捷性可以满足人们在任何时候进行消费的需求。在移动运营商加入后，手机支付在未来也能为他们带来直接的经济效益和品牌效益。因此，可以说手机支付具有极大的挖掘潜力。

移动支付没有一个统一的定义，不同的组织对移动支付有不同的定义。移动支付论坛认为，移动支付是指交易双方为了某种货物或者业务，借助移动通信设备，通过移动通信网络实现的商业交易，移动支付所使用的移动终端可以是手机、移动 PC、PDA 等。中国人民银行 2005 年发布的《电子支付指引（第一号）》给出的定义为：移动支付是指单位、个人以下简称用户直接或授权他人通过移动通讯终端或设备，如手机、掌上电脑、笔记本电脑等，发出支付指令，实现货币支付与资金转移的行为。

根据上面的定义，移动支付业务也被称为手机支付，是一项跨行业的综合服务，是电子货币与移动通信业务相结合的产物。移动支付业务不仅丰富了银行服务内涵，使人们随时随地享受银行服务，同时还是移动运营商提高每用户品均收入（Average Revenue Per User，ARPU）值的一种增值业务。因此，移动支付是指交易双方为了某种货物或者服务，以移动终端设备为载体，通过移动通信网络实现的商业交易。移动支付所使用的移动终端可以是手机、PDA、移动 PC 等设备。

1.2 移动支付的特点

移动支付的本质是移动通信的信息流与资金流之间的转换过程。在此过程中，涉及的各方，包括消费者、移动通信运营商、相关银行、商家以及相应的认证机构等多个角色之间会发生关联，从而形成一个新的价值链。

在这个价值链中，不同的角色关心的重点不同，消费者最关心的是支付的安全性以及便利性，甚至包括支付的隐私权是否能够得到保障等问题；移动通信运营商关心的问题主要在于系统的标准化程度、交互功能、增值业务种类以及收益模式；金融机构关心整个支付系统的完整性、风险性以及可靠性；商家则希望支付过程具有透明性、便利性，因为这样会吸引更多的用户，同时，他们也能够及时获得支付。总体而言，移动支付业务的出现是一个新的价值链的形成过程，它为消费者和商家以及银行带来了巨大的便利和利益，同时它也对支付业务的提供者产生了巨大的压力，因为移动支付要求这些机构必须提供强有力的安全保证，并且要求系统具有交互式职能。

综上所述，我们可以明显的看到移动支付具有下面几个明显的特点：

（1）支付便利。和目前已有的其他支付方式相比，移动支付具有较大的便利性。由于和移动通信相结合，移动支付可以随时随地的进行。

（2）安全性高。可以借鉴目前移动通信网络系统的鉴权、认证体系以及交互式操作，极大地提高了支付的安全性和可靠性。

（3）成本低。相对于其他支付手段，移动支付的成本较低，容易大规模推广。

（4）具有巨大的潜在市场。目前移动用户的数量巨大，他们都是移动支付的潜在客户，因此移动支付具有广阔的发展前景。

（5）资源整合。移动支付最大的优势在于它将银行的信用、商家的营销能力和消费者的利益最大限度地整合起来。

1.3　移动支付的类型

移动支付存在着多种形式，不同形式的实现方式也不尽相同。目前比较传统的分类方式是基于移动支付论坛提出的分类方式，既可以按照支付价值的大小分类，也可以交易所处的地理位置划分，还可以根据业务种类的不同进行划分，见表1-1。

表1-1　移动支付分类

分类的类型	分类	定　义	区别要点	区　别
支付金额	小额支付	单笔金额在10美元以下	安全等级	可以使用移动通信网络基于SIM卡的鉴权机制进行鉴权
	大额支付	单笔金额在10美元（包括10美元）以上		需要通过可靠的金融机构进行鉴权和交易
支付方式	接触式支付	直接利用手机在线进行远程的购物或服务	双方交易所处的位置	远程交易
	非接触式支付	在面对面的购买货物或服务中使用移动网络，也可以不通过移动网络		面对面的交易，可以发生在人与人之间，也可以发生在人与机器之间
业务种类	卡类业务	电话卡、游戏卡等的购买	业务应用领域	付费卡服务
	宽带业务	流媒体、网游等服务的支付		宽带服务
	移动增值业务	移动下载、移动音乐、彩铃等移动增值业务		移动增值领域的服务
	其他应用	彩票、旅游、保险等其他扩展业务		行业应用

根据基于支付金额可将移动支付类型划分为小额支付和大额支付。其中，小额支付是指交易额少于10美元，通常是指购买移动内容业务或其他小额的业务，例如手机游戏、手机视频下载、交停车费等；大额支付是指交易金额较大（大于等于10美元）的支付行为，例如在线购物或者近距离支付。小额支付与大额支付之间最大的区别在于两者要求的安全级别不同，使用的技术手段也不同。对于大额支付，一般需要通过可靠的金融机构来进行交易验证；小额支付的重点在于使用快捷、运作成本低，因此使用移动

网络本身的SIM卡鉴权机制就可以了。目前，世界大多数流行的移动支付行为都是集中在小额支付上。

根据交易双方所处的位置，移动支付可分为非接触式移动支付和接触式移动支付。非接触式移动支付利用手机在线从远程购买货物和服务，支付交易是面对面的交易，可以发生在人与人之间，也可以发生人与机器之间，例如通过自动售货机购买商品，通过售票机购买地铁票等，其主要技术方式有红外、近距离无线通信（Near Field Communication，NFC，以索尼公司开发的一种近距离非接触智能芯片FeliCa IC技术最为典型）以及射频识别（Radio Frequency Identification，RFID）、双面SIM卡（Double Interface SIM，DISIM）等技术。非接触式移动支付小到购买彩铃、图片和电影等数字产品，大到用手机购买货物和服务等大宗实物产品。接触式移动则是支付通过移动网络进行，是一种在线支付方式，主要技术实现方式有短消息（SMS）、无线应用协议（WAP）、交互语音应答（IVR）、K－Java、BREW（Binary Runtime Enuironment for Wireless）、非结构化补充服务数据业务（Unstructured Supplementary Service Data，USSD）等。

根据业务种类不同，移动支付可分为卡类应用、宽带服务类应用、移动增值服务类应用和其他类应用四种。其中，卡类应用主要是指购买电信业务卡、话费充值卡、游戏卡等付费卡服务；宽带服务类应用主要是指宽带内容包括流媒体服务、远程教育服务、网游等服务和业务；移动增值服务类应用主要是指移动增值服务领域的移动支付，比如移动娱乐服务、移动下载服务、移动音乐服务以及彩铃等；其他类应用主要是指彩票、保险、票务、旅游服务等其他行业应用。

欧洲银行标准化协会也对移动支付给出了类似的分类和定义。基于支付价值的大小可将支付类型划分为微支付（支付金额低于2欧元）、小额支付（支付金额在2欧元到25欧元之间，包括2欧元）和大额支付（支付金额大于25欧元）；按照地理位置可划分为远程支付和非接触式移动支付，其中远程支付可以不受地理位置的约束，独立或依托于网上购物、电话购物、银行业务等环境，以银行账户、手机话费或虚拟预存储账户作为支付账户，以短信、语音等方式提起业务请求，一般用以购买数字产品、订购天气预报、订购外汇牌价等银行服务、代缴水电费以及为购买的现实商品付款等，非接触式移动支付利用红外线、蓝牙、射频识别技术，使得手机和自动售货机、汽车停放收费表等终端设备之间的本地化通信成为可能，真正用手机完成面对面的交易。

上面的介绍表明，欧洲银行标准化协会和移动支付论坛对移动支付的分类基本上是相同的，而且国内外众多相关研究也表明，移动支付发展所面临的最主要的问题是安全问题。基于这种情况，目前移动支付的分类方式一般以移动支付论坛的分类方式为准。

1.4 移动支付的前景

1.4.1 移动支付的现状

首先，简单看看手机支付业务在国外的发展状况。手机支付最早出现于20世纪90

年代初的美国，随后在日韩迅速发展。2009 年底，日韩的移动用户有一多半已经成为了移动支付用户。在 1999 年时，移动支付在中国开始崭露头角，中国移动分别与工行、招行等合作开展移动支付业务的试用。经历了十年的发展后，纵观今天的手机支付市场，在市场占有率、用户数量、业务数量上有了不小的提升。

目前，移动支付在世界范围内迅速发展，但是各国移动支付的技术实现方式有较大的差异，而且商业模式不尽相同，业务发展水平也参差不齐。不同的国家根据自己的实际情况选取了不同的技术实现方式，如日本采用由索尼公司开发的 FeliCa IC 技术，韩国主要采用红外技术，非洲一些国家主要采用 SMS 技术等。

总体上看，移动支付在亚洲发展得较好，特别是日本和韩国。欧洲和美洲的移动支付虽然发展较早，但是市场规模相对较小。日本和韩国主要是运营商主导模式，欧美主要以第三方联运模式为主。

目前，手机支付的业务模式其实是多种多样的，按照用户办理支付业务的方式可以分为短信模式、移动网银模式、移动 POS 模式和电子钱包；根据运营主体可以分为移动通信运营商、商业银行、非银行支付服务；按照结算方式划分可以分为银行结算账户、虚拟账户以及手机话费结算三种模式；按照支付指令的传输渠道可以分为移动通信网络传输和专用交易网络传输两种模式。

手机支付的兴起吸引了商业银行、移动通信运营商以及众多第三方支付公司的关注，这在某种角度上有效地促进了手机支付的发展。通过手机支付，用户可以进行转账汇款、网上购物、交手机费、商场刷卡、个人理财等操作。但由于一些因素，目前手机支付多以一些小额支付为主，同时还需要承受前期建设的基础费用。因此，目前的手机支付处于一种非盈利的状态。

当前手机支付面临的问题首先就是手机支付的安全问题。因为很多用户不太信任这种支付方式，手机支付在安全问题上已经遇到了瓶颈。这其中，技术上的安全隐患更为引人关注。在手机支付的方式中，银行卡与手机号绑定的模式屡见不鲜，这就很容易造成用户的个人信息、银行密码等被黑客破译。正是由于安全问题的存在，导致了手机支付多以小额支付为主。

其次，手机支付所支持的服务也很重要。但是，目前手机支付所支持的功能相对较少，小额支付更多的只能完成例如手机话费支付、水电费支付等。虽然目前很多第三方支付软件公司开发出了相对应的客户端让用户使用手机进行网购，但多数用户还不够信任这种手机支付方式，这个问题也就自然而然地导致手机支付难以推广。

最后就是利益问题，运营商、银行、第三方支付软件厂商在利益分配、费用支出等方面的问题还没能得到合理的解决。由于目前手机支付还没能形成一个良好的生态链，这种短期的小额交易并不能带给这些提供支付服务的公司太多的收益，因此降低了他们的积极性，甚至会让他们连成本都无法收回。

1.4.1.1 移动支付在亚洲的发展现状

1. 移动支付在日本的发展

日本是移动支付业务发展最为成功的国家之一，移动支付已经具备相当的规模。日本移动支付发展迅速，其主要的推动力是日本的移动通信运营商，他们在整个产业链中处于中心环节，利用优势地位整合了下游设备提供商的资源，同时联合上游的银行机构开展移动支付业务。

2004 年 7 月，日本最大的移动运营商 NTT DoCoMo 推出了移动支付业务，紧跟着，另外两家运营商 KDDI 和软银（原 VodafoneK. K）也分别于 2005 年 7 月和 2005 年 11 月推出了自己的移动支付业务，他们均采用了索尼公司开发的 Felica IC 卡技术。日本移动支付市场发展的首要推动者是 NTT DoCoMo。为了发展移动信用卡业务，NTT DoCoMo 于 200 5 年 4 月和三井住友金融集团（SMFG）及其旗下的三井住友卡及三井住友银行公司结成战略联盟，并以 10 亿美元的价格收购三井住友卡 34 % 的股权。同时，三井住友将现有信用卡业务同 NTT DoCoMo 的手机信用卡业务合并，推广手机信用卡。2006 年 4 月，NTT DoCoMo 推出的 DCMX 品牌的移动信用卡进一步推动了移动支付业务在日本的发展。

自 2004 年 7 月以来，NTT Docomo 已经售出 200 万个芯片手机，其目前主要提供一种非接触式移动支付电子钱包服务，应用领域主要包括购物、交通支付、票务、公司卡、身份识别、在线金融等，见图 1 – 1。移动支付的主要合作伙伴包括连锁便利店、航空公司、铁路公司以及票务公司等。日本最大的航空公司日航也于 2005 年初开始提供移动票务服务，顾客通过手机或互联网购买客票，并可在机场外通过在线或手机检票，到达机场后直接进入安检流程，只需用手机划过读卡器，得到打印的登机口与座位号。在登机口处再次用手机划过读卡器，不需要检验登机牌。

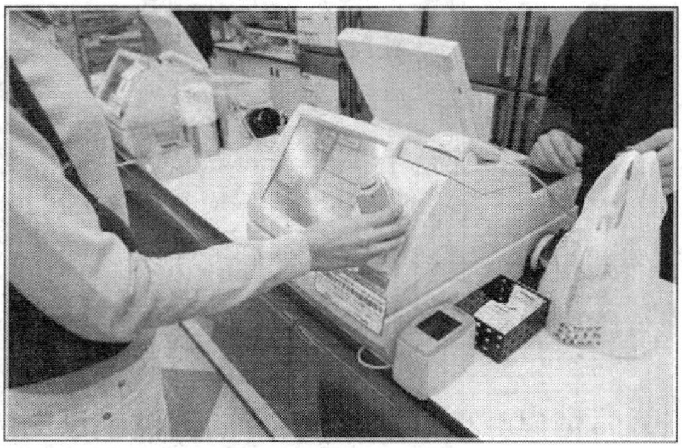

图 1 – 1　日本的移动支付

目前，同本的移动运营商通过资源的整合，建立了一条较为有效的移动支付产业链。

2. 移动支付在韩国的发展

韩国的移动支付采用的是红外技术，其渗透率甚至超过日本。从 2002 年开始，韩国的三家主要移动运营商 LG Telecom（LGT），SK Telecom（SKT），KTF 都开始大规模开展红外手机的支付业务，主推的是移动小额结算。2003 年 9 月，韩国移动运营商 LGT 联合金融机构开通移动支付业务，2004 年另外两大移动运营商 SKT、KTF 也紧跟其后开通了自己的移动支付业务。韩国移动运营商的移动支付业务体系非常清晰，业务规划中针对每个发展阶段都制定了非常明确的发展目标。移动运营商 SKT 同友利银行和现代信用卡公司共同建立了支持 Moneta 芯片技术手机的移动支付系统。SKT 还同世界两大信用卡系统 Visa 和万事达卡结成联盟，以期在国际范围内推广其 M-bank 服务的应用。图 1－2 显示的是移动支付在交通领域中的应用。

图 1－2　基于 Moneta 芯片的移动支付示意图

到 2004 年底，韩国移动电话小额支付的市场已经超过 8 000 亿韩元。

2005 年底，韩国所有的商业银行都提供手机银行业务，在线银行账户达到 2 400 万个，包括通过手机交易在内的互联网银行的交易已经超过了传统的银行自动提款机的交易。同样 2005 年底，韩国移动银行用户数超过了 1 000 万。根据韩国中央银行 2006 年公布的数据显示，2005 年通过移动电话完成的银行业务量平均每天达到 28.7 万笔。

韩国的移动支付业务能够得到如此迅猛的发展，主要原因在于韩国的移动运营商和银行业敏锐地把握到了移动支付这一新的电子交易方式，对它投入了大量的资金，并且形成了一条完整有效的产业链。在韩国，手机用户数量要超过拥有电脑的人数，而使用手机支付处理业务的费用仅仅为银行柜台处理业务费用的 1/5，因此韩国银行从成本的角度考虑，纷纷向用户推广移动支付业务，同时，韩国的移动运营商每个月可以从移动银行用户那里收取 0.7 美元的服务费。更重要的是，运营商与银行合作之后，银行的营业点也成了运营商提供手机销售和服务的营业点，为运营商增加了利润来源。因此，银行和移动运营商形成了双赢的局面。

3. 移动支付在中国的发展

中国的移动支付最早出现在 1999 年，由中国移动与中国工商银行、招商银行等金融部门合作，在广东等一些省市开始进行移动支付业务试点。通过该业务，客户可以在手机上实现银行账户的理财和支付功能。虽然这一业务由于种种原因而未能取得成功，但它打开了移动通信和金融业务结合的大门，为移动支付业务的发展铺平了道路。

我国移动支付的发展是从手机银行业务开始起步的，而手机银行业务是由移动运营商和银行合作发展起来的，它结合了移动通信技术和金融业务，允许客户使用手机对银行账户进行理财和支付，也为后来移动支付的发展打下坚实的基础。

下面主要介绍我国移动运营商在移动支付领域的业务开展情况。

（1）中国移动

中国移动手机支付业务是基于中国移动移动通信网络和互联网络技术，通过手机支付账户进行消费、充值、转账、查询、绑定银行卡、提现等电子商务操作，并进行相关业务管理。

2000 年，中国移动与中国工商银行、招商银行、中国银行等金融部门合作，推出了基于 STK 卡技术的手机银行业务。用户使用该业务需要将原有的 SIM 卡更换成 STK 卡，该业务可以提供简单的账户查询和账户信息变更的通知等简单服务。由于使用成本高和功能简单，此项业务的用户规模和业务发展有限。2001 年，短信业务开始迅速发展。同年，广东移动在中山和汕头试点推出了手机钱包业务。手机用户可以通过短信收费方式来进行小额支付，如下载各种铃声和图片、为邮箱缴费、与移动 QQ 等即时通信绑定缴费。

2002 年，中国移动开始在浙江、上海、福建等地进行小额支付试点，以中国银联为主的金融机构开始注意到移动支付业务。

2003 年，湖南移动与中国银联长沙分公司推出银行账号捆绑的手机支付业务。广东发展银行打出了“有了手机，还用带钱包吗?”的广告语，标志着银行业开始进入移动支付领域。8 月，中国移动与中国银联合资成立了北京联动优势科技有限公司，旨在为中国移动用户提供手机钱包服务。联动优势的目标是运用其商业模式的优势整合资源建立行业客户群体，不断完善移动支付产业链的构成。

2004 年 8 月，民生银行与中国移动签署协议，在全国范围内推出手机钱包业务，它是综合了各种支付业务的一项全新服务，可以将用户的手机号码与银行卡等支付账户进行绑定，以短信息、IVR、WAP、K - Java 等多种方式让用户可以对账户进行查询、交易等操作。手机钱包操作简便，在业务开通时出于安全性的考虑，对用户进行双重短信密码确认，对信息也进行加密处理，采用数据专线传输。

2005 年，电子票务和彩票投注等业务成为吸引中国移动用户注册手机钱包的新热点。据联动优势科技的信息，2005 年底中国移动手机钱包用户已经超过 500 万。

到 2006 年为止，中国移动已经同中国工商银行、中国建设银行、中国银行等 15 家银行和金融机构签署了合作协议，业务涉及到话费账务查询、银行转账、手机缴费、博彩、电子支付、零售购物、票务等多个领域。

2009 年 6 月，中国移动和交通银行达成合作协议，双方将进行金融信息化产品的合作，开展手机支付、手机银行、银行中间业务合作、积分兑换数据商品业务和 POS 商户合作等创新业务。

中国移动手机支付业务分为远程支付和现场支付两种应用场景。截至 2012 年 4 月份，中国移动手机支付注册用户超过 2 000 万，月均活跃用户 200 万。去年全年累计交易额 30 亿元，2012 年 3 月单月交易额超过 4 亿，现场商户超过 10 000 家，本地远程商户 455 家，全网远程商户达 1 006 家。

（2）中国联通

中国联通在移动支付业务上采用的是跟随战略。2004 年 12 月，中国联通与中国建设银行合作，推出了手机银行业务。该业务依托网络优势，基于先进的 BREW 平台，在安全性、交易速度等方面拥有较大优势，被称为“新一代手机银行”。

中国联通手机银行业务集“转账、缴费、查询、支付、速汇”等功能为一体，提供在线交易服务。其主要业务见表1－2。

表1－2 中国联通手机银行主要服务

名称	功能
查询	账户余额、账户明细、消费积分查询
转账	提供同一储户名下转账与不同储户之间转账的功能
汇款	提供将活期账户资金汇入外地建设银行的活期账户的功能
外汇业务	在手机上实行外汇买卖和查询，包括行情、挂单和撤单等功能
缴费	通过手机来办理银行代理的各项缴费业务
支付	支持在线交易，适合远程支付

中国联通的手机银行是全国首个支持在线交易的移动支付业务，拥有开通范围广、功能齐全、使用安全和远程支付等不可比拟的优势，是我国移动支付业务发展路程上的一次飞跃，初步具备了移动电子商务功能。受到移动终端的影响，该项业务没有得到大面积的普及，但却是对移动支付业务的一次很大的开拓。

2009年，中国联通和上海公共交通卡股份有限公司、上海复旦微电子共同研发并推出了刷公交卡手机，它在手机内部植入了NFC芯片，用户在乘公交车、出租车时，可直接用手机进行刷卡扣费。

中国联通在2012年3月宣布，它已经组建了联通沃易付网络技术有限公司，并于4月18日领取了营业执照，公司注册资本2.5亿。

目前，中国联通已在北京、上海、广州、重庆四个城市进行手机支付试点。中国联通已与中国银联、交通银行、广发银行、工商银行、华夏银行、兴业银行等达成合作，在移动支付领域将进行更多的探索。业内预计，中国联通将在2012年9月拿到支付牌照。

（3）中国电信

2009年5月，中国电信上海公司正式推出天翼3G移动支付业务。中国电信上海公司与交通银行上海市分行宣布签订战略合作协议，进一步推广这项可能改变未来生活方式的新业务。天翼移动支付目前可提供手机订购电子电影票、支付名医专家预约费用、缴纳电信及水电煤公用事业账单、充值等服务，不久还将推出手机银行业务，只要将手机卡与银行卡绑定，便可以直接用手机进行转账、汇款、缴费、信用卡还款等金融服务。中国电信天翼移动支付业务联合了银行、设备提供商、系统集成商、公共事业集团或单位、各商家以及终端的用户。在世博会期间，移动支付业务也将为国内外游客在观光旅游、生活消费等方面提供快速、安全、便捷的支付手段。

移动支付在中国的发展具体见表1－3。

表 1－3　　中国移动支付现状

运营商	业务	开通时间	内容	范围
中国移动	手机钱包	2003 年	提供软件付费、邮箱付费、数字点卡购买、手机保险、电子杂志购买等服务，由北京联动优势科技有限公司提供运营支持	全国
	银信通	2007 年	针对金融客户，提供面向银行的客户信息服务	全国使用
中国联通	手机银行	2004 年底	与中国建设银行联手推出，具有手机理财、手机支付等手机电子商务功能	全国使用
	银行卡电话充值	2006 年	将个人银行账户与手机信息关联之后，即可通过拨打服务电话为自己或他人的手机充值缴费	北京、内蒙
	手机钱包	2007 年	提供查缴手机话费、个人账务查询及购买游戏点卡、影视音乐、财经资讯、彩票、电子客票等服务	广东、安徽等
中国电信	手机定购、缴费	2009 年	提供预约专家门诊、订购电子电影票、缴纳通信费用及公共事业费用等服务	上海

不仅仅是移动运营商，人们也发现了新的角色开始活跃在移动支付行业，如支付宝已经在移动支付方面发力良久，据支付宝无线事业部负责人诸寅嘉表示，目前支付宝官方网站已经统计到近 400 万次的客户端下载量，支付宝无线支付单项日交易笔数已经接近 20 万笔。

与此同时，淘宝网也在 2008 年以其在产品与技术上的先天优势及可移植性，推出了手机版淘宝网，正式吹响了其进军无线零售领域的号声。2009 年 12 月 15 日，淘宝手机客户端的高调推出，更是填补了国内移动电子商务领域的空白，让随时随地的移动支付增加了更多的应用场景。

1.4.1.2　移动支付在欧美的发展现状

1. 移动支付在欧洲的发展

欧洲早期的移动银行业务主要采用 WAP 方式，但是由于技术问题没有得到很好的发展，而 SMS 方式由于操作简单得到了快速发展。随着欧洲移动通信向 3G 过渡，运营商更多地将移动支付的重点放在了流媒体、MP3 下载等业务上。

欧洲移动支付主要采用多国运营商联合运作的模式。在该模式中，金融机构是移动支付产业链的合作者，而不仅仅是参与者。目前欧洲已经有很多国家已经开始全面提供移动支付业务，包括法国、德国、瑞典、芬兰、奥地利、西班牙、英国等主要国家。欧洲移动支付的业务模式是通过无线应用协议、短消息业务、交互语音应答等接入方式来验证身份，因此多用于电子票务等。随着现场支付技术日趋成熟，欧洲电信标准协会认为基于 NFC 的手机支付功能将被集成到手机 SIM 卡内，并成为新的移动支付标准。

目前，在欧盟国家已经被广泛接受的移动支付商有 Paybox、Vodafone，VISA 电子智能卡等。

（1） Paybox

总部位于德国 Raunheim 的 Paybox 成立于 2000 年。Paybox 的业务范围包括网络电子商务付款、个人对个人付款、付款至银行账户及移动支付。

（2） Vodafone（沃达丰）

2002 年，欧洲最大的移动运营商之一 Vodafone 宣布进入移动支付产业。Vodafone 采用信用卡与借记卡来完成移动支付方案，Vodafone 的使用者必须先在线注册成为会员，注册时需输入使用者的手机号码、使用者名称、密码与 PIN 码，通过辨认其移动装置，并在使用者购物消费时输入 PIN 码来确认与授权每一个交易。Vodafone 移动支付分为 M-payCard 与 M-payBill，前者是使用信用卡与借记卡的方式完成扣款交易，后者是利用手机账单的方式，将购物消费的交易金额记入手机账单中。

（3） VISA 电子智能卡

2007 年，VISA 针对移动支付的应用，为全球移动用户建立了统一的移动平台来支持移动支付服务，实现传送与付款相关的服务并促进金融机构与移动网络商之间的合作。此平台可灵活转换到目前现在已经存在的移动无线网络技术中，整合了全球移动无线技术与付款机制。目前，移动平台的最初版本是提出无线的移动支付方案，未来的版本将会包括远程付款及个人与个人之间的付款方案。

2. 移动支付在美国的发展

（1） PayPal

在美国，PayPal 的应用是人们关注的焦点。PayPal 原来就是一个电子支付业务提供商。PayPal 提供的移动支付业务通过短信的方式不仅能购买数字产品，还能买真实的商品，并且提供货到付款服务。2006 年 4 月，在线支付服务公司 PayPal 正式推出了基于短信服务的手机支付服务，使美国和加拿大的用户可以随时随地通过自己的手机进行支付。用户可以利用移动通讯设备进行支付、购物或者是慈善捐赠。借助 PayPal 手机支付的短信购买服务，用户只需以短信形式发送商品代码，即可购买 CD、DVD、鞋、服装等商品。

（2） Google Wallet

谷歌联合花旗集团、万事达卡、First Data 和 Sprint 推出了 Google Wallet（谷歌钱包）服务，该服务可帮助用户通过手机完成支付。谷歌希望借此建立一个开放式的商业生态系统，使用户通过 NFC 技术进行支付操作。Google Wallet 的操作十分快捷，用户仅需要通过手机进行几个简便的操作即可完成整个支付过程，且十分安全。

（3） Square

Square 几乎是风头最劲的移动支付企业，由 Twitter 联合创始人之一杰克·多尔西（Jack Dorsey）在 2009 年底创立，目前 Square 每天处理 300 万美元的交易。Square 通过一个可以插入到 iPhone 耳机插孔中的小设备来进行操作，当信用卡在读卡器上划过时，就能通过一系列处理完成支付。

（4）FigCard

FigCard 提供的服务与 Square 类似，消费者只需在智能手机上安装 Fig 应用即可享受移动支付服务，商家则需要将 FigCard 的简易 USB 设备插入收银机或 POS 机终端来接受支付。FigCard 目前已被 PayPal 收购，两位创始人也加入到 PayPal 移动团队。分析认为，PayPal 希望通过收购 FigCard 将支付服务与本地商家结合，并引入以 PayPal 为中心的销售系统。

（5）Boku

Boku 确实是一个手机支付商，但它主要面向虚拟产品，因此从严格意义上讲并不能算真正的移动支付。这家公司在 2009 年便获得 1 300 万美元投资，目前总共募集了 3 800 万美元资金。有数据称，其在全球范围内拥有 16 亿用户。

（6）Zetawire

Zetawire 是一家小型的移动支付公司（仅有 2 ~4 名员工），该公司拥有一项以终端对终端的方式进行支付的专利，似乎也正是因为这点被谷歌看中，并于 2010 年被谷歌纳入麾下。

（7）苹果公司

苹果尚未推出其移动支付服务，但暗中已经进行了很多布局。苹果公司在 2009 年申请了在触摸屏中安装 NFC 天线以及其他一些专利，在 2010 年，苹果公司还特意聘请了近场通讯技术专家担任手机业务产品经理。对苹果公司来说，移动支付服务的意义非凡。此外，有消息称，苹果已经开发出了一款面向小企业的支付终端原型机，能够扫描支持 NFC 的 iPhone 和 iPad。

（8）亚马逊

谷歌和苹果都加入了移动支付战局，巨头亚马逊自然也不甘落后。有消息称，亚马逊正考虑推出移动支付服务，允许用户在实体店里通过自己的手机来支付商品或者服务费用。显然，亚马逊希望将自己的业务拓展到线下交易，因为移动支付将会吸引更广泛的用户群。对亚马逊来说，NFC 技术还可能应用于比价、扫描标签等多种场景。

（9）Sprint

美国第三大移动运营商 Sprint 正打算通过移动支付来吸引更多的用户，除与谷歌合作外，Sprint 也在积极构建移动支付网络。Sprint 计划通过广告分成的方式获益。

（10）Isis

Isis 由美国三家电信巨头 AT&T、T-Mobile 和 Verizon 无线公司在 2010 年联合组建，它是一个全国性的移动支付网络，提供针对智能手机和近场通信的移动支付业务。Isis 同样提供基于 NFC 的支付服务，消费者只需在商家的读卡器上晃动带有 NFC 芯片的智能手机就可以完成付款。考虑到它背后的三大巨头，Isis 的成功几乎只是时间问题。

3. 前景与挑战

从日韩到欧洲，移动支付业务的发展步伐在不断加快。尤其是在日韩两国，移动支付业务日益走向普及，成为颇具发展潜力的业务增长点。有关电信业内人士称，2008

年是移动支付应用的基础年，2009 年就是移动支付的发展年。据最新的电信行业分析调查报告称，未来几年，全世界的移动支付应用将逐步替代现金或者信用卡、借记卡等支付手段，预计到 2012 年，将有 360 亿美元的交易通过移动非接触式方式进行支付。

作为世界第一大手机用户国，我国的手机用户已经突破 9 亿，目前的移动支付业务与产业模式也在逐渐成熟与清晰，各大运营商也推出了各具特色的移动支付业务。据最新的行业分析调查报告称，2009 年上半年，我国手机支付用户总量突破 1 920 万户，实现交易 6 268.5 万笔，支付金额共涉及 170.4 亿元。以上数据表明，未来移动支付的发展前景无可限量，市场空间十分巨大。

移动支付以简单易行、避免现金交易等优点获得不少人的青睐，极大方便了用户“随时、随地、随身”完成支付的需求，也契合了当前“便捷、节约、环保”的发展趋势和服务理念。随着手机在中国的高度普及，以手机为终端，以无线通讯网络为基础，通过移动支付手段进行支付的移动电子商务市场空间广阔。不久的将来，移动电子商务必将成为人们首选的电子商务模式。

移动支付的前景广阔，但机遇与挑战共存。目前，移动支付主要分为两种应用模式，即远程支付和现场支付。其中，远程支付更多地是在线支付的延伸，通过手机网络完成之前在 PC 上才能进行的在线支付操作；而现场支付则是有望取代刷卡结算的应用，用户仅需轻晃手机即可完成支付，而不必随身携带大量的现金和银行卡。传统在线支付所覆盖的人群有限，且应用场景单一。移动支付将解决这两个问题，为更多的消费者提供服务，并在更多的场景下完成支付。移动支付面临的挑战首先是多个商业链条如何避免混战。银行、银联、运营商、手机厂商、第三方支付等都已经加入战局，市场充满不可预见性。此外，来自国家的政策法规也将对移动支付的格局产生影响，还有就是来自商家的支持。移动支付必须要有商家的支持，如何快速打开局面，让商家支持这种交易模式也是一个问题。

本章小结

本章主要介绍了移动支付的基本背景，包括移动支付的定义、移动支付的特点、移动支付的分类以及移动支付的发展和前景等内容。在移动支付的概念中，给出了以移动支付发展组织和欧洲银行标准化协会以及中国人民银行关于移动支付的描述和定义；在分类中，主要介绍了移动支付论坛以及欧洲银行标准化协会给出的不同的分类，并分析了他们的相似性；最后，介绍了移动支付的发展。

本章习题

1. 请给出移动支付的定义。
2. 移动支付有何优点？
3. 移动支付有哪些分类？
4. 试结合目前的实际情况，分析移动支付未来的发展趋势和前景。

第 2 章

远程移动支付技术

内容提要

本章介绍远程移动支付技术的基础，包括移动通信技术、SMS 技术、WAP 技术等，同时分析了基于远程移动支付技术的相应的技术方案，并给出了相应的实例。

2.1 远程移动支付的技术基础

从移动通信技术到各种识别技术，移动支付涉及的技术非常广泛，本节主要介绍了常用的移动通信基础知识、WAP、SMS、Wi－Fi 以及相应的原理。

2.1.1 *移动通信技术*

移动通信是无线通信的一种主要的应用，其特点是移动性，即支持通信终端在移动状态下进行正常的通信。移动通信对移动性的支持主要分为室内环境、低速状态以及高速运动状态。一般来讲，不同的状态下，移动系统的传输速率是不同的。移动通信的发展根据采用技术和驱动业务的不同可以分为第一代移动通信技术（1G）、第二代移动通信技术（2G）、第三代移动通信技术（3G）以及未来的移动通信技术 LTE（Long Term Eoolution）、4G 等。其中第一代移动通信技术主要以模拟技术为基础，业务为语音业务，缺点是传输速率较低、业务单一、频谱使用效率低下，现在几乎没有现网使用。

第二代移动通信技术（2G）的主要代表技术有基于 TDMA 多址方式的 GSM 系统和基于 CDMA 的 IS－95 系统。2G 系统提供的主要业务是语音业务和低速的数据业务，其系统传输速率为 9 600bit/s。

在 2G 的基础上，还有向 3G 演进的所谓 2.5G 技术。此技术和 2G 相比可以提供 13k 到 100K 的数据业务，支持无线上网、无线数据传输等数据业务，此类业务是移动通信目前主要的增值业务，其业务增长的速率远远超过了语音业务增长率。2.5G 的代表技术主要有 GSM 系统的 GPRS 技术以及 EDGE 技术，最高可提供 120K 的业务速率，还有 CDMA 系统的 CDMA 1x 技术，可提供 153.6K 的数据传输速率。

第三代移动通信技术 IMT2000 于 2000 年制定，最初包括三个标准，即 WCDMA

(Wideband Code Division Multiple Access）标准、TD－SCDMA 标准以及 CDMA2000 标准。后来，又增加了基于正交频分复用（OFDM）技术的 WiMAX（World Interoperability for Microwave Access）标准。

IMT2000 的标准主要是以 CDMA 技术为多址接入技术，即不同的用户采用不同的地址码识别，同时采用了高维调制技术、先进的功率控制技术等保证有较高的频谱使用效率。IMT 对 3G 规定的传输速率为在室内环境（静止状态）下为 2Mbit/s，步行环境（低速）下为 384Kbit/s，车速环境（中高速）下为 144Kbit/s。这样就可以保证中高速的数据业务的传输。以 WCDMA、TD－SCDMA 技术为基础的系统演化了 3.5G 技术，即 HSDPA（High Speed Downlink Packet Access）技术、HSUPA（High Speed Uplink Packet Access）技术以及 HSPA＋技术。其中，采用 HSDPA 技术的 WCDMA 下行速率最高可以达到 14Mbit/s，采用 HSUPA 技术的 WCDMA 上行速率最高可以达到 5.76Mbit/s，采用 HSPA＋技术的 WCDMA 系统的最大速率上行可以达到 42Mbit/s、下行达到 84Mbit/s。作为 WCDMA 系统的演进方案 LTE 通常被称作 3.9G 技术，要求下行速率超过 100Mbit/s、上行速率最高可以达到 50Mbit/s。

WiMAX 又称 IEEE802.16 标准。WiMAX 能提供面向互联网的高速连接。据称，该技术能提供覆盖 48.27km（30 英里）范围的高速互联网连接。使用这种技术，用户可以在 50km 以内的范围以非常快的速度进行数据传递。目前，WiMAX 的传输速率可以达到 34Mbit/s，第二代的 WiMAX 则具有更高的传输速率。2010 年 10 月 5 日至 9 日在东京举行的日本 CEATEC 2010 电子展览大会上，日本的 WiMAX 运营商 UQ 通信（UQ Communications）展示了 WiMAX 2，其最大速率为 330Mbit/s，可在 36 秒内完成下载一部 2 小时电影、在 97 秒内下载 32 本内容的百科全书。

移动通信的发展使得新业务的开展成为可能，第 3 代移动通信系统的建设被认为是移动支付快速扩展的前提和基础，它必将为移动支付业务打下坚实的基础。移动通信的发展具体见图 2－1：

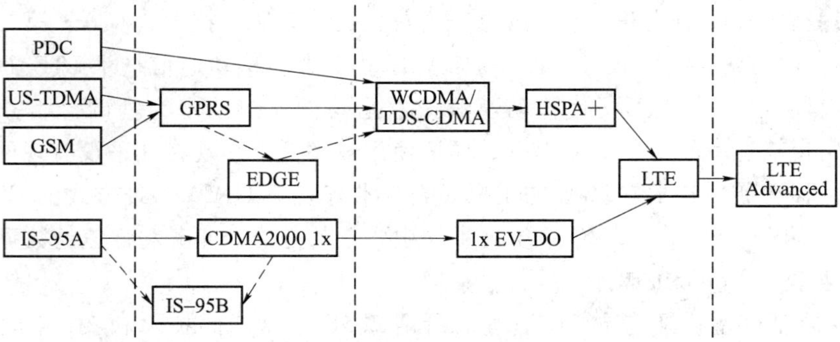

图 2－1　移动通信的发展

随着无线通信技术的发展，无线通信的应用也不断地创新，具体见表 2－1。

表2-1 无线通信技术的发展以及应用

	代表技术	峰值速率/bit/s	核心技术	新增功能以及应用
1G	AMPS	N	频分多址	语音
2G	GSM	9.6K	时分多址	短信
2.5G	GPRS	144K	时分多址	新增摄像头等，应用于WAP/彩信/彩铃/图片/手机游戏/手机电子邮件
	CDMA1x	144K	码分多址	
3G	IMT2000	2M	码分多址	视频通话/手机电视/手机网游/位置服务/导航/电子书
3.5G	WiMAX	34M	正交频分复用	
	HSPA	80M	码分多址	
4G	LTE Advaned	>100M	正交频分复用	智能终端

由于第一代移动通信技术是模拟技术，而真正大规模商用化的移动通信则是数字移动通信技术，所以下面就重点介绍几种不同代表制式的数字移动通信技术。

2.1.1.1 第二代移动通信系统

1. GSM通信系统

（1）GSM的起源和发展

GSM是第二代移动通信技术，也是首个数字移动通信技术标准。1982年，北欧四国向欧洲邮电议会CEPT（Conference Europe of Post and Telecommunications）提交了一份建议书，要求制定900MHz频段的欧洲公共电信业务规范，建立全欧统一的蜂窝网移动通信系统，以解决当时欧洲各国由于采用不同模拟制式蜂窝系统造成的互不兼容而导致的无法漫游的问题。在这次大会上就成立了一个在欧洲电信标准学会（ETSI）技术委员会下的移动特别小组GSM（Group Special Mobile）来制定有关的标准和建议书。

1987年5月，GSM成员国就数字系统采用窄带时分多址（TDMA）、规则脉冲激励线性预测（RPE-LTP）话音编码和高斯滤波最小移频键控（GMSK）调制方式达成一致意见。同年，欧洲17个国家的运营者和管理者签署了谅解备忘录MoU（Memorandum of Understanding），相互达成履行规范的协议。与此同时，还成立了MoU组织，致力于GSM标准的发展。

1990年完成的GSM900规范共产生大约130项的全面建议书，不同建议书分组成为一套12系列，如表2-2。1991年，欧洲开通了第一个系统，同时MoU组织为该系统设计和注册了市场商标，将GSM更名为“全球移动通信系统”（Globa1 system for Mobile communications）。同年，移动特别小组还完成了制定1 800MHz频段的公共欧洲电信业务的规范，名为DCS1800系统。该系统与GSM900具有同样的基本功能特性，因而该规范只占GSM建议的很小部分，仅将GSM900和DCSI800之间的差别加以描述，绝大部分都是通用的，这两个系统均可通称为GSM系统。

表 2－2　　GSM 标准

序号	内　容	序号	内　容
1	概述	7	MS 终端适配器
2	业务	8	BS－MSC 接口
3	网络	9	网络互通
4	MS－BS 接口与协议	10	业务互通
5	无线链路物理层	11	设备型号认可规范
6	语音编码规范	12	操作与维护

在发展的过程中，GSM 系统的功能不断得到丰富，从而能够提供更多样的服务。由 GSM 系统首先引入的短信息服务提供了一种新颖、便捷、廉价的通讯方式。1994 年，GSM 实现了基于电路交换的数据业务和传真服务。1999 年，WAP 协议使得用户可以通过手机访问互联网。2000 年后开始商用的通用分组无线服务使得 GSM 系统能够以效率更高的分组方式提供数据通讯。2003 年 EDGE 技术开始商用，提供了接近 3G 的数据通讯能力。目前，3GPP 组织还在发展 GSM 标准，以便利用已经大量部署好的 GSM 基础设施平滑地向 3G 技术演进。

（2）GSM 的网络结构

GSM 系统的网络结构如图 2－2 所示。GSM 蜂窝系统的主要组成部分可分为移动台 MS、基站子系统 BSS 和网络子系统 NSS。基站子系统由基站收发器（Base Transceiver Station，BTS）和基站控制器（Base Station Controllers，BSC）组成；网络子系统由移动交换中心（Mobile Switch Center，MSC）、操作维护中心（Operation Maintenance center，OMC）、原籍位置寄存器（Home Location Register，HLR）、访问位置寄存器（Visitor Location Register，VLR）、鉴权中心（AUC）和移动设备识别寄存器（EIR）等组成。一个 MSC 可管理多达几十个基站控制器，一个基站控制器最多可控制 256 个 BTS。由 MS、BS 和网络子系统构成公用陆地移动通信网 PLMN（Public Land Mobile Networks），该网络由 MSC 与公用交换电话网（PSTN）、综合业务数字网（ISDN）和公用数据网（PDN）进行互连。

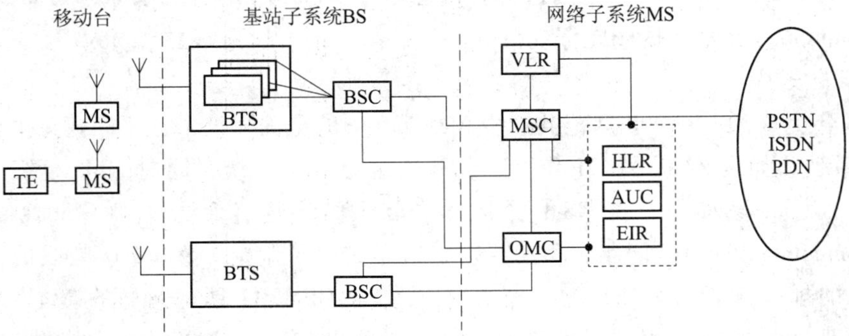

图 2－2　GSM 系统网络结构

移动台通过无线接口接入 GSM 系统，具有无线传输与处理功能。此外，移动台必须提供与使用者之间的接口，比如，为完成通话呼叫所需要的话筒、扬声器、显示屏和各种按键，或者提供与其他一些终端设备（TE）之间的接口，如与个人计算机或传真机之间的接口。移动台的另外一个重要组成部分是用户识别模块（Subscriber Identity Model，SIM），亦称 SIM 卡。它基本上是一张符合 ISO（开放系统互连）标准的智能磁卡，其中包含与用户有关的无线接口的信息，也包括鉴权和加密的信息。使用 GSM 标准的移动台都需要插入 SIM 卡，只有当处理异常紧急的呼叫时，才可以在不用 SIM 卡的情况下操作移动台。SIM 卡的应用使一部移动台可以为不同用户服务，因为 GSM 系统是通过 SIM 卡来识别移动用户的。

基站子系统是 GSM 系统的基本组成部分。它是移动台和交换网之间的桥梁，它通过无线接口与移动台相接，进行无线数据发送、接收及无线资源管理。另一方面，基站子系统与网络子系统中的移动交换中心相连，实现移动用户与固定网络用户之间或移动用户之间的通信连接。基站子系统主要由基站收发信机和基站控制器构成。基站收发信机可以直接与基站控制器相连接，也可以通过基站接口设备采用远端控制的连接方式与基站控制器相连接。

网络子系统对 GSM 移动用户之间通信和移动用户与其他通信网用户之间通信起着管理作用，其主要功能包括交换、移动性管理与安全性管理等。网络子系统由很多功能实体构成，它们之间的信令传输都符合 CCITT 信令系统 7 号协议。网络子系统的实体单元包括：① 移动交换中心，它是网络的核心，它提供交换功能并面向下列功能实体，如基站子系统、原籍位置寄存器（HLR）、访问位置寄存器（VLR）、鉴权中心（AUC）、移动设备识别寄存器（EIR）、操作维护中心（OMC）和固定网（公用电话网、综合业务数字网等），从而把移动用户与固定网用户、移动用户与移动用户之间互相连接起来；② 原籍位置寄存器 HLR，它是 GSM 系统的中央数据库，存储该 HLR 管辖区的所有移动用户的有关数据，静态数据有移动用户号码、访问能力、用户类别和补充业务等，此外，HLR 还暂存移动用户漫游时的有关动态信息数据；③ 访问位置寄存器 VLR，存储进入其控制区域内来访移动用户的有关数据，这些数据是从该移动用户的原籍位置寄存器获取并进行暂存的，一旦移动用户离开该 VLR 的控制区域，则临时存储的该移动用户的数据就会被删除，VLR 可看作是一个动态用户的数据库；④ 鉴权中心 AUC，GSM 系统采取了特别的通信安全措施，包括对移动用户鉴权，对无线链路上的话音、数据和信令信息进行保密等；⑤ 移动设备识别寄存器 EIR，存储着移动设备的国际移动设备识别码（IMEI），通过核查白色、黑色和灰色三种清单，运营部门就可判断出移动设备是属于合法准许使用的，还是不准使用的，还是由于技术故障或误操作而危及网络正常运行的 MS 设备，以确保网络内所使用的移动设备的唯一性和安全性；⑥ 操作维护中心 OMC，网络操作维护中心负责对全网进行监控与操作。

（3）GSM 信道分类

GSM 的信道可以分为两大类，即控制信道和业务信道，具体见图 2-3 所示。

控制信道（CCH）用于传送信令和同步信号，主要分为三种：广播信道（BCH）、公共控制信道（CCCH）和专用控制信道（DCCH）。

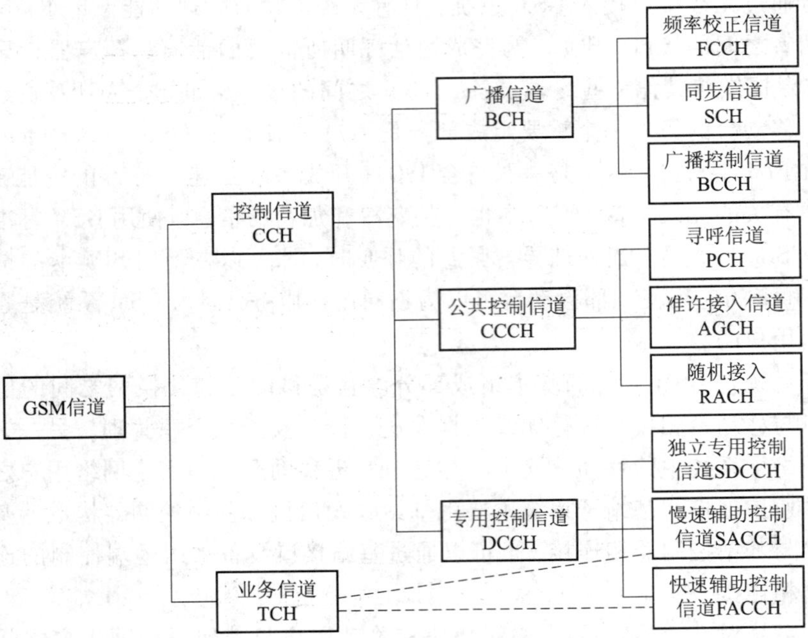

图 2－3　GSM 信道分类

① 广播信道。广播信道用于基站向移动台广播公用的信息，传输的内容主要是移动台入网和呼叫建立所需要的有关信息，具体包括频率校正信道、同步信道以及广播控制信道，用于传输供移动台校正其工作频率的信息、供移动台进行同步和对基站进行识别的信息以及传输系统公用控制信息。

② 公用控制信道。用于呼叫接续阶段传输链路连接所需要的控制信令。公用控制信道又分为寻呼信道（PCH）、随机接入信道（RACH，上行信道即移动台到基站的信道）和准许接入信道（AGCH，下行信道即基站到移动台的信道），用于传输基站寻呼移动台的信息、移动台随机提出入网申请以及基站对移动台的入网申请作出应答。

③ 专用控制信道。包括独立专用控制信道（SDCCH）、慢速辅助控制信道（SACCH）以及快速辅助控制信道（FACCH），主要用于在呼叫接续阶段以及在通信进行当中移动台和基站之间传输必需的控制信息。传输的内容包括用于在分配业务信道之前传送有关信令、需要周期性地传输一些信息以及在没有分配 SDCCH 的情况下传送应由 SDCCH 传送的信息。

业务信道主要传输数字话音或数据，其次还有少量的随路控制信令。

2. GPRS 系统

GPRS 系统在 GSM 的基础上增加了分组传送。和 GSM 网络改造相比，GPRS 系统增加了两个主要网络单元，即 GPRS 服务支持节点（General GPRS Supporting Node，SGSN）和 GPRS 网关支持节点（Gateway GPRS Supporting Node，GGSN）。SGSN 的工作是对移动终端进行定位和跟踪，并发送和接收移动终端的分组。GGSN 将 SGSN 发送和接收的 GSM 分组按照其他分组协议（如 IP）发送到其他网络。GPRS 网络的逻辑结构如

图 2 -4 所示。

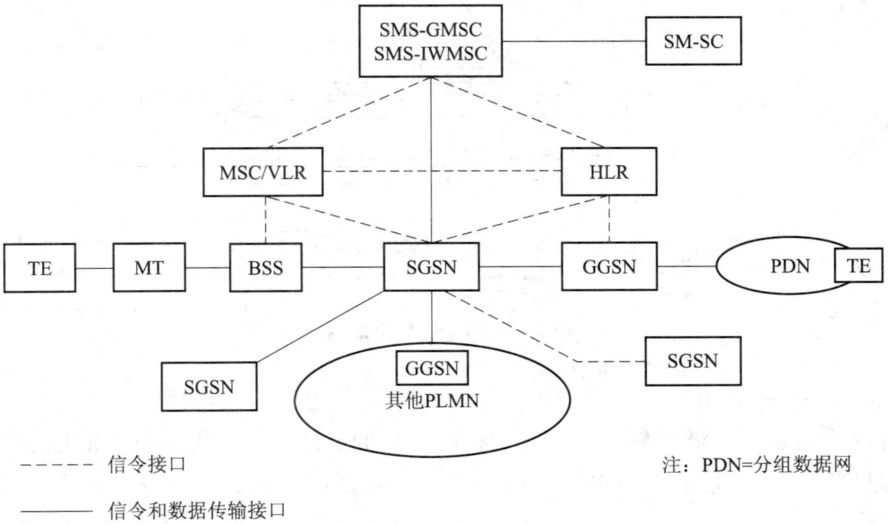

图 2 -4　GPRS 网络结构

增强型 GPRS 中采用了增强数据传输技术（EDGE）。EDGE 的突发结构、符号速率和 GSM 相同，它和 GSM 在调制方式上有较大的区别，它采用 8 - PSK 调制技术来代替原来的 GMSK 调制，因此 GPRS 的传输速率和 GSM 相比提高了 3 倍，即将 GSM 中每时隙的总速率从 22. 8kbit/s 提高到 69. 2kbit/s。

相对于 GPRS 来讲，在增强型 GPRS 中还引入了“链路质量控制（Link Quality Control，LQC）”的概念。一是通过估计信道的质量，选择最合适的调制和编码方式；二是通过逐步增加冗余度的方法来兼顾传输效率和可靠性。在传输开始时，使用高码率的信道编码来传输信息。

3. IS -95CDMA 蜂窝系统

在 CDMA 通信系统中，不同用户传输信息所用的信号不是靠频率不同或时隙不同来区分的，而是用各不相同的编码序列来区分的，即是靠信号的不同波形来区分的。在 CDMA 蜂窝通信系统中，用户之间的信息传输也是由基站进行转发和控制的，网络结构类似于图 2 -2 所示的 GSM 系统。为了实现双工通信（同时进行两个方向的通信），正向传输和反向传输可以使用不同的频率或者不同的时间，这就是频分双工（FDD）和时分双工（TDD）。

IS -95 有两种标准，即 IS -95A 和 IS -95B。该系统是世界上首个 CDMA 的商用系统。

（1）IS -95 的信道构成

IS -95 系统的信道主要包括两大类，即前向信道和反向信道，具体见图 2 -5。

其中前向信道有四种：

① 导频信道，传输由基站连续发送的导频信号。导频信号令移动台可迅速而精确地捕获信道的定时信息，并提取相干载波进行信号的解调。移动台通过对周围不同基站

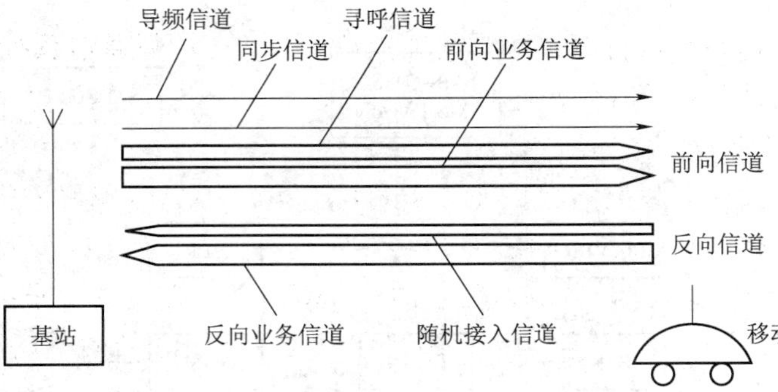

图 2－5　IS－95 信道组成

的导频信号进行检测和比较，可以决定什么时候需要进行越区切换。

② 同步信道，主要传输同步信息。在同步期间，移动台利用此同步信息进行同步调整。一旦同步完成，它通常不再使用同步信道，但当设备关机后重新开机时，还需要重新进行同步。

③ 寻呼信道，在呼叫接续阶段传输寻呼移动台的信息。移动台通常在建立同步后选择一个寻呼信道来监听系统发出的寻呼信息和其他指令。在需要时，寻呼信道可以改作业务信道使用，直至全部用完。寻呼信道可以有七个。

④ 正向业务信道，共有四种传输速率（9 600、4 800、2 400 以及 1 200bit/s）。业务速率可以逐帧（即每 20ms）改变，以动态地适应通信者的话音特征。正向业务信道最多可以有 63 个。

反向信道有两种：

① 接入信道，当移动台没有使用业务信道时，接入信道提供移动台到基站的传输通路，在其中发起呼叫，并对寻呼进行响应以及传送登记注册等短信息。接入信道和正向传输中的寻呼信道相对应，以相互传送指令、应答和其他有关的信息。不过，接入信道是一种分时隙的随机接入信道，允许多个用户同时抢占同一接入信道。每个寻呼信道所支持的接入信道数最多可达 32 个。

② 反向业务信道，共有四种传输速率（9 600、4 800、2 400 以及 1 200bit/s）。业务速率可以逐帧（即每 20ms）改变，以动态地适应通信者的话音特征。

（2）CDMA 系统的特点

① CDMA 蜂窝系统与模拟蜂窝系统或 TDMA 数字蜂窝系统相比具有更大的理论通信容量。

② CDMA 蜂窝系统的全部用户共享一个无线信道，用户信号的区分只靠所用码型的不同，因此当蜂窝系统的负荷满载时，另外增加少数用户只会引起话音质量的轻微下降，而不会出现阻塞现象。

（3）CDMA 蜂窝系统具有软切换功能，即在越区切换的起始阶段，由原小区的基站与新小区的基站同时为过区的移动台服务，直到该移动台与新基站之间建立起可靠的通信链路后，原基站才中断它和该移动台的联系。CDMA 蜂窝系统的软切换功能既可以保证过区切换的可靠性（防止切换错误时反复要求切换），又可以使通信中的用户不易察觉。

(4) CDMA 蜂窝系统以扩频技术为基础，因而它具有扩频通信系统所固有的优点，如抗干扰、抗多径衰落和具有保密性等。

2.1.1.2　第三代移动通信系统

随着移动通信的快速发展，数据业务量急剧上升，用户对速率的需求也越来越迫切，这推动了第三代移动通信的发展。2000 年 3 月，ITU 制定了 IMT2000 的 3G 移动通信标准，主要包括 WCDMA、CDMA2000、TD－SCDMA 三种制式。根据规定要求，在静止状态下要达到 2Mbit/s 的传输速率。2007 年又增加了一个新的 3G 标准 WiMAX。

1. WCDMA 系统

(1) WCDMA 的网络架构以及系统参数

通用移动通信系统 UMTS (Universal Mobile Telecommunications System) 是采用 WCDMA 无线接口技术的第三代移动通信系统，通常也把 UMTS 系统称为 WCDMA 通信系统。

UMTS 系统采用了与第二代移动通信系统类似的结构，包括 UMTS 的陆地无线接入网络 (UMTS Terrestrial Radio Access Network，UTRAN) 和核心网络 (Core Network，CN)，具体如图 2－6 所示。其中无线接入网络处理所有与无线有关的功能，而 CN 处理 UMTS 系统内所有的话音呼叫和数据连接，并实现与外部网络的交换和路由功能。CN 从逻辑上分为电路交换 (Circuit Switched，CS) 域和分组交换 (Packet Switched，PS) 域。

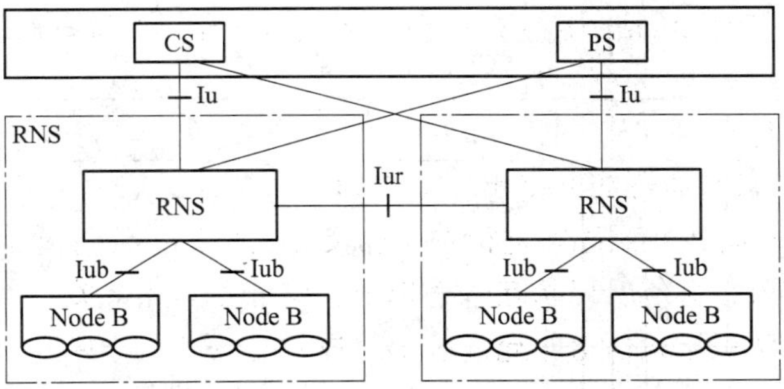

图 2－6　WCDMA 的网络结构示意图

用户设备 (UE) + UTRAN + CN 构成一个完整的 WCDMA 移动通信系统。

WCDMA 是一种直接序列扩频码分多址 (DS－CDMA) 系统。WCDMA 无线接口的基本参数如表 2－3 所示。

表 2－3　WCDMA 系统参数

使用频段/MHz	上行 1850～1910，下行 2110～2170
信道间隔/MHz	5
中心频率	200kHz 的整数倍
双工方式	频分双工 FDD
上、下行频带间隔/MHz	134.8～245.2MHz

续表

使用频段/MHz	上行 1850～1910，下行 2110～2170
码片速率/chip/s	3.84Mchip/s
用户发送功率/dBm	21、24、27、33
接收机灵敏度/dBm	误码率 0.001 的时候，基站端 121、UE 端 117
数据传输速率/bit/s	市区、郊区室外环境 384k，室内 2M

根据 WCDMA 传输方式或所传输数据的特性，传输信道分为专用信道（DCH）和公共信道。公共传输信道又分为广播信道（BCH）、前向接入信道（FACH）、寻呼信道（PCH）、随机接入信道（RACH）、公共分组信道（CPCH）和下行共享信道（DSCH）。其中，RACH、CPCH 为上行公共信道，BCH、FACH、PCH 和 DSCH 为下行公共信道。

（2）WCDMA 技术的演进

3GPP 关于 WCDMA 网络技术标准的演进主要分为 R99、R4、R5、R6 和 R7 等几个主要阶段，见表 2－4。无线网络的演进主要是通过采用高阶调制方式和各种有效的纠错机制等技术，不断增强空中接口的数据吞吐能力，而核心网络主要利用控制与承载、业务与应用相分离的思路，逐步从传统的 TDM 组网方式向全 IP 组网方式演进，最终使无线网络和核心网络全部走向 IP 化，在整个技术演进过程中保证了业务的连续性、完善的 QoS 机制和网络的安全性。

表 2－4　　WCDMA 演进的阶段

	R99	R4	R5	R6	R7	R8
技术特点	UTRAN 引入关键技术应用	控制与承载分离	高速下行分组技术 HSDPA 的引入	高速上行分组技术 HSUPA 的引入及 MBMS	HSPA 增强技术	引入 OFDM 技术
上/下行速率	384kbit/s 2Mbit/s	384Kbit/s 2Mbit/s	384Kbit/s 14.4Mbit/s	5.76Mbit/s 14.4Mbit/s	10Mbit/s 28Mbit/s	50Mbit/s 100Mbit/s

其中，R99 核心网络在网络结构上与 GSM 保持一致，R99 在新的工作频段上引入了基于每载频 5MHz 带宽的 CDMA 无线接入网络，无线接入网络主要由 Node B（负责基带处理、扩频处理）和 RNC（负责接入系统控制与管理）组成，同时引入了适于分组数据传输的协议和机制，数据速率可支持 144kbit/s、384kbit/s，理论上可达 2Mbit/s。WCDMA R4 与 R99 相比无线接入网的网络结构没有改变，其区别主要在于引入了 TD－SCDMA 技术，同时对一些接口协议的特性和功能进行了增强，在电路域核心网中主要引入了基于软交换架构的分层架构，将呼叫控制与承载层相分离，主要实现了语音、数据、信令承载统一，这样可以有效降低承载网络的运营和维护成本。而在核心网中采用压缩语音的分组传送方式，可以节省传输带宽，降低传输建设成本，提高了组网的灵活性。WCDMA R5 在无线网络中主要引入基于 IP 的 RAN 和 HSDPA 的功能，尤其引入关

注的是 HSDPA 支持高速下行分组数据接入，理论峰值数据速率可高达 14.4Mbit/s。在核心网，R5 协议引入了 IP 多媒体子系统，简称 IMS。WCDMA R6 在无线网络中主要引入 HSUPA 的功能，HSUPA 是上行链路方向（从移动终端到无线接入网络的方向）针对分组业务的优化和演进，上行用户的峰值传输速率可以提高 2～5 倍，达到 5.76Mbit/s，HSUPA 还可以使小区上行的吞吐量比 R99 的 WCDMA 多出 20～50%。从 WCDMA R7 开始，HSPA 技术进一步演进到 HSPA+，引入了更高阶的调制方式和 MIMO。同时，基于 OFDM 和 MIMO 的 LTE 技术也逐渐完成了标准化。

LTE 项目是 3G 的演进，LTE 是 3G 与 4G 技术之间的一个过渡，它改进并增强了 3G 的空中接入技术，采用 OFDM 和 MIMO 技术。在 20MHz 频谱带宽下能够提供下行 100Mbit/s 与上行 50Mbit/s 的峰值速率，不仅改善了小区边缘用户的性能，还提高了小区容量和降低了系统延迟。

HSPA+技术的宗旨是要保持和 UMTS 第 6 版本（R6）的后向兼容性，同时在 5MHz 带宽下要达到和 LTE 相仿的性能。这样，希望在近期内以较小的代价改进系统、提高系统性能的 HSPA 运营商就可以采用 HSPA+技术进行演进。

HSPA+系统的峰值速率可由原来的 14Mbit/s 提高到 25Mbit/s。另外，通过对 HSPA+进一步改进，可以将系统峰值速率提高到 42Mbit/s 左右。

2. CDMA2000 系统

CDMA2000 系统是第三代移动通信的重要标准之一，由 3GPP2 制定。它提供了与 IS-95 的后向兼容，同时又能满足 ITU 关于第三代移动通信基本性能的要求。后向兼容意味着 CDMA2000 系统可以支持 IS-95 移动台，即 CDMA2000 移动台可以工作于 IS-95 系统。

CDMA2000 在系统的许多方面，如网络结构、同步方式、帧结构、扩频方式和码片速率等都与 IS-95 系统有许多类似之处。但为了灵活支持多种业务，提供可靠的服务质量和更高的系统容量，CDMA2000 系统也采用了许多新技术和性能更优异的信号处理方式，增加了许多新的信道。

CDMA2000 空中接口中的物理信道分为前向/反向专用物理信道（F/R-DPHCH）

前向/反向专用物理信道是以专用和点对点的方式在基站和单个移动台之间运载信息的，具体的信道如图 2-7 所示。前向/反向公共物理信道是以共享和点对多点的方式在基站和多个移动台之间运载信息的，具体的信道如图 2-8 所示。

图 2-7　CDMA2000 前向/反向物理专用信道示意图

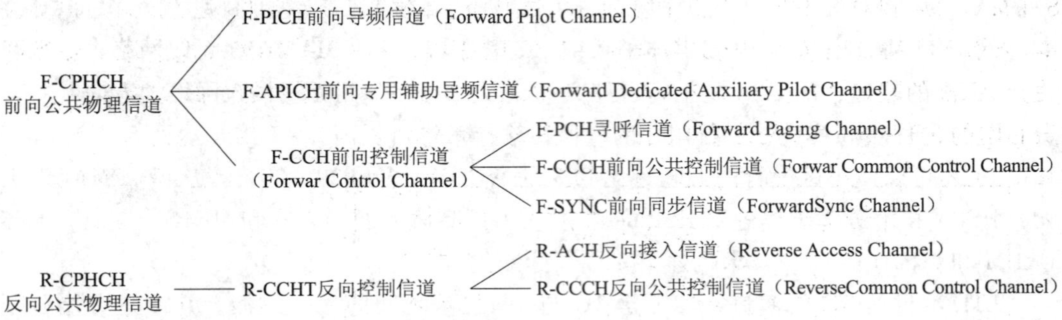

图 2-8　CDMA2000 前向/反向公共物理信道示意图

3. TD-SCDMA 系统

根据不同的双工方式，基于 CDMA 技术的第三代移动通信分为 TDD 和 FDD 两个阵营。前面介绍的 WCDMA 和 CDMA2000 均为 FDD，而 CDMA TDD 包括欧洲的 UTRAN TDD 和我国提出的 TD-SCDMA 技术。在 IMT2000 中，TDD 拥有自己独立的频谱（1 785～1 805MHz），并部分采用了智能天线或上行同步技术，适合高密度低速接入、小范围覆盖、不对称数据传输。2001 年 3 月，3GPP 通过 R4 版本，由我国大唐电信提出的 TD-SCDMA 被接纳为正式标准，和 WCDMA 标准的核心网一致，TD-SCDMA 主要的区别在于无线接入侧。

2002 年 10 月，国家原信息产业部中规定了 3G 的工作频段：主要工作频段 FDD 方式，1920～1980MHz、2 110～2 170MHz；主要工作频段 TDD 方式，1 880～1 920MHz、2 010～2 025MHz；补充工作频段 FDD 方式，1 755～1 785MHz、1 850～1 880MHz；补充工作频段 TDD 方式，2300～2400MHz，与无线电定位业务共用，见图 2-9。

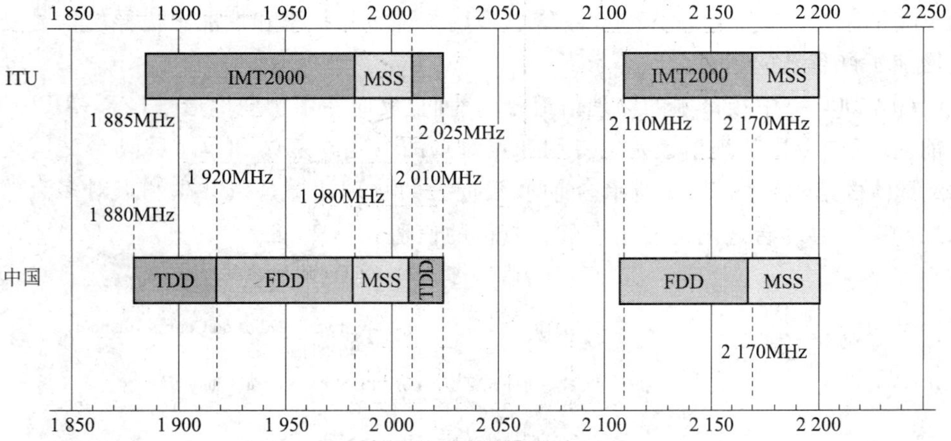

图 2-9　中国 3G 主要工作频段示意图

TD-SCDMA 的内容是写在 3GPP 的 R4（Release4）中的，在 R99 中只包含了 3.84Mcps TDD。TD-SCDMA 是在 R4 之后的版本才被纳入 3GPP 的，此时 TDD 包括了 3.84Mchip/s 和 1.28Mchip/s 两个参数，后者即码片速率 1.28Mchip/s 的就是 TD-

SCDMA。R4 相对于 R99，提供了更加强大的功能，诸如安全、定位等方面的考虑。在 R4 架构下，MSC 分离为 MSC – Server（MSC 服务器）和 CS – MGW（电路域 – 媒体网关）。标准的兼容性决定了 1.28Mcps TDD 能够提供 R99 中所需要的全部功能。基于 R4 核心网的 TD – SCDMA 网络结构及接口如图 2 – 10 所示。

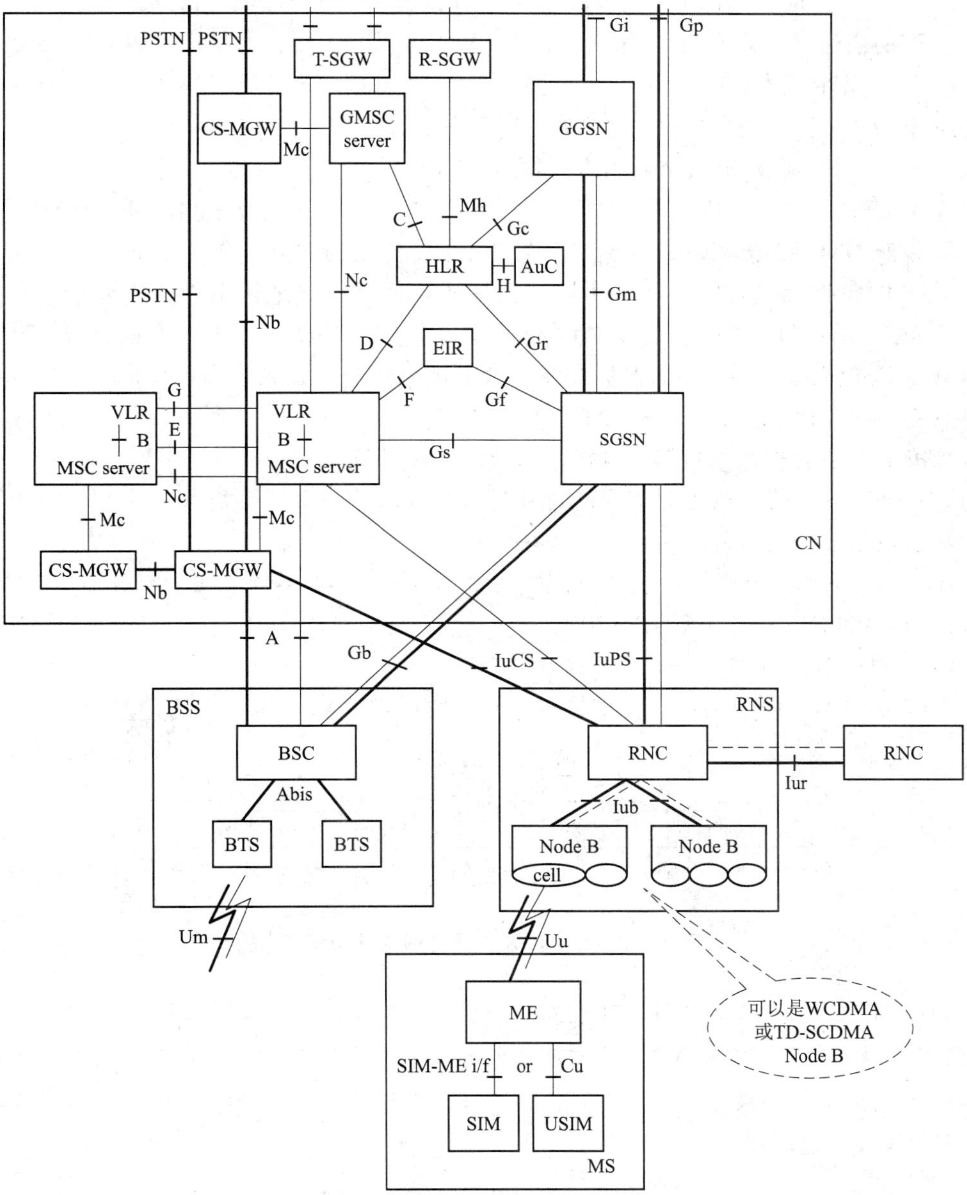

图 2 – 10　基于 R4 的 TD – SCDMA 网络结构

4. WiMAX 技术

采用 WiMAX 技术，可以在大城市之间建立无线网络，因为 WiMAX 能为 50km 范围内的固定站点提供无线宽带接入服务，这个网络覆盖面积是 3G 发射塔的 10 倍，

WiMAX 也能为 5 ~ 15km 范围内的移动设备提供同样的接入服务。所以，WiMAX 能将 Wi－Fi 热点连接到互联网，实现最后 1km 的宽带接入。它于 2007 年 3 月被接纳为 ITU 的 3G 通信标准，双工方式为 TDD，使用 OFDM 技术。

WiMAX 工作频段可在 2 ~ 66GHz（对于 IEEE802.16 标准：2 ~ 11GHz；对于 IEEE802.16a 标准：10 ~ 66GHz），信道带宽可在 1.5 ~ 20MHz 范围内灵活调整，有利于在所分配的信道带宽内充分利用频谱资源。WiMAX 采用宏小区方式，最大覆盖范围达 50km，当信道带宽为 20MHz 时，支持高达 70Mbit/s 的共享数据传输速率，此时，最大覆盖范围为 3 ~ 5km。同时，它还可采用多扇区技术来提高系统容量，一个扇区可同时支持 60 多个采用 E1/T1 的企业用户或数百个家庭用户。

WiMAX 采用了 OFDM、收/发分集、自适应调制等多种先进技术实现非视距 NLOS 和阻挡视距 ONLOS 传输，有效提高了城市内无线传输的效能。物理层支持 TDD/DMTA 和 FDD/TDMA 两种无线双工多址方式，以适应不同国家或地区电信体制要求。支持单载波（SC）、OFDM（256 点）、OFDMA（2 048 点）三种调制方式，可根据需要灵活选择。物理层可以根据传输信道性能变化，动态调整调制方式和物理层参数，以保证较好的传输质量。

WiMAX 网络结构比较简单，如图 2－11 所示。

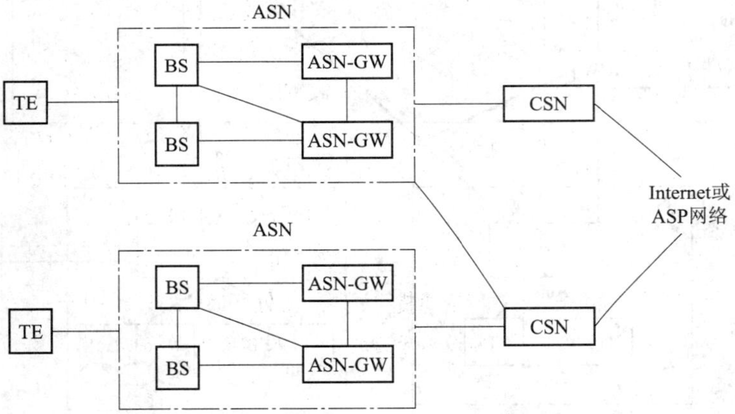

图 2－11　WiMAX 技术的网络结构示意图

对于 WiMAX 和其他 3G 技术的关系，目前有一种观点认为 WiMAX 将成为 3G 网络的终结者或替代者。那么 WiMAX 真能起到这种作用吗？WiMAX 只是一种频谱效率比较高的无线接入网络技术，而 3G 网络是一个完整的网络体系结构。表 2－5 对 WCDMA 和 WiMAX 技术进行了比较。

表 2－5　WiMAX 与 WCDMA 技术的比较

	WCDMA	WiMAX（IEEE 802.16－2004）
多址方式	CDMA	OFDMA，TDMA
频带	2GHz	2 ~ 66GHz；2 ~ 6GHz（IEEE 802.16e）
速率	2Mbit/s	>70Mbit/s

续表

	WCDMA	WiMAX（IEEE 802.16－2004）
双工方式	FDD	TDD
业务	语音与数据	分组语音与数据、视频图像
覆盖	蜂窝（小区半径 2－5Km）	热点地区大范围覆盖（半径 <50km）
移动性	静止、步行、车载	静止
容量（每扇区）	数十个以上用户	数百个以上用户
QoS	四类（会话类，交互类，背景类，流类）	固定带宽、承诺带宽、尽力带宽

2.1.1.3 LTE 系统

由于通信市场中对通信系统的数据传输速率的要求不断提高及用户业务类型的不断更新，传统 3G 技术很明显已不能满足市场需求，因此研究新的的空中接口技术就十分必要而且迫切。LTE 系统是上节所述的 3G 移动通信系统的演进技术，它改进并增强了 3G 的空中接入技术，采用 OFDM 和 MIMO 技术。3GPP 组织在 2005 年 12 月举行的 TSG RAN#30 会议上，确定了 LTE 上行物理层使用单载波频分复用技术（Single Carrier-Frequency Division Multiple Access，SC-FDMA）、下行物理层使用正交频分复用技术（Orthogonal Frequency Division Multiple Access，OFDMA）。在 2005 年 6 月的加拿大魁北克会议上，确立了 LTE 的主要性能需求指标：支持 1.25MHz～20MHz 的带宽；峰值数据传输速率上行达到 50Mbit/s，下行达到 100Mbit/s；能够支持成对的和非成对频谱的使用；频谱利用率，下行链路要求达到 5bit/s/Hz（是 R6 HSDPA 的 3 到 4 倍），上行链路要求达到 2.5bit/s/Hz（是 R6 HSUPA 的 2 到 3 倍）；单向用户面延时不能大于 5ms，控制面延时不大于 100ms；会议中特别提出了提高处于小区边缘用户的吞吐量；在支持简单的临频共存的同时，还要支持高速移动的用户的基本业务需求。不同移动标准的传输速率见表 2－6。

表 2－6　多种制式理论峰值速率对比

无线蜂窝制式	GSM（EDGE）	CDMA 2000（1x）	CDMA 2000（EVDO RA）	TD－SCDMA（HSPA）	WCDMA（HSPA）	TD－LTE
下行速率	236kbit/s	153kbit/s	3.1Mbit/s	2.8Mbit/s	14.4Mbit/s	100Mbit/s
上行速率	118kbit/s	153kbit/s	1.8Mbit/s	384kbit/s	5.76Mbit/s	50Mbit/s

在网络架构上，LTE 系统取消了以往 UMTS 标准采用的无线网络控制器（RNC）节点，从而在网络架构方面形成了一个全新的扁平化结构。LTE 总体网络架构如图 2.1 所示，E－UTRAN 由 eNode B 构成，eNode B 之间由 X2 接口互联，每个 eNodeB 通过 S1 接口与核心网 CN（SAE 中称为 EPC）相连，用户 UE 通过 LTE－Uu 口与基站 eNode B 相连，具体见图 2－12。

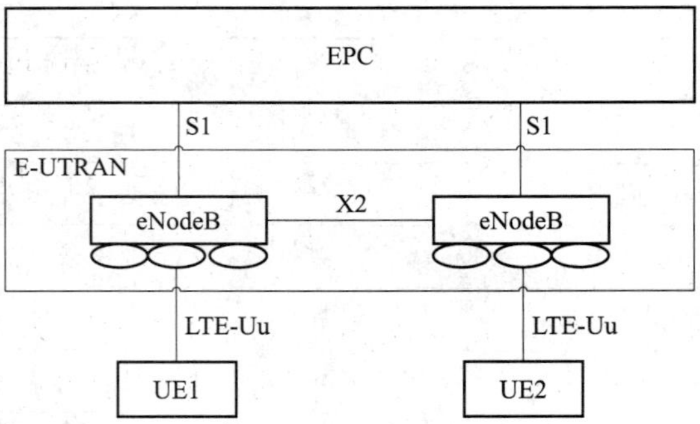

图 2－12　LTE 系统的网络架构

其中 S1 接口将 eNodeB 链接到 EPC，其分为两个接口，一个用于控制平面，另一个用于用户平面；X2 接口用户 eNodeB 间的链接，其控制平面和用户平面协议与 S1 相同。

2.1.2　SMS 技术

SMS 是移动网络的一种增值业务，它是指在手机之间发送文字信息或从个人计算机或手持设备向手机发送信息的一种方式。短信的“短”指的是文本信息的最大发送量一般设定为 160 个字符（字母、数字或拉丁字母中的符号，160 个字符的限制并不是绝对的，字符长度限制可能会因网络、手机型号以及无线运营商的差异而不同）。

SMS 短消息服务是一种存储和转发业务，短消息并不是直接从发送人发送到接收人，而始终通过 SMS 中心进行转发，如果网络判断接收人处于未连接状态（可能电话已关闭、超出服务区等），则消息将在接收人再次连接到网络时进行发送。SMS 具有消息发送确认的功能。SMS 短消息业务与寻呼业务是有较大的区别，寻呼用户只是简单地发出短消息然后认为消息已发送成功，而短消息发送人可以收到返回消息，通知他们短消息是否已发送成功。正是由于短消息的这种保证送到的特性，使得它被广泛地使用在手机银行等移动支付应用中。

根据 SMS 业务的工作特点，该技术的主要缺点有：无法保证短信的快速传输，在业务高峰期，发送一条短信可能需要几分钟甚至是几小时的时间；SMS 仅限于发送文本短信息，SMS 不支持发送图片、视频或是音乐文件，其他的短信服务允许发送多种复杂的短信息，使用增强型短信服务（EMS）可以发送格式文本、音效、小型图片及照片，多媒体短信服务（MMS）除了可以发送文本短信息，还允许发送动画、音频和视频文件。

2.1.3　IVR 技术

IVR 即交互式语音应答，可以提高呼叫服务的质量并节省费用。IVR 是一种功能强大的电话自动服务系统，系统采用用户导向的语音目录，根据客户选择（可以使用电话键盘或语音）完成相应的信息查询和命令执行。通过在 IVR 后端连接数据库，IVR 系统能为客户提供动态的实时信息。如果在呼叫中心使用了 IVR 系统，大部分的呼叫就可实现自动化，随着语音识别技术的不断突破，现在的 IVR 系统还可以和语音识别相集成，通过直接的语言输入就可以操作计算机系统。

IVR 的功能特点主要有：可以 24 小时全天候服务，顾客通过按键或语音选择，向企业主机输入信息，在允许的范围内访问各类企业数据库，自动得到多种服务；可同时处理多路来话，极大地降低顾客听到忙音或途中放弃的概率；IVR 系统可同时运行多个不同应用，可以把企业的不同应用整合到一个服务系统中；IVR 是呼叫中心整体流程的先导，也可以是主控者，顾客来电可以自由的在人工坐席和 IVR 之间转移，或播放咨询信息，并在结束后收回控制权，在转移过程中携带顾客数据及相关信息；IVR 的文本与语音合成（Text-to-speech Synthesis）技术以事先录制好的清晰、圆润的音声为顾客服务，IVR 的多语种支持可根据不同要求用不同语言播放语音提示或咨询信息。

2.1.4 WAP 技术

WAP 是一种通信协议，具体讲是一个应用环境和无线设备的通信协议集，它定义了无线移动设备与网络中的固定服务器进行通信的标准。

1997 年初期，美国一家网络运营商 Omnipoint 提出要提供移动信息服务。Omnipoint 明确指出，应该开发一种公共的开放标准。最终，Omnipoint、爱立信（Ericsson）、摩托罗拉（Motorola）、诺基亚（Nokia）和 Phohe. com 成立了 WAP 论坛，联手开发 WAP 协议。

WAP 论坛成立后，有超过 200 个公司、机构加入论坛，其中包括世界主要的移动通信设备制造商、电信运营公司和软件开发供应商。

WAP 的设计目标是用一种与制造商、销售商无关以及与技术无关的方式实现无线设备对因特网和高级电话服务的访问。正是基于这种设计思想，WAP 协议可以支持各种移动通信设备（从只能够显示一行信息的设备到智能电话），可以运行于现有或计划中的服务（比如 SMS、USSD、GPRS、CSD 等），可以适合任何移动网络标准（包括 CDMA、GSM 等），并支持多种输入终端（比如键盘，触摸屏等）。

WAP 协议采用客户机/服务器模式。它在移动通信终端中嵌入一个与 PC 机上运行的浏览器类似的微型浏览器，从而减少对移动终端的资源要求。与传统的 WWW 通信相比，WAP 的客户机与服务器之间多了一个 WAP 网关（WAP Gateway）。客户机通过 WAP 网关然后再与资源服务器（Origin server）通信。WAP 把更多的事务和智能化处理交给 WAP 网关。同时，基于微浏览器的服务和应用临时性地驻留在服务器中，而不是永久性地存储在移动终端中。这样做是因为大多数的移动通信终端 CPU 的处理能力较弱，内存较小，无线环境下电力供应有限，显示屏较小，输入功能有限。这些限制因素决定了必须把更多的任务交给 WAP 网关，以减少终端的负担。

WAP 网关是一个 WAP 代理。典型的 WAP 代理主要包括两个功能：

（1）协议转换，负责把 WAP 协议栈（WSP、WTP、WTLS 和 WDP）的请求转换为 WWW 协议栈（HTTP 和 TCP/IP）的请求。

（2）内容编码和解码，内容编码器负责把 WAP 内容转换成压缩编码格式，从而减小无线网络上传输的数据量，而解码器则是一个逆向过程。

WAP 的技术特点和优势体现在以下方面：

（1）独立、开放的标准，和厂商无关；

（2）独立于网络标准；

（3）适用于无线数据的传输机制；

（4）支持超文本链接，交互性能强，可以做 Internet 浏览器

（5）WAP 从服务器上下载应用，能快速提供新的服务。

WAP 应用的接入方式主要有以下两种：

（1）基于互联网的接入方案，本方案适用于已经有基于互联网架构 Web 应用部署的中小型企业，企业只需在安装 Web 服务器的位置再设置一台 WAP 服务器即可，并不需要改变现有网络的拓扑结构，也不用关心用户的连接方式，企业并不参与移动运营商的内部数据网络与互联网的网络联接。网络安全性依赖于与互联网相连的防火墙的可靠性，安全性能中等。这种接入的特点是投资省、部署快、易维护。

（2）基于专线的互联网接入方案，即通过专线将企业内部网络和移动网络连接。本方案适用于对安全性能、访问质量要求非常高的大型企业，企业通过数据专线与移动网络相连，WAP 服务器的位置一般部署在 Web 服务器一侧，企业现有网络与移动网络要做较大调整，需要有较高的技术维护和协同处理能力，系统具有安全性能高、访问速度快、业务扩充能力强等优点，缺点是需要投资购买相关网络连接设备、RADIUS 认证服务器、承担专线电路租金、APN 使用费和专业技术维护人员，对于有移动办公（OA、MIS 等）、移动数据服务（移动 ATM、无线 POS、电力数据采集等）、集团专网接入需求的企事业单位（例如政府、工商、税务、公安、环保、银行、电力、烟草等）有较强的操作性。

2.2 远距离移动支付的技术方案

移动支付根据支付的不同支付方式可以分为接触式支付和非接触式支付。接触式支付也叫远距离移动支付，主要就利用手机在线进行远程支付，利用移动网络进行；非接触式支付则是一种近距离无线支付，实现的技术包括基于 NFID 的 NFC、红外等，支付既可以使用移动网络，也可以不使用移动网络。本节主要讨论远距离支付方案，具体见表 2－7。

表 2－7　移动支付的技术实现

分类	实现方式	对移动终端是否有要求	优　势	缺　点
远距离移动支付	SMS	无	业务实现简单	安全性较低，操作繁琐
	IVR	无	稳定性较高，实时性较好，系统实现相对简单，易于升级	服务耗时，复杂，服务费用高
	WAP	有	面向连接的浏览器方式，交互性强	响应慢，终端复杂，支付成本高

续表

分类	实现方式	对移动终端是否有要求	优　　势	缺　　点
远距离移动支付	K-Java/Brew	有	可移植性强，网络资源消耗与服务器负载较低，界面友好，保密性高	不同的终端需要不同的版本支持
	USSD	有	可视操作界面，实时连接，交互速度较快，安全性较高，交易成本低	移动运营商支持地域的差异

在线移动支付的技术较多，下面介绍三种相对较为常用的方式。

1. WAP 移动支付

WAP 是一个国际标准，它可以使移动用户凭借数字移动电话、PDA 等移动装置随时随地以无线方式轻易登录互联网。WAP 技术的目标就是通过 WAP 这种技术，就可以将互联网的大量信息及各种各样的业务引入到移动电话、PDA 等无线终端之中。

WAP 协议是因特网和无线网络技术的有机结合，即在已有的因特网标准，如 IP、HTTP、XML、SSL、URL 等基础上，针对无线网络的特点进行了相应的优化。WAP 协议独立于底层的承载网络，可以运行于目前所有的移动网络上，包括 GSM 系列的 GSM、GPRS、EDGE，以及窄带 CDMA、宽带 CDMA 等移动网络。WAP 是一个开放的标准，能保证不同厂家的产品之间互相兼容，并允许不断引入新技术。

WAP 模型是 WWW 模型的一个扩展和加强，它的加强功能实现了 PUSH 模型和电话支持（WTA），如图 2－13 所示，其优化性和可扩展性适应了无线环境的发展。WAP 内容和应用以熟悉的 WWW 内容格式为基础，内容的传输依靠基于 WWW 通信协议的标准通信协议。无线终端上的 WAP 微浏览器与用户接口合作，类似于标准的 WEB 浏览器。

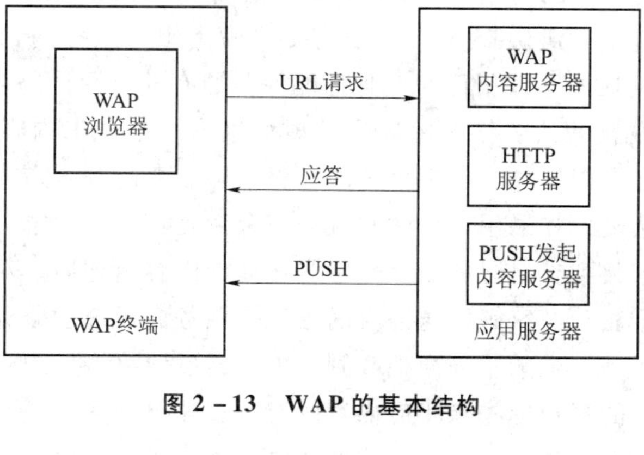

图 2－13　WAP 的基本结构

WAP 网络架构由：WAP 网关、WAP 手机和 WAP 内容服务器三部分组成，如图

2－14 所示。WAP 网关起着协议的翻译作用，是联系移动网络与互联网的桥梁。WAP 内容服务器存储着大量的信息，以提供 WAP 手机用户来访问、查询、浏览的信息等。

WAP 的工作过程为：用户从 WAP 手机键入需要访问的 WAP 内容服务器的 URL 请求；信号经过移动通信网络，以 WAP 协议方式发送请求至 WAP 网关，该请求经过翻译，再以 HTTP 协议方式与 WAP 内容服务器交互；最后，WAP 网关将返回的内容压缩、处理成二进制数据返回到客户的 WAP 手机上。

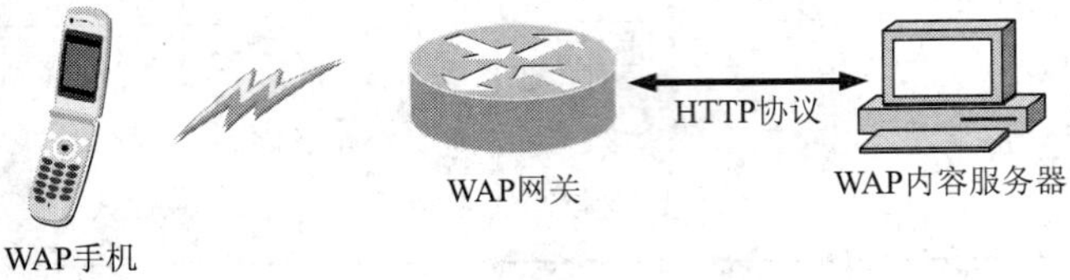

图 2－14　WAP 系统的网络架构

2. 基于 SMS 的移动支付

短消息服务是移动支付中经常用到的，用于触发交易支付、进行身份认证和支付确认的移动技术，在移动支付中按照信息流的流向可以分为上行和下行两种方式。用户使用短信的上行通道发送特定信息（此信息格式由移动支付运营商提供，一般包括购买商品的编号、数量等）到指定的特服号进行支付，也可以通过下行通道向客户推送一些商品或服务，如提醒充值用户进行充值，如果用户确认充值，则完成了此次的移动支付。同时下行通道也是进行用户消费确认的渠道，以保证支付的安全，避免支付中的欺诈行为（比如建设银行的信用卡在支付时用短信形式发送的确认码等）。

在 SMS 移动支付中，消费的费用是从用户的话费中直接扣除的，账户的处理是由支付服务商、金融服务商来完成的。由于短信的运营和收费是由移动运营商一家完成的，短信也是运营商主要的增值业务之一，因此该支付方式一般不会涉及银行等金融服务商参加，而只涉及到移动运营商。该支付方式只适合于小额的信息服务，系统的安全性取决于短消息的安全性。

基于短消息支付系统的优点是：费用低廉，移动金融服务通过发送一条短信完成一笔交易一般只需花费 0.1 到 0.15 元；使现有手机带上银行服务的功能，只要将原先的 SIM 卡换成 STM 卡，成本不仅很低，并且还能保留原有的电话号码。

基于 SMS 支付的流程为：终端用户通过短消息形式来请求内容服务，如发送短消息来查询天气预报、火车信息、手机报等内容；金融服务商收到请求内容后认证终端用户的合法性及账户余额，如果用户合法并且账户余额足够则向商家请求内容，否则返回相应错误信息；商家收到支付服务商、金融服务商的内容请求后，对服务商、金融服务商进行认证，如果合法，商家则发送请求的内容给服务商、金融服务商，否则返回相应错误信息；支付服务商、金融服务商把收到的内容转发给终端用户，把支付服务商、金融服务商从终端用户的账户中扣除相应内容的费用转账给商家。

3. 基于 USSD 的移动支付

USSD（Unstructured Supplementary Service Data），即非结构化补充数据业务是一种

基于移动网络的交互式数据业务，该业务是在短消息系统技术基础上推出的，业务主要包括补充业务如呼叫禁止、呼叫转移和非结构补充业务如证券交易、信息查询、移动银行业务两类。

USSD 网络结构如图 2－15 所示，分别和以太网相连。USSD 通过 7 号信令与移动网络中的 HLR 相连；在另外一端，USSD 系统通过 TCP/IP 协议与应用服务器连接。应用服务器则提供各种应用接口，可以与股票交易所、银行等应用中心连接。

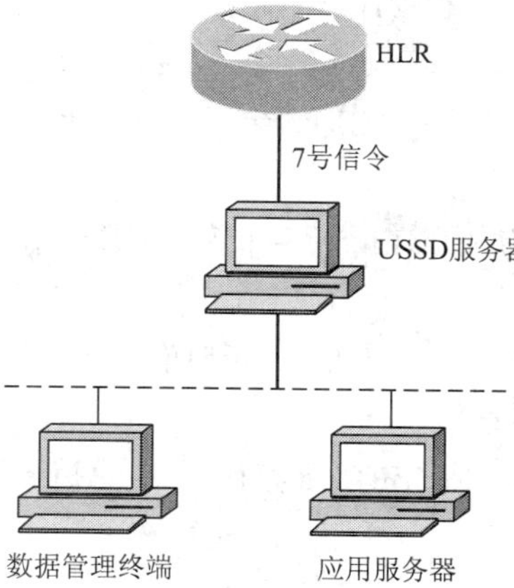

图 2－15　USSD 支付网络结构

USSD 移动支付系统的应用包括手机银行、金融股票交易、手机话费查询、气象信息预报、收发电子邮件、航班查询、网上订票等。USSD 支付和 SMS 支付有一定的区别，见表 2－8。

表 2－8　USSD 和 SMS 的异同

比较内容		USSD	SMS
相同点	业务类型	电路型业务	
	信道类型	基于 SDCCH 信道	
不同点	传输速率	非通话状态 1 000bit/s	600bit/s
	会话过程	会话中提供透明的无线通道	会话需要进行存储转发
	相应速度	响应较快（使用快速寻呼信道 FCCH，且不需存储转发）	响应速度较慢（存储转发）
	菜单类型	可以设计为户动菜单	固定菜单

2.3　远距离移动支付的技术案例

在上一节技术分析的基础上，本节主要讨论基于 SMS 服务和 WAP 业务的移动支付案例。

1. 基于SMS的移动支付应用案例

持有工商银行合作移动通信运营商手机且能够收发短信的客户均可享受工行手机银行服务。用户必须登录工商银行中国网站，进行在线自助注册手机银行，也可以到工商银行营业网点办理注册手续。完成注册后，只需要编写指定格式的短信，并发送到××××即可实现以下功能：

（1）查询

① 查询账户。发送内容为“CXZH#卡号/账号”的短信，可查询本人银行账户的余额和当日明细。

② 查询历史明细。发送内容为“CXLS#卡号/账号#起始日期#结束日期”的短信，可查询本人银行账户的历史交易明细。

③ 查询利率。发送内容为“CXLL#币种代码#利率类型”的短信，可查询本外币储蓄存款利率。

④ 查询汇率。发送内容为“CXHL#买入币种代码#卖出币种代码”的短信，可查询我行开通的外汇买卖即时汇率行情。

⑤ 查询债券。发送内容为“CXZQ#债券代码”的短信，可查询上市流通的国债买入卖出价格及应计利息。

（2）转账

发送内容为“ZZ#转出卡号#转入卡号/账号#金额#支付密码”的短信，可在本人手机银行（短信）注册卡之间相互转账、向手机银行（短信）约定账户转账以及对外转账。

（3）汇款

发送内容为“HK#汇出卡号#汇入卡号/账号#收款人名称#金额#支付密码”的短信，可办理汇款。

（4）捐款

发送内容为“JK#项目代码#卡号#金额”的短信，可向慈善机构捐款奉献爱心。

（5）消费支付

在互联网上购物后，选择“工商银行手机银行支付”，输入手机号码，随后将接收到手机银行（短信）系统发送的购物支付确认短信，只要将该短信转发至××××就可完成购物货款的支付。

（6）缴费

发送内容为“JFDH#电话号码#姓名”或“JFSJ#手机号码”的短信，然后将我行给您返回的确认短信直接转发××××就可完成本人及他人电话费或手机话费的缴纳。

（7）变更手机银行注册信息

① 修改密码。发送内容为“XGMM#原密码#新密码”的短信，可修改手机银行（短信）支付密码。

② 改支付卡。发送内容为“GZFK#新卡号”的短信，可修改注册手机银行（短信）时默认的支付卡。

③ 注销手机银行。发送内容为“ZX#手机银行支付密码”的短信，可注销手机银

行（短信）服务。

（8）获取帮助

发送内容为“?”的短信，可查询到手机银行各项功能的交易代码（由功能名称的汉语拼音首位字母组成）；发送内容为“? #交易代码”的短信，可查询到该交易指令的标准输入格式。

2. 基于 WAP 的移动支付应用案例

目前中国的三大移动运营商都有基于 WAP 的支付业务，包括新闻天气、铃声图片、聊天交友、在线游戏、时尚生活、证券财经等。图 2－16 是基于互联网接入的 WAP 方案：

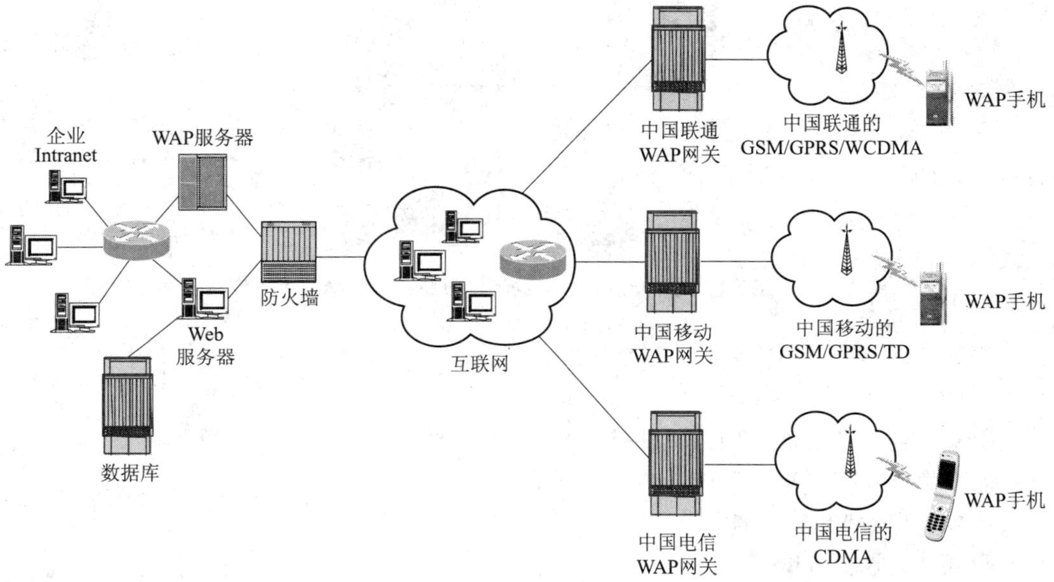

图 2－16　基于互联网接入的 WAP 支付

中国三大运营商的 WAP 配置分别见表 2－9。

表 2－9　　中国移动的 WAP 设置

基本设置	电路交换	GPRS 数据方式
GPRS 接入点		CNWAP
WAP 网关 IP	10.0.0.172	10.0.0.172
端口号	9201	
用户名	WAP	用户名为空
密码	WAP	密码为空

（1）中国移动

图 2－17 为江苏移动盐城分公司企业经营分析系统 WAP 手机应用界面。

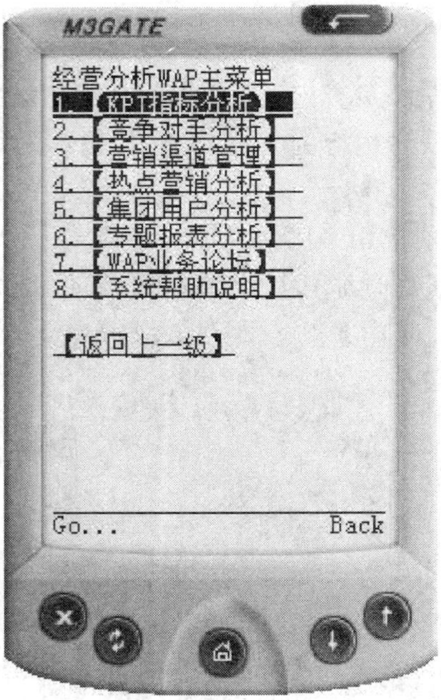

图 2－17　江苏移动盐城分公司企业经营分析系统 WAP 手机应用界面

（2）中国联通 WAP 支付相关参数设置

WAP 主页：http：//wap. uni-info. com. cn

GPRS 网关 IP 地址：10. 0. 0. 172

端口号码：80（WAP2. 0）或 9201（WAP1. 2）

连接类型：WSP/HTTP

网域接入点：uniwap

用户名：空

密码：空

多媒体中心：http：//mmsc. myuni. com. cn

GPRS 网关 IP 地址：10. 0. 0. 172

端口号码：80（WAP2. 0）或 9201（WAP1. 2）

连接类型：WSP/HTTP

网域接入点：uniwap

用户名：空

密码：空

（3）中国电信 CDMA 网络 WAP 设置，见图 2－18

APN 号：留空或任意命名，如互联星空

电话号码：#777

用户名：ctwap@ mycdma. cn

密码：vnet. mobi（或 wap、wap2）

WAP 代理服务器 10. 0. 0. 200：

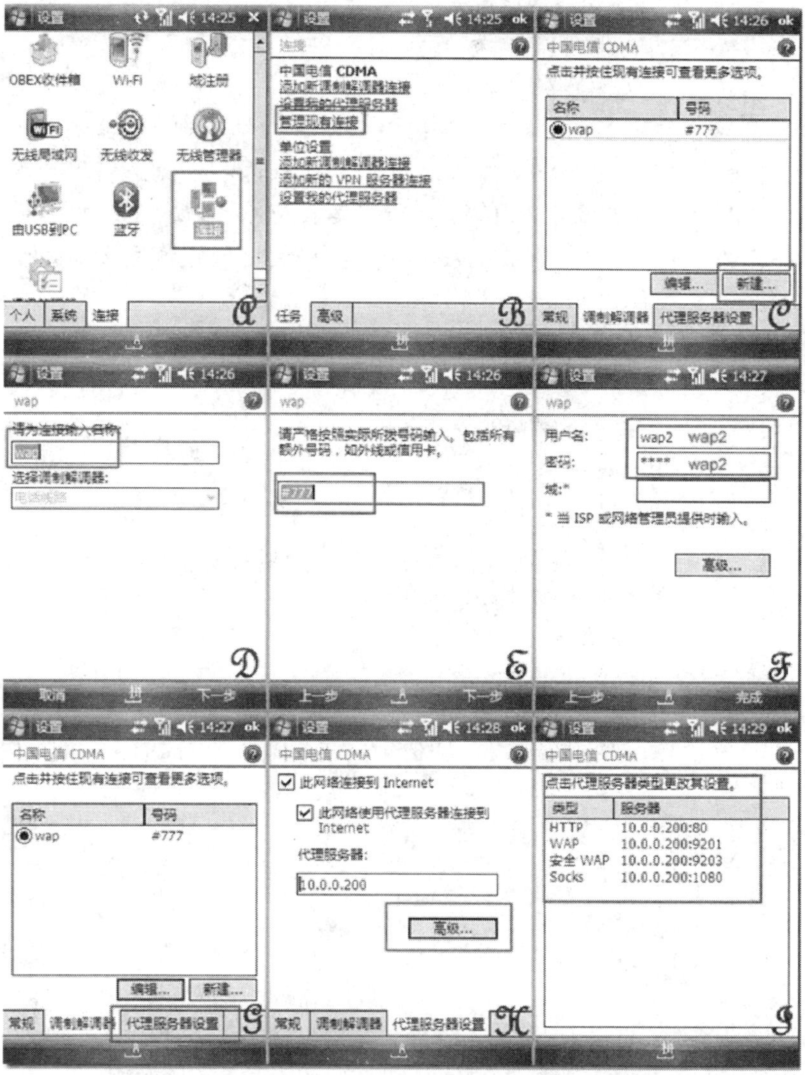

图 2-18　中国电信 CDMA 手机 WAP 设置流程

HTTP 10. 0. 0. 200：80

WAP 10. 0. 0. 200：80

Wap protal：wap. vnet. mobi

互联网连接 - Internet 设置：

net 相关参数：

APN 号：留空

电话号码：#777

用户名：ctnet@ mycdma. cn（应该也支持 card 用户）

密码：vnet. mobi

本章小结

本章主要介绍了移动支付的相关技术及技术基础，即移动通信技术和非接触支付的核心技术 RFID 以及 NFC 技术，分析了远距离支付的技术方案，包括短信 SMS 支付，WAP 支付、USSD 支付以及基于 RFID 技术的非接触 NFC 手机支付、双界面 SIM 卡支付以及 eNFC 等，并在最后给出了远距离支付和非接触式支付的相关应用案例。

本章习题

1. 常用的移动通信主要有哪些？
2. 简单描述移动通信的体系结构。
3. 什么是 SMS 和 WAP 业务？
4. 常用的远距离移动支付系统有哪些？各有什么特点？
5. 讨论分析不同的远距离移动支付案例。

第 3 章

近距离移动支付技术

内容提要

本章介绍近距离移动技术的基础，包括 RFID 技术、NFC 技术、红外和蓝牙技术等，同时分析了基于 RFID 和 NFC 技术的相应技术方案，最后给出了相应的实例。

3.1 近距离移动支付技术基础

近距离移动支付的技术基础主要有 RFID、NFC、红外通信、蓝牙技术等，该类技术构成了近距离移动支付的主要手段。

3.1.1 射频识别 RFID 技术基础

本节内容将按照 RFID 的定义、原理、发展以及特点几个方面对 RFID 技术进行介绍。

3.1.1.1 RFID 的定义

RFID，即射频识别是一种非接触式的自动识别技术，又称电子标签，可通过无线电信号识别特定目标并读写相关数据，而无需识别系统与特定目标之间建立机械或光学接触。RFID 是一种简单的无线通信系统，它通过射频信号自动识别目标对象并获取相关数据，识别工作无须人工干预，可工作于各种恶劣环境。RFID 经常被称作感应式电子晶片或近接卡、感应卡、非接触卡、电子标签以及电子条码等。RFID 技术可识别高速运动物体并可同时识别多个标签，操作快捷方便。

最基本的 RFID 系统由三部分组成：标签（或者称为电子标签）、阅读器以及天线。电子标签由耦合元件及芯片组成，每个标签具有唯一的电子编码，附着在物体上标识目标对象；阅读器是读取（有时还可以写入）标签信息的设备，可设计为手持式或固定式；天线在标签和读取器间传递射频信号。它的工作原理是，电子标签中一般保存有约定格式的电子数据，在实际应用中，电子标签附着在待识别物体的表面。阅读器可无接触地读取并识别电子标签中所保存的电子数据，从而达到自动识别的目的。通常阅读器与电脑相连，所读取的标签信息被传送到电脑上进行下一步处理，见图 3－1。

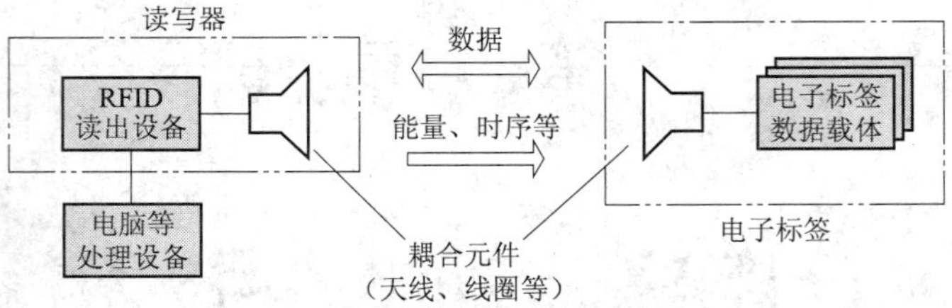

图 3－1　RFID 的基本系统结构

RFID 标签具有体积小、容量大、寿命长、可重复使用等特点，可支持快速读写、非可视识别、移动识别、多目标识别、定位及长期跟踪管理。RFID 技术与互联网、通讯等技术相结合，可实现全球范围内物品跟踪与信息共享。RFID 技术应用于物流、制造、公共信息服务等行业，可大幅提高管理与运作效率，降低成本。

3.1.1.2　RFID 基本技术参数

可以用来衡量射频识别系统的技术参数比较多，比如系统使用的频率、协议标准、识别距离、识别速度、数据传输速率、存储容量、防碰撞性能以及电子标签的封装标准等，这些技术参数相互影响和制约。

其中，读写器的技术参数包括读写器的工作频率、读写器的输出功率、读写器的数据传输速度、读写器的输出端口形式和读写器是否可调等；电子标签的技术参数包括电子标签的能量要求、电子标签的容量要求、电子标签的工作频率、电子标签的数据传输速度、电子标签的读写速度、电子标签的封装形式、电子标签数据的安全性等。

1. 工作频率

工作频率是射频识别系统最基本的技术参数之一。工作频率的选择在很大程度上决定了射频识别系统的应用范围、技术可行性以及系统的成本高低。从本质上说，射频识别系统是无线电传播系统，必须占据一定的无线通信信道。在无线通信信道中，射频信号只能以电磁耦合或者电磁波传播的形式表现出来。因此，射频识别系统的工作性能必然会受到电磁波空间传输特性的影响。

从电磁波的物理特性、识读距离、穿透能力等特性上来看，不同射频频率的电磁波存在较大的差异，特别是在低频和高频两个频段上。低频电磁波具有很强的穿透能力，能够穿透水、金属、动物等导体材料，但是传播距离比较近。另外，由于频率比较低，以及可以利用的频带窄，导致数据传输速率较低，信噪也比较低，容易受到干扰。

相比低频电磁波而言，要得到同样的传输效果，高频系统的发射功率较小，设备比较简单，成本也比较低。高频电磁波的数据传输速率较高，没有低频的信噪比限制。但是，高频电磁波的穿透能力较差，很容易被水等导体媒质所吸收，困此，高频电磁波对障碍物的敏感性较强。

2. 作用距离

射频识别系统的作用距离指的是系统的有效识别距离。影响读写器识别电子标签有效距离的因素有很多，主要包括了以下因素：读写器的发射功率、系统的工作频率和电子标签的封装形式等。

其他条件相同时，低频系统的识别距离最近，其次是中高频系统和微波系统，尤以微波系统的识别距离最远。只要读写器的频率发生变化，系统的工作频率就会随之改变。

射频识别系统的有效识别距离和读写器的射频发射功率成正比。发射功率越大，识别距离也就越远，但是电磁波产生的辐射超过一定的范围时，就会对环境和人体产生有害的影响。因此，在电磁功率方面必须遵循一定的功率标准。

电子标签的封装形式也是影响系统识别距离的原因之一。电子标签的天线越大，即电子标签穿过读写器的作用区域内所获取的磁通量越大，存储的能量也越大。

应用项目所需要的作用距离取决于电子标签的定位精度、实际应用中多个电子标签之间的最小距离以及在读写器的工作区域内电子标签的移动速度。

通常在 RFID 的应用中，选择恰当的天线，即可适应长距离读写的需要。例如，FastTrack 传送带式天线就是设计安装在滚轴之间的传送带上，REID 载体则安装在托盘或产品的底部，以确保载体直接从天线上通过。

3. 数据传输速率

对于大多数数据采集系统来说，速度是非常重要的因素。由于现在的生产企业不断缩短产品生产周期，要求读取和更新 RFID 载体的时间越来越短。

(1) 只读速率。RFID 只读系统的数据传输速率取决于代码的长度、载体数据发送速率、读写距离、载体与天线间载波频率以及数据传输的调制技术等因素。传输速率随实际应用中产品种类的不同而不同。

(2) 无源读写速率。无源读写 REID 系统的数据传输速率决定因素与只读系统一样，不过除了要考虑从载体上读数据外，还要考虑往载体上写数据。传输速率随实际应用中产品种类的不同而有所变化。

(3) 有源读写速率。有源读写 RFID 系统的数据传输速率决定因素与无源系统一样，不同的是无源系统需要激活载体上的电容充电来通信，而且很重要的一点是，一个典型的低频读写系统的工作速率可能仅为每秒 100 字节或每秒 200 字节。这样，由于在一个站点上可能会有数百字节数据需要传送，数据的传输时间就会需要数秒钟，这可能会比整个机械操作的时间还要长。EMS 公司已经通过采用数项独到且专有的技术设计出一种低频系统，其速率高于大多数微波系统。

4. 双工方式

射频识别系统的基本工作方式分为全双工（Full Duplex）系统和半双工（Half Duplex）系统以及时序（SEQ）系统。全双工表示射频标签与读写器之间可在同一时刻互相传送信息。半双工表示射频标签与读写器之间可以双向传送信息，但在同一时刻只能向一个方向传送信息。

在全双工和半双工系统中，射频标签的响应是在读写器发出的电磁场或电磁波的情况下发送出去的。因为与阅读器本身的信号相比，射频标签的信号在接收天线上是很弱的，所以必须使用合适的传输方法，以便把射频标签的信号与阅读器的信号区别开来。在实践中，人们对从射频标签到阅读器的数据传输一般采用负载反射调制技术将射频标签数据加载到反射回波上（尤其是针对无源射频标签系统）。

时序方法则与之相反，阅读器辐射出的电磁场会短时间地、周期性地断开。这些间隔被射频标签识别出来，并被用于从射频标签到阅读器的数据传输。其实，这是一种典型的雷达工作方式。时序方法的缺点是，在阅读器发送间歇，射频标签的能量供应中断，这就必须通过装入足够大的辅助电容器或辅助电池进行补偿。

5. 安全要求

安全要求一般指的是加密和身份认证。对一个计划中的射频识别系统应该就其安全要求作出非常准确的评估，以便从一开始就能将在应用阶段可能会出现的各种危险攻击予以排除。为此，要分析系统中存在的各种安全漏洞以及攻击出现的可能性等。

6. 存储容量

数据载体存储量的大小、方式不同，系统的价格也不同。数据载体的价格主要是由电子标签的存储容量确定的。RFID 主要使用三种方法存贮数据：电可擦可编程只读存贮器（EEPROM）、铁电随机存取存贮器（FRAM）、静态随机存取存贮器（SRAM）。

对于价格敏感、现场需求少的应用，应该选用固定编码的只读数据载体。对一般的射频识别系统来说，使用电可擦可编程只读存贮器是主要方法。然而，使用这种方法的缺点是写入过程中的功率消耗很大，使用寿命一般为写入 10 万次。此外，也可以使用一种非易失类存贮器，即铁电随机存取存贮器。与电可擦可编程只读存贮器相比，铁电随机存取存贮器的写入功率消耗是前者的 1/100，写入时间是前者的 1/1 000。对微波系统来说，还可以使用静态随机存取存贮器，该存贮器能很快写入数据。为了永久保存数据，该存贮器需要用辅助电池作不中断的供电。

基于存储器的系统有一个基本的规律，那就是存储容量总是不够用。只读载体的存储容量为 20bit，有源读写载体的存储容量从 64B 到 32KB 不等，也就是说在可读写载体中可以存储数页文本，这足以装入载货清单和测试数据，并允许系统扩展。无源读写载体的存储空间从 48B 到 736B 不等，它有许多有源读写系统所不具有的特性。

7. RFID 系统的连通性

作为自动化系统的发展分支，RFID 技术必须能够集成现存的和发展中的自动化技术。重要的是，REID 系统应该可以直接与个人计算机、可编程逻辑控制器或工业网络接口模块（现场总线）相连，从而降低安装成本。连通性使 RFID 技术能够提供灵活的功能，易于集成到广泛的工业应用中去。

8. 多电子标签同时识读性

由于系统可能需要同时对多个电子标签进行识别，因此，对读写器提供的多标签识读性也需要考虑。这与读写器的识读性能、电子标签的移动速度等都有关系。

9. 电子标签的封装形式

针对不同的工作环境，电子标签的大小、形式决定了电子标签的安装与性能的表现，电子标签的封装形式也是需要考虑的参数之一。电子标签的封装形式不仅影响到系统的工作性能，而且影响到系统的安全性能和美观。

对射频识别系统性能指标的评估十分复杂，因为影响射频识别系统整体性能的因素很多，包括了产品因素、市场因素以及环境因素等。

3.1.1.3　RFID 发展历史及现状

1. RFID 的历史发展阶段

RFID 技术来源于雷达领域。1948 年，哈里·斯托克曼发表的《利用反射功率的通讯》一文奠定了射频识别的理论基础。

到了 20 世纪，无线电技术的理论与应用研究是科学技术发展最重要的成就之一。RFID 技术的发展可大概的分为下面的几个阶段：

（1）20 世纪 40 年代末到 60 年代末，RFID 处于技术理论研究与发展以及相应的应用研究与探索时期；

（2）20 世纪 70 年代到 90 年代初，RFID 技术与产品研发处于一个大发展时期，各种 RFID 技术测试得到加速，各种规模的应用开始出现；

（3）20 世纪 90 年代到本世纪初，RFID 得到迅速的发展，技术标准化问题日趋得到重视，RFID 产品得到广泛采用，RFID 产品逐渐成为人们生活中的一部分。

（4）最近 10 年来，标准化问题日趋为人们所重视，RFID 产品种类更加丰富，有源电子标签、无源电子标签及半无源电子标签均得到发展，电子标签成本不断降低，规模应用行业不断扩大，RFID 技术的理论得到丰富和完善。单芯片电子标签、多电子标签识读、无线可读可写、无源电子标签的远距离识别、适应高速移动物体的 RFID 正在成为现实。

2. 全球 RFID 产业发展现状

从全球来看，美国已经在 RFID 标准的建立、相关软硬件技术的开发和应用领域走在了世界的前列。欧洲的 RFID 标准追随美国主导的 EPCglobal 标准，而在封闭系统应用方面，欧洲与美国基本处在同一阶段。日本虽然已经提出 UID 标准，但主要得到的是本国厂商的支持，如要成为国际标准还有很长的路要走。韩国政府对 RFID 给予了高度重视，但至今韩国在 RFID 方面的标准仍模糊不清。

（1）美国

在产业方面，TI、Intel 等美国集成电路厂商目前都在 RFID 领域投入巨资进行芯片开发。Symbol 等已经研发出同时可以阅读条形码和 RFID 的扫描器。IBM、微软和 HP 等也在积极开发相应的软件及系统来支持 RFID 的应用。目前，美国的交通、车辆管理、身份识别、生产线自动化控制、仓储管理及物资跟踪等领域已经开始应用 RFID 技术。在物流方面，美国已有 100 多家企业承诺支持 RFID 应用，其中包括零售商沃尔玛，制造商吉列、强生、宝洁，物流行业的联合包裹服务公司以及国防部的物流应用等。

美国政府是 RFID 应用的积极推动者。按照美国防部的合同规定，2004 年 10 月 1 日或者 2005 年 1 月 1 日以后，所有军需物资都要使用 RFID 标签；美国食品及药物管理局（FDA）建议制药商从 2006 年起利用 RFID 跟踪最常造假的药品；美国社会福利局（SSA）于 2005 年年初正式使用 RFID 技术追踪 SSA 各种表格和手册。

（2）欧洲

在产业方面，欧洲的 Philips、STMicroelectronics 在积极开发廉价 RFID 芯片；Checkpoint 在开发支持多系统的 RFID 识别系统；诺基亚在开发能够基于 RFID 的移动电话购物系统；SAP 则在积极开发支持 RFID 的企业应用管理软件。在应用方面，欧洲在交通、身份识别、生产线自动化控制、物资跟踪等封闭系统与美国基本处在同一阶段。目前，欧洲许多大型企业纷纷进行 RFID 的应用实验。例如，英国的零售企业 Tesco 最早于 2003 年 9 月结束了第一阶段试验。试验由该公司的物流中心和英国的两家商店进行，试验主要对物流中心和两家商店之间的包装盒及货盘的流通路径进行追踪，使用的是 915MHz 频带。

（3）日本

日本是一个制造业强国，它在电子标签研究领域起步较早，政府也将 RFID 作为一项关键的技术来发展。MPHPT 在 2004 年 3 月发布了针对 RFID 的《关于在传感网络时代运用先进的 RFID 技术的最终研究草案》报告。报告称，MPHPT 将继续支持测试在 UHF 频段的被动及主动的电子标签技术，并在此基础上进一步讨论管制的问题。2004 年 7 月，日本经济产业省 METI 选择了包括消费电子、书籍、服装、音乐 CD、建筑机械、制药和物流在内的七大产业进行 RFID 应用试验。从近来日本 RFID 的动态来看，与行业应用相结合的基于 RFID 技术的产品和解决方案开始集中出现，这为 2005 年 RFID 在日本的推广，特别是在物流等非制造领域的推广奠定了坚实的基础。

（4）韩国

韩国主要通过国家发展计划联合企业力量来推动 RFID 的发展，即主要是由产业资源部和情报通信部来推动 RFID 的发展。特别值得注意的是，自 2004 年 3 月韩国提出 IT839 计划以来，RFID 的重要性得到了进一步加强。虽然目前韩国在 RFID 的开发和应用领域乏善可陈，但在韩国政府的高度重视下，韩国关于 RFID 的技术开发和应用试验正在快速开展。同日本类似，韩国也出现了将 RFID 引入开放系统的趋势。2005 年 3 月，韩国政府耗资 7.84 亿美元在仁川建立技术中心，主要从事电子标签技术，包括 RFID 的研发及生产，以帮助韩国企业快速确立其在全球 RFID 市场的主流地位。该中心的建设在 2007 年前完成，RFID 标签和传感器在 2008 年批量出货。

3. RFID 市场前景

随着 RFID 技术的发展演进以及成本的降低，未来几年内，全球开放的市场将为 RFID 带来巨大的商机。

据 F&S 公司预测，到 2009 年，全球 RFID 市场将从 2003 年的 20 亿美元猛增到 100 亿美元。该公司将这个市场分为门禁控制、资产管理、供应链管理和交通运输四大类，此外，还有其他类的应用，包括运动和医疗卫生。该公司的分析认为，仅安全类的应用将占到全球 100 亿美元份额中的 30 亿美元市场，而供应链的需求量届时会达到 40 亿美元。

此外，RFID 的系统集成服务市场也将得到快速增长。据预测，RFID 技术的系统集成收入到 2007 年将超过 RFID 产品的收入。

3.1.1.4 RFID 的工作原理

在 RFID 系统中，电子标签又称为射频标签、应答器、数据载体；阅读器又称为读出装置、扫描器、通讯器、读写器（取决于电子标签是否可以无线改写数据）。电子标签与阅读器之间通过耦合组件实现射频信号的空间（无接触）耦合，在耦合通道内根据时序关系实现能量的传递和数据的交换。

RFID 技术的基本工作原理并不复杂，即当标签进入磁场后接收解读器发出的射频信号，凭借感应电流所获得的能量发送存储在芯片中的产品信息（Passive Tag，无源标签或被动标签），或者由标签主动发送某一频率的信号（Active Tag，有源标签或主动标签），解读器读取信息并解码后，将其送至中央信息系统进行有关数据处理。

一套完整的 RFID 系统由阅读器（Reader）与电子标签（TAG）也就是所谓的应答器（Transponder）及应用软件系统三个部份所组成，其工作原理是 Reader 发射一特定频率的无线电波能量给 Transponder，用以驱动 Transponder 电路将内部的数据送出，此时 Reader 便依序接收解读数据，并将其送给应用程序做相应的处理。

发生在阅读器和电子标签之间的射频信号的耦合类型有两种：一是电感耦合，属于变压器模型，通过空间高频交变磁场实现耦合，依据的是电磁感应定律；二是电磁反向散射耦合，属于雷达原理模型，发射出去的电磁波碰到目标后反射，同时携带回目标信息，依据的是电磁波的空间传播规律。

电感耦合方式一般适合于中、低频工作的近距离射频识别系统中，典型的工作频率有 125kHz、225kHz 和 13.56MHz，识别作用距离小于 1m，典型作用距离为 10～20cm。

电磁反向散射耦合方式一般适合于高频、微波工作的远距离射频识别系统，典型的工作频率有 433MHz、915MHz、2.45GHz、5.8GHz，识别作用距离大于 1m，典型作用距离为 3～10m。

阅读器根据使用的结构和技术不同可以是读或读/写装置，它是 RFID 系统的信息控制中心和处理中心。阅读器通常由耦合模块、收发模块、控制模块和接口单元组成。阅读器和应答器之间一般采用半双工通信方式进行信息交换，同时阅读器通过耦合给无源应答器提供能量和时序。在实际应用中，可进一步通过 Ethernet 或 WLAN 等实现对物体识别信息的采集、处理及远程传送等管理功能。应答器是 RFID 系统的信息载体，目前应答器大多是由耦合原件（线圈、微带天线等）和微芯片组成无源单元。

3.1.1.5 RFID 的分类和特点

根据不同的标准 RFID 有不用的分类方式。按照能量供给方式的不同，RFID 标签分为有源、无源和半有源三种；按照工作频率的不同，RFID 标签分为低频（LF）、中高频（HF）、超高频（UHF）和微波频段（MW）的标签；根据双工通信的方式，可以将 RFID 分为全双工和半双工标签。根据标签的数据调制方式分类，标签的数据调制方式即标签是通过何种形式与读头之间进行数据交换，RFID 可分为主动式、被动式和半主动式。根据标签的可读性分类，射频标签内部使用的存储器类型不一样，可以分为可读写卡（RW）、一次写入多次读出卡（WORM）和只读卡（RO）。只读卡标签内一般只有只读存储器（ROM）、随机存储器（RAM）和缓冲存储器，而可读写卡一般还有非活动可编程记忆存储器。这种存储器除了具有存储数据的功能，还具有在适当条件下允许多次写入数据的功能。根据 RFID 系统标签和读头之间的通信工作时序分类，时序指的是读头和标签的工作次序问题，可分为读头主动唤醒标签（Reader Talk First，RTF）和标签首先自报家门（Tag Talk First，TTF）的方式。一般来说，无源标签一般是 TTF 方式，TTF 系统通信协议比较简单，防冲撞能力更强，速度更快。

射频标签的工作频率也就是射频识别系统的工作频率，射频标签的工作频率不仅决定着射频识别系统工作原理、识别距离，还决定着射频标签及读写器实现的难易程度和设备的成本。工作在不同频段或频点上的射频标签具有不同的特点。

1. 低频射频标签

简称为低频标签，其工作频率范围为 30kHz ~ 300kHz。低频标签一般为无源标签，其工作能量通过电感耦合方式从阅读器耦合线圈的辐射近场中获得。低频标签与阅读器之间传送数据时，低频标签需位于阅读器天线辐射的近场区内。低频标签的阅读距离一般情况下小于 1m。

低频标签的主要优势体现在：省电、廉价；工作频率不受无线电频率管制约束；可以穿透水、有机组织、木材等；非常适合近距离的、低速度的、数据量要求较少的识别应用等。低频标签的劣势主要体现在：标签存贮数据量较少；只能适合低速、近距离识别应用。

低频标签的典型应用包括动物识别、容器识别、工具识别、电子闭锁防盗（带有内置应答器的汽车钥匙）等。

2. 高频射频标签

高频标签有时也称中高频标签，工作频率一般为 3MHz ~ 30MHz。因其工作原理与低频标签完全相同，即采用电感耦合方式工作，一般也以无源方式为主，其工作能量同低频标签一样，也是通过电感（磁）耦合方式从阅读器耦合线圈的辐射近场中获得。标签与阅读器进行数据交换时，标签必须位于阅读器天线辐射的近场区内。高频标签的阅读距离一般情况下也小于 1m。

高频标签的特点与低频标签基本相似，由于其工作频率的提高，可以选用较高的数据传输速率。射频标签天线设计相对简单，标签一般制成标准卡片形。

3. 超高频射频、微波频段标签

超高频与微波频段的射频标签简称为微波射频标签，其典型工作频率为：433.92MHz、862（902）MHz ~ 928MHz、2.45GHz、5.8GHz。

微波射频标签可分为有源标签与无源标签两类。射频标签位于阅读器天线辐射场的远区场内，标签与阅读器之间的耦合方式为电磁耦合方式。阅读器天线一般均为定向天线，只有在阅读器天线定向波束范围内的射频标签可被读/写。相应的射频识别系统阅读距离一般大于 1m，典型情况为 4 ~ 6m，最大可达 10m 以上。

目前，无源微波射频标签产品相对集中在 902MHz ~ 928MHz 工作频段上。2.45GHz 和 5.8GHz 射频识别系统多以半无源微波射频标签产品出现（半无源标签一般采用钮扣电池供电，具有较远的阅读距离）。

微波射频标签的典型特点主要集中在是否无源、无线读写距离、是否支持多标签读写、是否适合高速识别应用、读写器的发射功率容限、射频标签及读写器的价格等方面。典型的微波射频标签的识读距离为 3 ~ 5m，个别有达 10m 或 10m 以上的产品。微波射频标签的数据存贮容量一般限定在 2K 以内，再大的存贮容量几乎没有太大的意义。

微波射频标签的典型应用包括移动车辆识别、电子身份证、仓储物流应用、电子闭锁防盗（电子遥控门锁控制器）等。

目前国际上RFID应用以低频和高频标签产品为主，超高频标签开始规模生产，由于其具有可远距离识别和低成本的优势，未来将成为射频识别的主流，而微波标签在部分国家已经得到应用。

3.1.1.6 RFID与条形码

为了提高计算机的识别效率，增强其灵活性和准确性，使人们摆脱繁杂的统计识别工作，传统条形码、二维条形码、无线射频识别技术先后问世。

1. 一维条形码

一维条形码技术相对成熟，并在全世界得到了极为广泛的应用。传统条形码由一组按一定编码规则排列的条、空符号组成，表示一定的字符、数字及符号信息。条形码系统是由条形码符号设计、条形码制作以及扫描阅读组成的自动识别系统，是迄今为止使用最为广泛的一种自动识别技术。到目前为止，常见的条形码的码制大概有20多种，其中广泛使用的码制包括EAN码、Code39码、交叉25码、UPC码、128码、Code93码以及CODABAR码等。不同的码制具有不同的特点，同时适用于特定的应用领域。作为计算机数据采集手段，一维条形码以快速、准确、成本低廉等诸多优点迅速进入商品流通、自动控制、以及档案管理等各种领域。但是由于传统条形码是一维的，它在垂直方向上不带任何信息，信息密度低，而且不能够显示汉字，容易因为磨损或皱折而被拒读，这在很大程度上限制了传统条形码的应用范围。

2. 二维条形码技术

20世纪70年代，计算机自动识别领域中出现了二维条形码技术，这是在传统条形码基础上发展起来的一种编码技术，它将条形码的信息空间从线性的一维扩展到平面的二维，具有信息容量大、成本低、准确性高、编码方式灵活、保密性强等诸多优点。与一维条形码只能从一个方向读取数据不同，二维条形码可以从水平、垂直两个方向来获取信息，因此，其包含的信息量远远大于一维条形码，并且还具备自纠错功能。但二维条形码的工作原理与一维条形码却是类似的，在进行识别的时候，将二维条形码打印在纸带上，阅读条形码符号所包含的信息，需要一个扫描装置和译码装置，统称为阅读器。阅读器的功能是把条形码条符宽度、间隔等空间信号转换成不同的输出信号，并将该信号转化为计算机可识别的二进制编码输入计算机。扫描器又称光电读入器，它装有照亮被读条码的光源和光电检测器件，并且能够接收条码的反射光，当扫描器所发出的光照在纸带上，每个光电池根据纸带上条码的有无来输出不同的图案，来自各个光电池的图案组合起来产生一个高密度信息图案，经放大、量化后送译码器处理。译码器存储有需译读的条码编码方案数据库和译码算法。在早期的识别设备中，扫描器和译码器是分开的，目前的设备大多已合成一体。

二维条形码具有下面几个主要特点：

（1）存储量大

二维条形码可以存储1 100个字，比起一维条形码的15个字，存储量大为增加，而且能够存储中文，其资料不仅可应用在英文、数字、汉字、记号等方面，甚至也可以处理空白，而且尺寸可以自由选择，这也是一维条形码做不到的。

（2）抗损性强

二维条形码采用故障纠正的技术，遭受污染以及破损后也能复原，即使条码受损程度高达50%，仍然能够解读出原数据，误读率为6 100万分之一。

（3）安全性高

二维条形码中采用了加密技术，所以其安全性大幅度提高。

（4）可传真和影印

二维条形码经传真和影印后仍然可以使用，而一维条形码在经过传真和影印后机器就无法进行识读。

（5）印刷多样性

对于二维条形码来讲，它不仅可以在白纸上印刷黑字，还可以进行彩色印刷，而且印刷机器和印刷对象都不受限制，印刷起来非常方便。

（6）抗干扰能力强

与磁卡、IC卡相比，二维条形码由于其自身的特性，具有强抗磁力、抗静电能力。

由于自身的优势，二维条形码技术在全世界得到广泛的应用，现已应用在国防、公共安全、交通运输、医疗保健、工业、商业、金融、海关及政府管理等领域。

3. RFID技术

射频识别技术改变了条形码技术依靠有形的一维或二维几何图案来提供信息的方式，而是通过芯片来提供存储在其中的数量更大的无形信息。它最早出现在20世纪80年代，最初应用在一些无法使用条码跟踪技术的特殊工业场合，例如在一些行业和公司中，这种技术被用于目标定位、身份确认及跟踪库存产品等。射频识别技术起步较晚，至今没有制订出统一的国际标准，但是射频识别技术的推出绝不仅仅是信息容量的提升，它对于计算机自动识别技术来讲是一场革命，它所具有的强大优势会大大提高信息的处理效率和准确度。

与条形码识别系统相比，无线射频识别技术具有很多优势：可以通过射频信号自动识别目标对象，无需可见光源；具有穿透性，可以透过外部材料直接读取数据，保护外部包装，节省开箱时间；射频产品可以在恶劣环境下工作，对环境要求低；读取距离远，无需与目标接触就可以得到数据；支持写入数据，无需重新制作新的标签；使用防冲突技术，能够同时处理多个射频标签，适用于批量识别场合；可以对RFID标签所附着的物体进行追踪定位，提供位置信息。

由于RFID产品的优点，无线射频识别技术发展得很快，已被广泛应用于工业自动化、商业自动化、交通运输控制管理等众多领域，如汽车或火车等交通监控系统、高速公路自动收费系统、物品管理、流水线生产自化、门禁系统、金融交易、仓储管理、畜牧管理、车辆防盗等。在澳大利亚，RFID技术被用于机场旅客行李管理，提高了机场的工作效率，收到了理想的效益；而在地球的另一面，欧共体宣布1997年开始生产的新型汽车必须具有基于RFID技术的防盗系统；瑞士国家铁路局也将在瑞士的全部旅客列车上安装RFID自动识别系统，调度员可以实时掌握火车运行情况，这不仅有利于管理，还大大减少发生事故的可能性；德国汉莎航空公司正在尝试用RFID电子标签来代替飞机票，从而改变了传统的机票购销方式。时至今日，射频识别技术的新应用仍然层出不穷。

4. RFID与条形码

射频技术与条形码是两种不同的技术，有不同的适用范围，有时会有重叠。两者之间最大的区别在于，条形码是可视技术，扫描仪在人的指导下工作，只能接收它视野范围内的条形码。相比之下，射频识别不要求看见目标。射频标签只要在接受器的作用范围内就可以被读取。条形码本身还具有其他缺点，如果标签被划破、污染或是脱落，扫描仪就无法辨认目标。条形码只能识别生产者和产品，并不能辨认具体的商品，贴在所有同一种产品包装上的条形码都一样，无法辨认哪些产品先过期。FRID与条形码的关系与区别见表3－1。

表3－1　　RFID和条形码的关系与区别

	信息载体	信息量	读/写性	读取方式	保密性	智能化	抗干扰能力	寿命	成本
RFID	EEPROM	大	读/写	无线通信	好	有	很好	长	较高
条码	纸、塑料薄膜、金属表面	小	只读	CCD或激光束扫描	差	无	差	较短	低

3.1.1.7　RFID应用分析

一套完整的RFID系统解决方案包括标签设计及制作工艺、天线设计、系统中间件研发、系统可靠性研究、读卡器设计和示范应用演示六部分。它不仅广泛应用于工业自动化、商业自动化、交通运输控制管理和身份认证等多个领域，还在仓储物流管理、生产过程制造管理、智能交通、网络家电控制等方面引起了众多厂商的关注。

1. RFID技术的三层结构

RFID技术分为三个层次，即支撑层、基础层和应用层。

支撑层技术主要是指RFID的芯片技术，包括标签芯片的设计工艺、加工工艺、封装工艺以及天线的印刷工艺，而且，阅读器数字信号处理芯片的设计也不可忽视。应该说，支撑层技术实际上是RFID应用的原动力。

基础层技术主要是指不同场景下的应用环境构造，包括标签信息的写入读出、与对象捆绑、阅读器内部设计和嵌入式系统编程等。基础层技术也是RFID技术与市场应用的结合点和桥梁。

应用层技术主要是指后台软件对信息的进一步分析、判断与处理，包括数据跟踪、数据挖掘和信息共享等内容，这也是RFID技术跃升为“物联网”的重要前提之一。由于可以对标签内的信息进行重新写入，因此RFID不再是一个静态的货物标识，它反映了货物与货主之间的互动作用，并且RFID的动态作用又使得RFID与企业和社会之间能够保持联系。从这个意义上讲，RFID代表了现代工业社会对生产、运输、销售到消费的全方位信息处理及服务过程。

为便于说明问题，我们以一个标签中储存的产品信息为线索来追踪一个信息流是如何在物流应用中起到作用的。在这里，我们实际上暂时抛开了支撑层硬件技术，而只是在基础层和应用层两个技术层次上进行探讨。当然，支撑层技术并非不重要，相反，从这个角度我们便可以和国外的大公司、大企业站在同一个高度上思考问题。

首先还是要有标准。标准定义了产品信息的编码规范，并为该件产品赋予一个排他的代码，这就是信息流的源泉。接着，这个代码被写入 RFID 标签中，并在未来反复被阅读器读出。如果阅读器没有与外部网络连接，那么信息流的传递到阅读器便告一段落，实现的只能是货品检查、简单销售等功能。而在大多数情况下，阅读器读出的信息流会传递到与之连接的互联网上，通过物联网的时空模型对其离散时空信息进行连续化，再以 Web 服务作为解决方案提供注册、搜寻、交换和使用该信息流的标准，并为产品—消费链提供高层信息的协同处理机制，实现物品跟踪、物流运输、资产管理、售后服务等功能。如果能够再进一步进行数据挖掘，还可以实现更加丰富的功能。在这个信息流传递的过程中，任何一个环节都需要标准，比如描述阅读器与标签之间的交互标准 EPC Tag Data Standards 和描述阅读器与互联网之间的交互标准 PML Core Specification。

其次，RFID 技术的推广应用也同样重要。我们需要选择那些应用广泛、具备较强实力、单件货品价格校高、个性化程度较高的行业，如烟草、集装箱码头、图书出版业、图书馆、家电制造业、海关行李托运等领域进行推广。至于应用的具体时间，一方面有人认为 RFID 技术的行业级推广应用已经迫在眉睫，任何人都无法对它无动于衷；而另一种观点却又异常冷静，他们认为 RFID 技术的全面应用至少需要 10 年左右的时间。Gartner 甚至认为，“RFID 技术在短期内将不会达到人们对它的期望，RFID 将经历不可避免的失望”。

2. RFID 存在的问题

目前 RFID 的应用仍然面临着一些困难，其中的几个关键问题是系统的成本、标准和技术。

成本是 RFID 推广应用的瓶颈之一，即电子标签的价格相对较高（相对条码标签而言）。有人开玩笑说，如果想要一家企业难堪，只要问它一个问题足矣，这就是成本。市场对于标签成本的追求总是没有尽头，从 20 美分到 10 美分，现在又到了 5 美分，也许还会更低。

对于不同功率以及不同性能的 RFID 系统，其读写距离不同，电子标签产品价位也大不相同。在我国国产的 RFID 公司生产的产品中，低频无源电子标签价格大约为 2 元人民币/张，中频无源电子标签价格大约为 4 元人民币/张，高频无源电子标签产品目前尚未出现。在国外企业中，TI 公司的 RFID 产品的性能走在了同类产品的前列，它目前能够提供的远距离无源低频电子标签的最低售价为 25 美分左右（其最远读写距离能达到 1m 左右）。虽然有关研究预测，当 RFID 大规模应用后，电子标签价格能够降到 5 美分左右，但如果加上阅读器及后端软件系统，RFID 系统的投入相对条形码系统则要高得多。

标准之争也就是利益之争，甚至可以说是国家利益之争。标准的确定不仅仅依赖于技术层面问题的解决，更依赖于各方面力量的协调。到目前为止，各个 RFID 企业所采用的大多是专有技术，所使用的频率、编码、存储规则以及数据格式等都不尽相同。阅读器和标签不能通用，企业与企业之间就无法顺利进行数据的交换与协同工作，从而把RFID技术的应用范围局限在了某个企业的内部。

国外几种标准之间的明争暗斗也使得中国RFID国家标准工作组左右为难。美国使用915MHz，欧盟要求868MHz，而日本定为950MHz～956MHz，中国标准则还是未明确。也许为了与国际兼容，我们还要考虑一个多频技术的问题。但是这势必又将提高芯片的成本，从而产生新的问题。正是因为国际上存在着这些不确定因素，所以中国国家标准迟迟无法揭开面纱，而EPC与RFID政策白皮书也仍在观望阶段。

此外，虽然RFID电子标签的单项技术已经趋于成熟，但在集成应用中还需要攻克大量的技术难题。还有一个问题就是识别率。不同性质的物品对无线电信号的干扰是不同的，通常，纸质、木质产品、农产品等对电磁信号的影响很小，在这种情况下，RFID标签的准确识别率可以达到90%以上，但是，由于液体和金属制品等对无线电信号的干扰很大，RFID标签的准确识别率目前只有80%左右，离“放心使用”的要求相去甚远，与大规模实际应用所要求的成熟程度之间尚有一定差距。

3.1.2 NFC技术

本小节内容将按照NFC的概述、工作原理、分类特点、发展以及应用几个方面对NFC技术进行介绍

3.1.2.1 NFC概述

NFC是一种近距离无线通讯技术。NFC由非接触式射频识别及互联互通技术整合演变而成，在单一芯片上结合感应式读卡器、感应式卡片和点对点的功能，由索尼和飞利浦共同开发的，可以在移动设备、消费类电子产品、PC和智能控件工具间进行近距离无线通信。NFC提供了一种简单、触控式的解决方案，可以让消费者简单直观地交换信息。简单地说，也就是在手机中嵌入非接触卡，在短距离内与兼容设备进行识别和数据交换。这项技术最初只是RFID技术和网络技术的简单合并，现在已经演变成一种短距离无线通信技术，发展态势相当迅速。

NFC采用13.56MHz作为通信频率的近距离通信标准，与目前广为流行的非接触智能卡ISO14443所采用的频率相同，能在大约10cm范围内建立设备之间的连接，传输速率可为106kbit/s、212kbit/s、424kbit/s，未来可提高到848kbit/s以上，所以移动支付市场是NFC技术所要主打的领地。2002年，NFC被批准成为ISO/IEC IS 18092国际标准，此后还被批准为EMCA－340标准与ETSI TS 102 190标准。

从概念定义来看，NFC支付系统需要具备这样一些组成部分：安全单元SE（Secure Element）负责确保支付系统的安全，SE可以是固化在手机中也可以存在于SIM卡、SD卡这样的可拆卸装置中；NFC前端芯片通过连接的天线负责无线通讯；OTA（Over The Air）空中下载控制部分负责对存储在SE中的NFC支付应用进行下载和管理。

NFC是一种非接触式识别和互联技术，可以在移动设备、消费类电子产品、PC和智能控件工具间进行近距离无线通信。它将非接触读卡器、非接触卡和点对点（Peer-to-Peer）功能整合进一块单芯片，这是一个开放接口平台，可以对无线网络进行快速、

主动设置，也是虚拟连接器，服务于现有蜂窝状网络、蓝牙等无线通信设备。

3.1.2.2 NFC 的工作原理

1. NFC 的构成

NFC 的实现由两部分组成，即 NFC 模拟前端（NFC Controller 与天线）和安全单元。根据应用需求的不同，可以是 SIM、SD、SAM 或其他芯片，如图 3-2 所示。

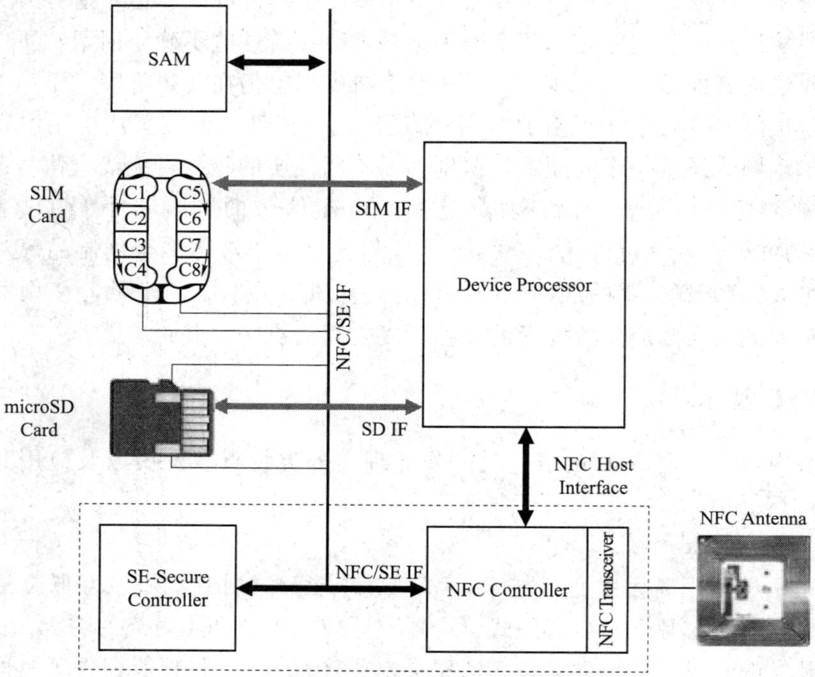

图 3-2 NFC 的组成结构

第一代出现的 NFC 方案基本上都采用的 NXP 的方案，由模拟前端芯片与安全芯片（SmartMX）构成 NFC 方案。

NFC 是在手机中整合智能卡芯片和天线，以 SWP（Single Wire Protocol）连接方案为例，如图 3-3 所示：

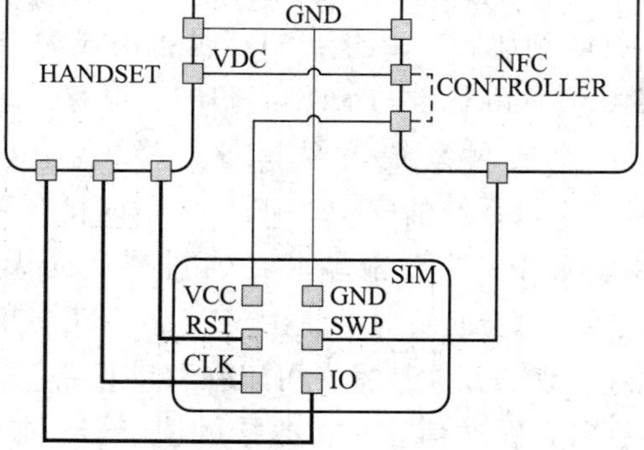

图 3-3 NFC 的 SWP 连接方案

2. NFC 的通信模式

NFC 通信通常发生在发起设备和目标设备之间，而且任何装置都可以作为发起设备或目标设备。两者之间是以交流磁场方式相互耦合，并以移幅键控（ASK）或移频键控（FSK）方式对信息进行载波调制，传输数字信号。发起设备产生无线射频磁场来对通信调制方案、编码、传输速度与接口的帧格式进行初始化。目标设备则响应发起设备所发出的命令，并选择由发起设备所发出的或是自行产生的无线射频磁场进行通信。

NFC 通信模式主要有三种：主动模式、被动模式和双向模式，而且其工作原理是有所区别的。

（1）主动模式

每台设备要向另一台设备发送数据时，都必须产生自己的射频场。如图 3－4 所示，发起设备和目标设备都要产生自己的射频场，以便进行通信。这是对等网络通信的标准模式，可以获得非常快速的网络连接。在主动模式下，通讯双方收发器加电后，任何一方都可以采用发送前侦听协议来进行发起。

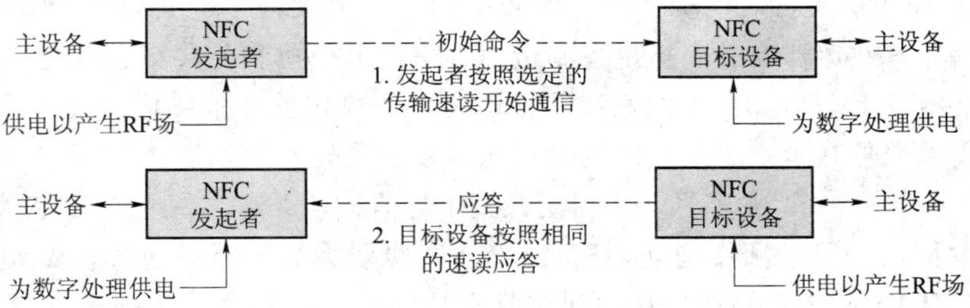

图 3－4　NFC 的主动工作模式

（2）被动模式

在被动模式下，NFC 发起设备也叫主设备，它在整个通信过程中提供射频场，如图 3－5 所示。当它和另一台设备发生通信时，有三种传输速度可以选择：106kbit/s、212kbit/s 以及 424kbit/s。另一台设备称为 NFC 目标设备（或 NFC 从设备），该设备不必产生射频场，只需利用感应的电动势为 NFC 设备提供工作电源。

NFC 以被动模式工作时，可以大幅降低功耗，并延长电池寿命。在一个应用会话过程中，设备可以在发起设备和目标设备之间切换自己的角色。利用这项功能，电池电量相对较低的设备可以要求以被动模式工作，从而充当目标设备，而不是发起设备。

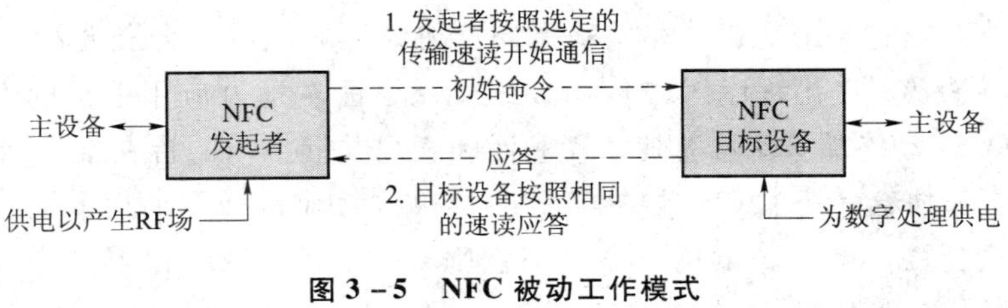

图 3－5　NFC 被动工作模式

（3）双向模式

在双向模式下，双方都主动发出射频场来建立点对点的通信。

3. NFC 的工作模式

（1）卡模式（Card emulation）

这个模式其实就是相当于一张采用 RFID 技术的 IC 卡。此种方式有一个极大的优点，那就是卡片通过非接触读卡器的 RF 域来供电，即便是寄主设备（如手机）没电也可以工作。

（2）读卡器模式（Reader/writer mode）

作为非接触读卡器使用，比如从海报或者展览信息电子标签上读取相关信息。

（3）点对点模式（P2P mode）

这个模式和红外差不多，可用于数据交换，只是传输距离比较短，建立传输的速度快，传输速度也快，功耗低。将两个具备 NFC 功能的设备链接，能实现数据点对点传输，如下载音乐，交换图片或者同步设备地址薄。因此，通过 NFC 多个设备如数字相机、PDA、计算机、手机之间都可以交换资料。

3.1.2.3 NFC 手机支付的现状和发展

鉴于 NFC 手机支付对消费者的巨大吸引力以及方便使用的特点，NFC 技术目前正迅速成为世界各地运营商、手持设备制造商、信用卡公司和公共交通系统的首选技术。

自从推出以来，NFC 技术的发展非常迅速，很快在世界范围内产生了巨大的影响。NFC 手机支付业务在全世界范围内的商用试验步伐也正在加快。

2005 年 10 月，在法国，飞利浦、法国电信、Orange、三星、零售集团 LaSer、VinciPark 共同启动了一项多应用 NFC 试验，试验期为 6 个月。通过该试验，200 个居民可使用三星 D500 手机作为安全支付工具在特约零售店和停车场进行支付，并可下载旅游与公交服务信息。2005 年 11 月，德国哈瑙市公共交通运营商 Rhein-MainVerkehrsverbund（RMV）正式宣布推出全球第一个 NFC 实验运行计划。这是一个为期 6 个月的区域性公车网络票务系统应用，合作伙伴包括飞利浦、诺基亚以及 RMV 厂商代表；同时，北美最大的 NFC 项目在亚特兰大的飞利浦体育馆进行，观众可使用手机在场馆内购物，还可访问并下载铃声、墙纸、屏保、视频片段等移动内容；美国最大的移动运营商 Cingular 也开始了对手机付费功能 NFC 的测试。

2006 年 6 月，飞利浦和韩国 SKT 公司宣布将在 NFC 技术的开发和部署上展开合作，并在韩国首都首尔进行大规模试验。根据协议条款，两家公司将与当地合作伙伴从 2006 年 6 月份展开一场为期 6 个月的大规模 NFC 实地测试。

随着商用试验步伐的加快，NFC 产业链上的相关厂商已经开始发力。例如，2006 年智能卡制造商捷德与诺基亚公司签署意向性协议，共同成立合资公司为 NFC 产业链提供服务，将消费者应用程序（如信用卡或交通票证）通过应用下载的方式安全便捷地下载至 NFC 移动终端。由诺基亚、飞利浦和索尼共同推出的旨在推动 NFC 技术发展的非营利性行业协会——NFC 论坛的赞助会员单位目前包括万事达卡国际组织、松下电器产业株式会社、微软、索尼、飞利浦、NEC、三星、德州仪器、VISA 国际组织、诺基亚、瑞萨科技等公司。

NFC 的商用化也进展迅速。2006 年 4 月 19 日，飞利浦、诺基亚、沃达丰及德国法兰克福美因茨地区的公交网络运营商美因茨交通公司宣布，在成功地进行为期 10 个月的现场试验后，NFC 技术已经投入商用。这是全球首个 NFC 商用案例，它揭开了 NFC 商用手机支付的序幕。

我国国内的 NFC 移动支付也迅速启动。2006 年 6 月 27 日，诺基亚和福建移动厦门分公司、厦门易通卡、飞利浦公司共同在厦门启动了国内首个 NFC 支付试点。用户使用具有 NFC 功能的 Nokia 3220 手机（如图 3 - 6）可在厦门任何一个易通卡覆盖的网点（公交、轮渡、电影院、快餐店等）进行手机支付。试点中的系统允许消费者使用手机查询余额以及最近 9 次的交易记录，同时还可以浏览一个内建的 WAP 站点，查询可以接受易通卡的商户范围和消费者感兴趣的商品信息。此后，诺基亚又分别与广州羊城通、北京市政交通合作，相继在广州、北京两地推出 NFC 手机支付应用，将预付卡（羊城通、一卡通）功能集成在手机中。

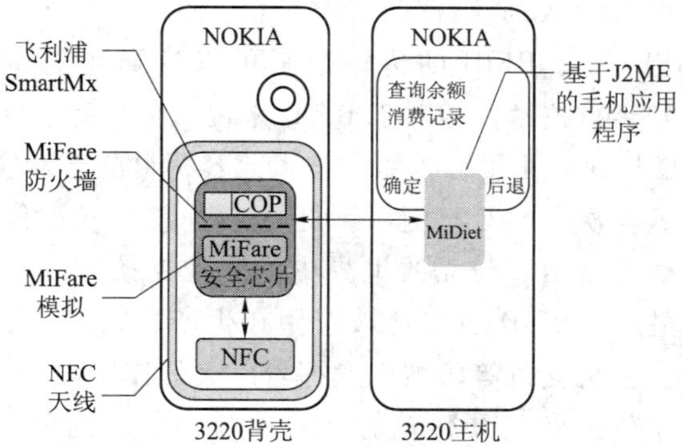

图 3 - 6　诺基亚 3220 手机 NFC 背壳

2006 年 8 月 1 日，诺基亚与银联商务公司宣布在上海启动新的 NFC 测试，这是继厦门之后国内第二个 NFC 试点项目，也是全球范围首次进行 NFC 空中下载试验。中国银联的集利卡（又称银联积分通卡）被集成到手机中，现有的集利卡用户以 OTA 空中发卡方式将他们的集利卡通过无线网络下载到嵌有飞利浦 NFC 及智能 IC 芯片的诺基亚 3220NFC 手机中。使用时，将手机靠近读卡器的 POS 终端，就可以用集利积分实现支付。2008 年 1 月，诺基亚和中国银联在集利卡试点的基础上又携手工商银行、中国银行、交通银行、兴业银行、深圳发展银行对 NFC 手机支付进行进一步试用，将多张不同发卡行的银行卡和电子钱包集成在同一部手机中。

在未来，尤其是方兴未艾的物联网和移动互联网则赋予了 NFC 技术更多的前景。

① 各种电子标签识别。在物联网时代，任何物品都是数字化的，因此，很可能具有一个电子标签，这个电子标签可能就是一个 RFID 标签（类似取代现在的条形码），只需要将 NFC 设备（如手机）靠近任何物品，即可以通过网络获取物品的相关信息（对于有些商品，可以直接将信息存储在电子标签里，但可能会增加成本）。

② 点对点付款。这和普通的手机支付不同，点对点付款是指两个人直接用 NFC 设备（如手机）进行交易，比如 A 要给 B 钱，直接连接两个人的手机就可以完成转账。（对于这一点，安全性很重要，而 NFC 的安全性有很多保障）

③ 各种身份识别。也许在未来可能做到，一个带 NFC 的手机就能作为身份的

证明。

④ 各种场合的信息记录。如医院，也许以后病例直接能够写到 NFC 设备中去。

3.1.2.4 NFC 的特点以及应用

具有 NFC 芯片的手机，在防盗用方面比一卡通更具安全性。用户可以根据自己的需求，在需要使用刷卡功能时，通过开启软件设定密码，使用结束后可以及时关闭刷卡功能。如果手机不幸丢失，只要有设定密码，卡内的余额就不会被别人使用。据悉，用户能够直接在手机上进行余额查询，还可以通过中国移动的 GPRS 网络及相应的银行账户进行充值，随时读取交易记录，并浏览手机内的 WAP 站点，查询商户范围和商品信息。

与 RFID 一样，NFC 信息也是通过频谱中无线频率部分的电磁感应耦合方式传递，但两者之间还是存在很大的区别。首先，NFC 是一种轻松、安全、迅速的无线连接技术，其传输范围比 RFID 小，RFID 的传输范围可以达到几米、甚至几十米，但由于 NFC 采取了独特的信号衰减技术，相对于 RFID 来说，NFC 具有距离近、带宽高、能耗低等特点。其次，NFC 与现有非接触智能卡技术兼容，目前已经成为得到越来越多主要厂商支持的正式标准。再次，NFC 还是一种近距离连接协议，能够提供各种设备间轻松、安全、迅速而自动的通信。与无线世界中的其他连接方式相比，NFC 是一种近距离的私密通信方式。最后，RFID 更多地被应用在生产、物流、跟踪、资产管理上，而 NFC 则在门禁、公交、手机支付等领域内发挥着巨大的作用。

同时，NFC 还优于红外和蓝牙传输方式。作为一种面向消费者的交易机制，NFC 比红外更快、更可靠，而且简单得多，不用向红外那样必须严格的对齐才能传输数据。与蓝牙相比，NFC 面向近距离交易，适用于交换财务信息或敏感的个人信息等重要数据。蓝牙能够弥补 NFC 通信距离不足的缺点，适用于较长距离数据通信。因此，NFC 和蓝牙互为补充，共同存在。事实上，快捷轻型的 NFC 协议可以用于引导两台设备之间的蓝牙配对过程，促进了蓝牙的使用。

NFC 手机内置 NFC 芯片，组成 RFID 模块的一部分，即可以当作 RFID 无源标签使用——用来支付费用，也可以当作 RFID 读写器——用作数据交换与采集。NFC 技术支持多种应用，包括移动支付与交易、对等式通信及移动中信息访问等。通过 NFC 手机，人们可以在任何地点、任何时间，通过任何设备，与他们希望得到的任何娱乐服务与交易联系在一起，从而完成付款，获取海报信息等。

和传统的近距通讯相比，NFC 有天然的安全性以及建立连接的快速性，具体见表 3－2。

表 3－2　　NFC 和红外、蓝牙技术的比较

	NFC	蓝牙	红外
网络类型	点对点通信	单点对多点	点对点通信
速率/kbit/s	106/212/424，规划可达 868	721	115

续表

	NFC	蓝牙	红外
最大使用距离	0.1m	10m	1m
连接建立时间	≤0.1s	6s	0.5s
通信模式	主动模式 被动模式	主动	主动
安全性	由 IC 卡硬件实现	由软件实现	不具备 (IRFM 除外)
成本	低	中	低

NFC 技术支持多种应用，包括移动支付与交易、对等式通信及移动中信息访问等。通过 NFC 手机，人们可以在任何地点、任何时间，通过任何设备，与他们希望得到的任何娱乐服务与交易联系在一起，从而完成付款、获取海报信息等。NFC 设备可以用作非接触式智能卡、智能卡的读写器终端以及设备对设备的数据传输链路，其应用主要体现在下面的几个方面。

1. 用于付款和购票

NFC 手机可作为乘车票，通过接触进行支付。目前中国一些大城市推行的一卡通通过使用载有信息的智能卡片与特定设备接触从而实现乘车票的支付。NFC 手机可以将车票内容保存在芯片中，从而实现瞬间购票。除了电子车票的应用之外，NFC 手机的使用范围还可以扩大到观光地点的入场券、住宿券等。

NFC 手机还可当作电子钱包，通过接触和密码确认进行支付。现在一些便利店都只有现金收款机设备，允许使用内置 NFC 功能的手机来付款将大大提高便利性，而手机购买积分或者手机购物抽奖的形式还能刺激用户消费。

2. 用于电子票证

作为电子入场券和钥匙的 NFC 手机，可通过接触完成认证。使用者只要通过手机上网下载电子票券，带着手机就可以入场。NFC 手机还可以当作公寓钥匙时，只要将手机贴近门，就可以开锁，还可在大楼内设置一台多媒体终端，方便用户直接利用手机交付房租及水电费。

3. 用于智能媒体

智能媒体将成为手机下载的上端。例如，使用内嵌 NFC 卡的手机，只需要在智能媒体表面晃动即可下载票务信息、铃声和壁纸等。用户在智能海报旁闪动一下手机，就能从海报的智能芯片中下载关于该活动的信息。

4. 用于交换、传输数据

将两台支持 NFC 的设备进行连接，即可进行点对点的网络数据传输，例如下载音乐、交换图像或同步处理通信录等。现今的大多数手机都配备了蓝牙等相关功能，所以 NFC 可以充当启动设备，使电话之间的数据交换传输更加便捷。NFC 还支持多台手机间的多人游戏，允许用户与环境进行交互式通信，而无需浏览复杂的菜单或执行复杂的设置程序。

NFC 技术不仅会对传统的信用卡产生影响，而且还将取代传统的钥匙、员工身份识别卡、音乐会的门票等。银行的发卡方式也将改变，目前，万事达卡已经将信用卡数据通过移动网络传输装载于 NFC 手机中，从而节省传统的发卡成本。

3.1.3 红外通信技术

随着移动通信业务的需求不断增加、个人通信的兴起，无线接入技术已得到迅速发展。目前，主流的无线局域网移动通信技术的传输媒介包括微波、红外、无线电等技术。红外无线数字通信是一种采用红外线作为通信载体，可用于室内外以实现点对点及无线通信的技术。红外无线通信技术已用于语音、数据通信等领域，目前该技术正向高带宽、高速率方向发展。红外无线数字通信可分为室内与室外通信两种类型，室外红外无线通信指人们所熟悉的空间红外（激光）无线通信，而室内红外无线数据通信则主要是近距离的无线接入。

由于红外线的波长较短，对障碍物的衍射能力差，所以更适合应用在需要短距离无线通讯的场合，从而进行点对点的直线数据传输。目前应用红外线最广泛的通信技术为红外接口。IrDA 红外接口是一种红外线无线传输协议以及基于该协议的无线传输接口，它支持手机与电脑以及其他数字设备进行数据交流。通过红外接口，各类移动设备可以自由进行数据交换。

1. 红外无线通信原理

红外无线通信是指利用红外技术实现两点间的近距离无线通信和信息转发。红外无线通信系统一般由红外发射和红外接收两个子系统组成，红外发射系统对一个红外辐射源进行调制后发射红外信号，而接收系统用光学装置和红外探测器进行接收，由此构成红外通信系统。

红外通信的实质就是对二进制数字信号进行调制与解调，以便利用红外信道进行传输，而红外通信接口就是针对红外信道的调制解调器。红外通信是利用 950nm 近红外波段的红外线作为传递信息的媒体，即通信信道。红外通信的基本原理是发送端将基带二进制信号调制为一系列的脉冲串信号，通过红外发射管发射红外信号。常用的有通过脉冲宽度来实现信号调制的脉宽调制（PWM）和通过脉冲串之间的时间间隔来实现信号调制的脉时调制（PPM）两种方法。

通常发送端采用脉时调制方式，将二进制数字信号调制成某一频率的脉冲序列，并驱动红外发射管以光脉冲的形式发送出去；接收端将接收到的光脉转换成电信号，再经过放大、滤波等处理后送给解调电路进行解调，将其还原为二进制数字信号后再输出。

2. 红外无线通信的特点

红外通信的优点有：

（1）它是目前在世界范围内被广泛使用的一种无线连接技术，被众多的硬件和软件平台所支持；

（2）通过数据电脉冲和红外光脉冲之间的相互转换实现无线数据收发；

（3）主要用来取代点对点的线缆连接；

（4）新的通讯标准兼容了早期的通讯标准；

（5）可以进行小角度（30°以内）、短距离、点对点直线数据传输，保密性强；

（6）传输速率较高。

由于红外采用的是无线信道，因此红外通信也有相应的局限性，具体表现为：

（1）通讯距离短，视距直线传播，方向性强，不能穿过或绕过不透明物体。红外通讯通常分为直射（Light of Sight，LOS）方式和漫射（Diffuse）两种方式；

（2）目前广泛使用的 SIR 标准通讯速率较低；

（3）主要用于取代线缆连接进行无线数据传输，功能单一，扩展性差。

3. 红外无线通信的应用

根据原理和特点，红外无线通信技术的应用范围包括：笔记本电脑、台式电脑和手持电脑；打印机、键盘鼠标等计算机外围设备；电话机、移动电话、寻呼机；数码相机、计算器、游戏机、机顶盒、手表；工业设备和医疗设备；网络接入设备，如调制解调器。

3.1.4　蓝牙技术

1994 年，爱立信的一批工程师受命研究手机与便携式电脑等通信产品之间的无线连接技术。1997 年，这项无线连接新技术被称为“蓝牙”。

3.1.4.1　蓝牙系统概述

蓝牙（Bluetooth）技术是一种无线数据与语音通信的开放性全球规范，它以低成本的近距离无线连接为基础，为固定设备与移动设备的通信环境建立的一个特别连接的短程无线电技术。其实质内容是要建立通用的无线电空中接口（radio air interface）及其控制软件的公开标准，使通信和计算机进一步结合，使不同厂家生产的便携式设备在没有电线或电缆相互连接的情况下，能在近距离范围内具有互用、相互操作的性能，其程序写在一个 9mm×9mm 的微芯片中。

蓝牙技术的主要作用是简化小型网络设备（如移动 PC、掌上电脑、手机）之间以及这些设备与互联网之间的通信，免除在无绳电话或移动电话、调制解调器、头套式送/受话器、PDA、计算机、打印机、幻灯机、局域网等之间加装电线、电缆和连接器。这种技术可以延伸到那些完全不同的新设备和新应用中去。例如，如果把蓝牙技术引入到移动电话和膝上型电脑中，就可以去掉移动电话与膝上型电脑之间的令人讨厌的连接电缆而通过无线使其建立通信。打印机、PDA、桌上型电脑、传真机、键盘、游戏操纵杆以及所有其他的数字设备都可以成为蓝牙系统的一部分。除此之外，蓝牙无线技术还为已存在的数字网络和外设提供通用接口以组建一个远离固定网络的个人特别连接设备群。

蓝牙技术的无线收发器的链接距离 10m，不限制在直线范围内，甚至设备不在同一间房内也能相互连接，并且可以连接多个设备，最多可达 7 个，这样就可以把用户身边的设备都连接起来，形成一个个人领域的网络（Personal areanetwork）。

3.1.4.2　蓝牙通信系统以及特点

1. 蓝牙通信系统

蓝牙系统一般由以下四个功能单元组成：天线单元、链路控制（固件）单元、链路管理（软件）单元以及蓝牙软件（协议）单元，具体见图 3－7。

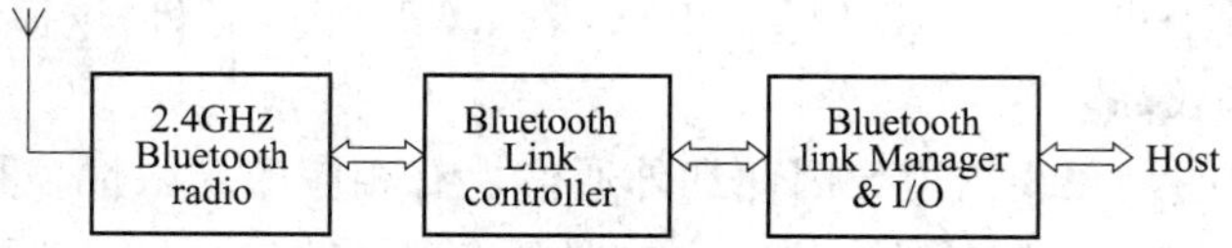

图 3－7　蓝牙通信系统结构示意图

2. 蓝牙系统的特点

蓝牙设备的信号具有一定穿透能力，可以将一定距离范围的电子设备从一对一的连接变为一点对多点的连接。它具有以下主要特点：

（1）适用范围广

蓝牙技术同时支持数据、音频和视频图象信号，因此它的应用可扩展到不同领域的电子产品中去，包括手机、电脑、打印机、PDA、数码相机、MP3 播放机、传真机、键盘、游戏操纵杆等数字设备。

（2）工作频段全球通用

蓝牙工作在 2.4GHz 工业、科学、医学频段，该频段用户无需申请，在世界范围内都可以自由使用，这就消除了国界的障碍。

（3）使用方便

蓝牙规范中采用了一种类似“即插即用”的概念。这样，用户不必再需要学习如何安装和设置，凡是嵌入蓝牙技术的设备一旦搜寻到另一个蓝牙设备，马上就可以建立联系。不同厂商生产的相同设备或不同设备都可实现蓝牙互连。比如，你只要用一个蓝牙遥控器，就可控制彩电、空调、录像机等。

（4）安全加密，抗干扰能力强

2.4GHz 工业、科学、医学频段是对所有无线电系统都开放的频带，因此使用其中的某个频段都会遇到不可预测的干扰源。例如某些家电、无绳电话、汽车房开门器、微波炉等。为了避免干扰，蓝牙特别设计了快速确认和跳频方案，每隔一段时间就从一个频率跳到另一个频率，不断搜寻干扰比较小的信道。在无线电环境非常嘈杂的环境下，蓝牙的优势尤为明显。而接收方亦按照同样的跳转规律进行信道切换，这实际上属于一种硬件加密手段，除非第三方掌握了发收双方的切换信道规律，那么从理论上来讲是无法获得完整信息的。而对干扰来说，不可能存在按同样的规律介入的干扰源存在。

（5）兼容性好

由于蓝牙技术独立于操作系统，所以，在各种操作系统中均有良好的兼容性。蓝牙技术对各个商业操作系统中的内嵌式支持正在发展之中，而对笔记本电脑，蓝牙技术在 WIN98、NT5.0 上实现已不成问题，与 WDM、NDIS 驱动器的结合目前正在考虑之中。蓝牙技术具有简便的程序接口，使各种智能终端只需少量代码即可得到支持，编写用户可直观操作的应用程序也只需很少的软件代码。

（6）尺寸小，功耗低

所有的技术和软件集成于 9mm × 9mm 的微芯片，以便可以集成到各种设备中，如蜂窝电话、传呼机、笔记本电脑、PDA、PC，甚至各种家用电器中，与集成的设备相比具有可以忽略的功耗和成本。

（7）多路、多方向连接

目前，相距很近的便携式器件之间的连接是用红外线进行的。应用红外线收发器连接虽然能免去电线或电缆的连接，但使用起来仍有许多不便，不仅距离只限于1～2m，而且必须在视线上直接对准，中间不能有任何阻挡。同时只限于在两个设备之间进行连接，不能同时连接更多的设备。蓝牙无线收发器的连接距离可达10m，不限制在直线范围内，甚至设备不在同一间房内也能相互连接。

3.1.4.3 蓝牙通信系统标准

1. 蓝牙的版本

蓝牙共有六个版本，即V1.1/1.2/2.0/2.1/3.0/4.0，其中，V1.1版本为最早期的版本，传输率大约在748kbit/s～810kbit/s，因是早期设计，容易受到同频率产品的干扰，影响通讯质量。V1.2同样是只有748kbit/s～810kbit/s的传输率，但增加了跳频功能，提高了系统的抗干扰能力。无论V1.1还是V1.2版本的蓝牙产品，本身都是可以支持 立体声音效的传输要求，但只能够做单工方式工作，加上音带频率响应不太足够，并未算是最好的立体声效果的传输工具。版本V2.0是V1.2的改良提升版，传输率约在1.8Mbit/s～2.1Mbit/s，可以使用双工的工作方式。2009年4月21日，蓝牙技术联盟（Bluetooth SIG）正式颁布了新一代标准规范，即蓝牙核心规范3.0版 高速（Bluetooth Core Specification Version 3.0 High Speed）。2010年7月7日，蓝牙技术联盟正式采纳蓝牙4.0核心规范（Bluetooth Core Specification Version 4.0），并启动对应的认证计划。

蓝牙以通讯距离还可分为Class A/Class B两个版本。其中Class A是用在大功率、远距离的蓝牙产品上，但因成本高和耗电量大，不适合作个人通讯产品之用（手机/蓝牙耳机/蓝牙Dongle等），故多用在部分商业特殊用途上，通讯距离大约在80～100m距离之间。Class B是目前最流行的制式，通讯距离大约在8～30m之间，视产品的设计而定，多用于手机/蓝牙耳机/蓝牙Dongle的个人通讯产品上，耗电量和体积都较小，方便携带。

2. Bluetooth 2.1+EDR技术规范

目前应用最为广泛的是Bluetooth 2.0+EDR标准，该标准在2004年已经推出，支持Bluetooth 2.0+EDR标准的产品也于2006年大量出现。虽然Bluetooth 2.0+EDR标准在技术上作了大量的改进，但从1.X标准延续下来的配置流程复杂和设备功耗较大的问题依然存在。

为了改善蓝牙技术目前存在的问题，蓝牙组织（Special Interest Group，SIG）推出了Bluetooth 2.1+EDR版本的蓝牙技术。改进后的版本的主要性能提升体现在：

（1）改善装置配对流程

由于有许多使用者在进行硬件之间的蓝牙配对时会遭遇到许多问题，不管是单次配对，或者是永久配对，在配对过程中的必要操作过于繁杂。以往在连接过程中，需要利用个人识别码来确保连接的安全性，而改进过后的连接方式则是会自动使用数字密码来进行配对与连接。以手机应用为例，只要在手机选项中选择连接特定装置，手机会自动列出目前环境中可使用的设备，并且自动进行连接。

（2）具备了一定的NFC功能

在短距离的配对方面，具备了在两个支持蓝牙的手机之间互相进行配对与通讯传输的NFC机制。NFC是短距离的无线RFID技术，在针对1~2m的短距离联机应用上，以电磁波为基础，取代传统无线电传输。由于NFC机制掌控了配对的起始侦测，当范围内的两台装置要进行配对传输时，只要简单的在手机屏幕上点选是否接受联机即可。不过要应用NFC功能，系统必须要内建NFC芯片或者是具备相关硬件功能。

（3）更佳的省电效果

蓝牙V2.1版加入了Sniff Subrating的功能，透过设定在两个装置之间互相确认讯号的发送间隔来达到节省功耗的目的。一般来说，当两个进行连接的蓝牙装置进入待机状态之后，蓝牙装置之间仍需要透过相互的呼叫来确定彼此是否仍在联机状态，当然，也因为这样，蓝牙芯片就必须随时保持在工作状态，即使手机的其他组件都已经进入休眠模式。为了改善了这样这样的状况，蓝牙V2.1将装置之间相互确认的讯号发送时间间隔从旧版的0.1s延长到0.5s左右，如此可以让蓝牙芯片的工作负载大幅降低，也可让蓝牙可以有更多的时间可以彻底休眠。根据官方的报告，采用此项技术之后，蓝牙装置在开启蓝牙联机之后的待机时间可以有效延长5倍以上。

3. 蓝牙V3.0技术规范

蓝牙V3.0版本的核心是Generic Alternate MAC/PHY（AMP），这是一种全新的交替射频技术，允许蓝牙协议栈针对任一任务动态地选择正确射频。作为新版规范，蓝牙V3.0的数据传输率提高到了大约24Mbit/s（即可在需要的时候调用802.11 wi-fi用于实现高速数据传输），是蓝牙2.0的8倍，可以轻松用于录像机至高清电视、PC至PMP、UMPC至打印机之间的资料传输。

功耗方面，通过蓝牙V3.0高速传送大量数据自然会消耗更多能量，但由于引入了增强电源控制（EPC）机制，再辅以802.11，其实际空闲功耗会明显降低，蓝牙设备的待机耗电问题有望得到初步解决。

4. 蓝牙V4.0技术规范

蓝牙V4.0包括三个子规范，即传统蓝牙技术、高速蓝牙和新的蓝牙低功耗技术。蓝牙V4.0的改进之处主要体现在三个方面：电池续航时间、节能和设备种类，拥有低成本、跨厂商互操作性、3ms低延迟、100m以上超长距离、AES-128加密等诸多特色。同时，蓝牙V4.0的有效传输距离也有所提升。当前，蓝牙的有效传输距离为10m，而蓝牙V4.0的有效传输距离可达到100m。目前在最新款的MacBook Air、Moto Droid Razr以及iPhone 4S上已经应用了蓝牙V4.0技术。

蓝牙V4.0的主要特点有：

（1）蓝牙V4.0是蓝牙3.0+HS规范的补充

前者专门面向对成本和功耗都有较高要求的无线方案，可广泛用于卫生保健、体育健身、家庭娱乐、安全保障等诸多领域。

（2）它支持双模式和单模式两种部署方式

在双模式中，低功耗蓝牙功能集成在现有的经典蓝牙控制器中，或在现有经典蓝牙技术芯片上增加低功耗堆栈，整体架构基本不变，因此成本增加有限。

单模式面向高度集成、紧凑的设备，使用一个轻量级连接层提供超低功耗的待机模式操作、简单设备恢复和可靠的点对多点数据传输，还能让联网传感器在蓝牙传输中安排好低功耗蓝牙流量的次序，同时还有高级节能和安全加密连接。

典型蓝牙和低耗电蓝牙的区别见表3-3。

表3-3　典型蓝牙和低耗电蓝牙的区别

技术规范	典型蓝牙	低耗电蓝牙
空中数据速率	1~3Mbit/s	1Mbit/s
应用吞吐量	0.7~2.1Mbit/s	0.2Mbit/s
Nodes/Active slaves	7~16，777，184	无限
安全	64/128-bit及用户自定义的应用层	128-bitAES及用户自定义的应用层
鲁棒性	自动适应快速跳频，FEC，快速ACK	自动适应快速跳频
发送数据的总时间	100m/s	<6m/s
语音能力	有	没有
网络拓扑	分散网	星状
耗电量	1（作为参考）	0.01至0.5（视符使用情况）
峰值电流	<30mA	<15mA（最高运行时为15mA）

3.2　近距离移动支付技术方案

非接触式的移动支付方案有很多，包括红外、蓝牙以及FRID等，本节主要介绍基于RFID的几种移动支付方式以及一部分过渡方案。

3.2.1　NFC手机方案

该方案中NFC功能芯片和天线与手机的其他部分及SIM卡相独立，但NFC模块与手机共用电池。电池有电时，NFC模块可在主动、被动和双向三种模式下工作；电池断电时，只能在被动模式下工作，相当于普通的一卡通。手机开关机对NFC模块无影响，即在手机关机时也可使用NFC功能。NFC手机的实现方式有两种：一是定制手机，将天线集成在手机电池或主板上，使NFC应用与手机融为一体，工作稳定可靠，但需更换手机；二是将天线与NFC芯片直接相连，然后与电池紧贴放在电池和手机后盖之间，用户不需更换手机。第二种方案的缺点在于天线连接的可靠性不高，并且对手机的内部尺寸有特殊要求，增加天线之后影响了手机的便携性。

在 NFC 手机方案中，NFC 模块不能和手机的 SIM 卡进行通信，即用户和电信运营商无法通过手机控制 NFC 模块。这会造成信用卡发行商和手机制造商单独接触，完全脱离电信运营商。另一方面，若要将 NFC 模块收发的信息与蜂窝网络联系起来，须在 NFC 模块和手机基带芯片间建立接口，且各层的设计都必须绕开运营商的控制，并且无法直接读写 SIM 卡，这会使软硬件设计变得非常复杂。

NFC 手机有三种典型的应用模式，即卡模式、读写器模式和 NFC 的点对点通信模式。

1. 卡模式

是指用于非接触移动支付，如商场、交通等应用中，用户只需要将手机靠近 NFC 读卡器，然后用户输入密码确认交易或者直接接受交易即可。在该应用模式中，NFC 识读设备从具备 TAG 功能的 NFC 手机中采集数据，然后通过有线网络将数据送到应用处理系统进行处理，见图 3－8，如门禁管制、车票、门票等。

在此种方式下，卡片通过非接触读卡器的（射频域）来供电，即便是手机没电或者关机也可以正常工作。

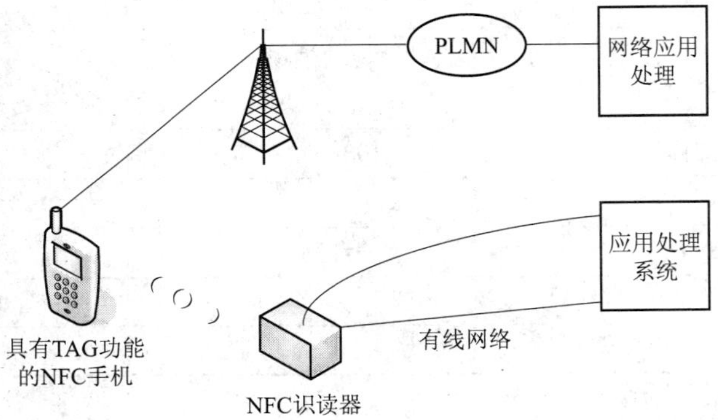

图 3－8　NFC 手机的卡模式

2. 读写器模式

作为非接触读卡器使用，见图 3－9。

在该模式中，NFC 手机从 TAG 中识别、采集数据，然后根据应用的要求进行处理，比如从海报或者展览信息电子标签上读取相关信息等。有些应用可以直接在本地完成，而有些应用则需要通过与网络交互才能完成。

基于该模式的典型应用有门禁控制或车票、电影院门票售卖等，使用者只需携带储存有票证或门控代码的设备靠近读取设备即可。

3. 点对点模式

即实现无线数据交换，将两个具备 NFC 功能的设备连接，能实现数据点对点传输，如下载音乐，交换图片或者同步设备地址薄，见图 3－10。因此通过 NFC 技术，多个设备如数字相机、PDA、计算机、手机之间都可以进行无线通信、交换资料或者服务。

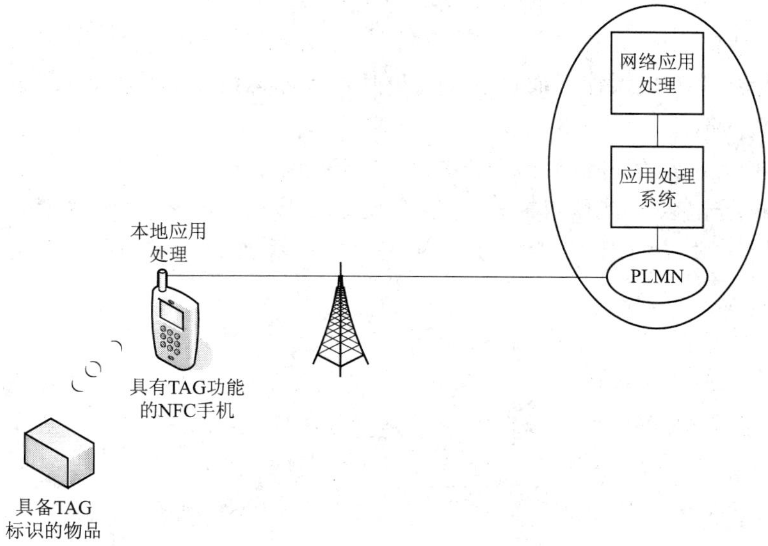

图 3－9　NFC 手机的读写器模式

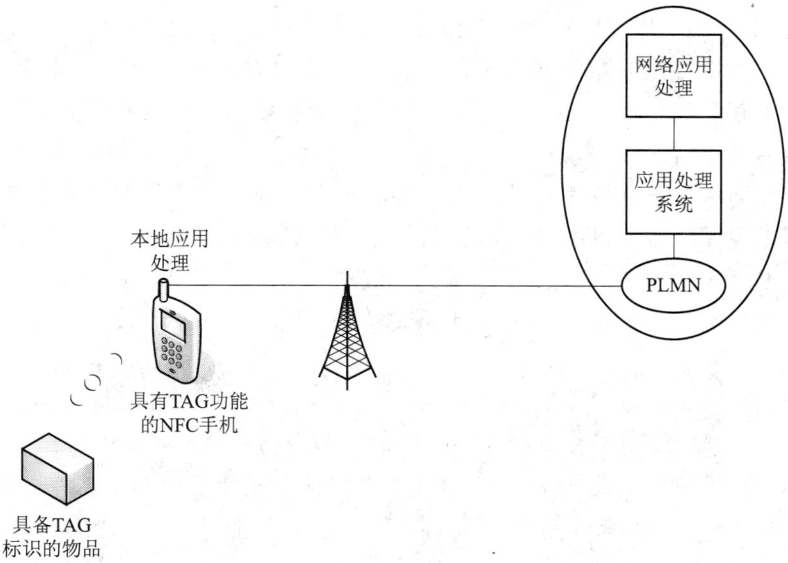

图 3－10　NFC 手机的点对点通信模式

3.2.2　双界面 SIM 卡方案

该方案是在传统的 SIM 卡中加入非接触射频接口，将提供能量耦合和数据传输功能的天线集成在手机或者柔性电路板上，通过接触式界面处理传统命令，支持非接触式应用，同时也可实现普通手机 SIM 卡的功能，在接听拨打电话、收发短信时不影响非接触式操作。

标准的 IC 卡通常有个 8 个触点，即 C1 ~ C8，而一般的 SIM 通常只用到了其中的

C1、C2、C3、C5 和 C7 共 5 个触点，分别用于地线（GND）、电源（VCC）、输入输出（I/O）、时钟（CLK）以及复位（RST）信号。而双界面卡则用到了保留的 C4、C8 两个触点，用于连接外接天线，而这两个接口是用于高速数据下载的，可能会影响到未来高速空中下载的应用。

目前的主流双界面 SIM 卡移动支付解决方案能实现各种非接触移动应用，比如电子钱包、借记贷记以及其他各种非电信应用。其从产品形态上来讲有两种：一种是集成天线组件方式，如图 3－10；另一种是以定制手机的方式把天线固定在电池或背盖上。

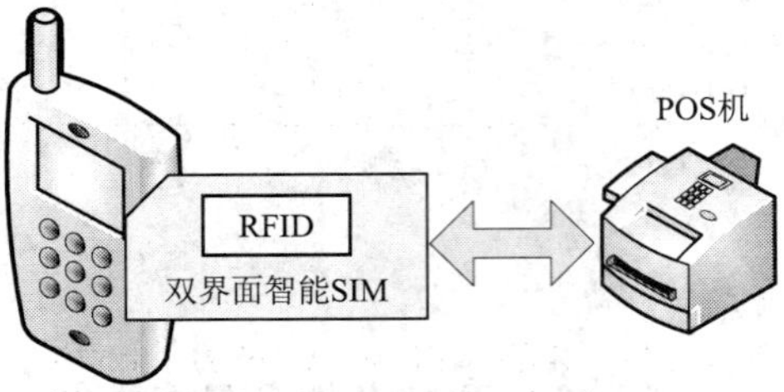

图 3－10　双界面智能卡方案示意图

双界面 SIM 卡的优点是采用完全公开的标准和非常成熟的技术，而且使用和迁移都比较简单，成本要比典型的 NFC 技术低廉很多。双界面 SIM 卡以智能卡技术为基础，最大优势在于其高安全性。在成熟智能卡安全认证和数据安全技术的支持下，安全性能够胜任任何移动支付应用。

目前双界面卡方案在湖南移动、中国移动总部及地方省市移动已开始试用，包括门禁控制、员工餐厅、小卖部、洗衣店以及停车场等典型应用交通方面，同时，该方案通过了大连一卡通、北京一卡通、澳门通、羊城通、苏州一卡通等的测试，并已在厦门、广州和泰国进行大规模商用，中国移动的双界面卡见图 3－11。

图 3－11　中国移动的双界面卡

双界面 SIM 卡的实现方式与 NFC 方案基本相同：一是定制手机；二是将天线与 SIM 卡直接相连后放在电池和手机后盖之间，这样可只更换 SIM 卡。优点是降低了成本，缺点是天线连接的可靠性低，并且对手机尺寸要求高，具体比较见表 3－4。

表 3－4　　双界面 SIM 卡和 NFC 方案的比较

	NFC	双界面 SIM 卡
应用场景	移动支付、身份识别、票务等	
	读写器模式	
	点对点模式	
	支持读取智能标签、信息查伪等	不支持
	支持信息交换、游戏	不支持
方便性	需要更换手机	不需更换手机
成本	较高	低

3.2.3　eNFC 方案

eNFC 方案也是一种基于 SIM 卡的 NFC 技术方案。eNFC 不同于传统的 NFC 技术，采用的是手机和智能卡相融合的实现方式，将非接触式 IC 卡应用放在 SIM 卡中，NFC 芯片通过单线通信协议与 SIM 卡通信，符合机卡分离的技术特点。在该方案中，移动通信应用与非接触式 IC 卡应用由统一的单芯片管理。NFC 模块可以和 SIM 卡通信，可以有效利用 SIM 卡中存储的信息，见图 3－12。基于 SIM 卡的 NFC 技术方案将成为 NFC 手机支付的技术标准。大容量、高计算能力的下一代 SIM 卡将发展成为存储和运行 NFC 应用的基础环境。

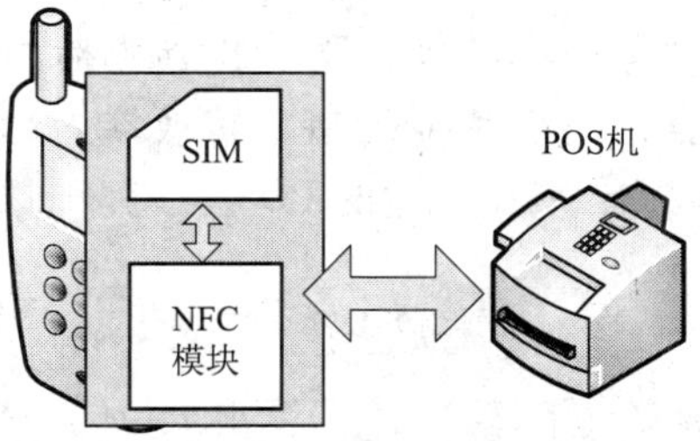

图 3－12　eNFC 方案示意图

由于 SIM 卡容量较大，可将重要信息（如信用卡账号、员工卡号）存储在 SIM 卡中，且 SIM 卡存储的安全性更高，只需对 SIM 卡只需增加一个管脚。用户更换 SIM 卡时，可以带走现有的交易数据，实现彻底的机卡分离。此方案可简化 NFC 模块和手机间的通信结构，使 NFC 的网络应用更为流畅，也使电信运营商和信用卡发行商共同加入到市场中来。其缺点是 NFC 模块和 SIM 卡间需要高速传输，以保证实时性和操作的快捷，但这种通信协议目前尚未标准化。

3.2.4　过渡方案

鉴于目前非接触式移动支付尚处在起步阶段，标准的统一和用户对服务的接受都还需要一段时间，因此，两种过渡性方案也值得考虑。

1. RFID 模块 + 独立 RFID 卡

在该方案中，RFID 卡是独立于手机之外的单独的一张卡片，与现用的各种 RFID 卡相同，无需更换。RFID 模块是专用的 RFID 读写模块，内置在手机中，与 NFC 方案中的形式相同，共用电池，天线内置，而且不能与手机 SIM 卡通信。独立的 RFID 卡可像普通卡一样使用，也可接受该读写模块的操作，读写模块的主要作用是查询卡上余额，未来可扩展至充值操作等，见图 3－13。

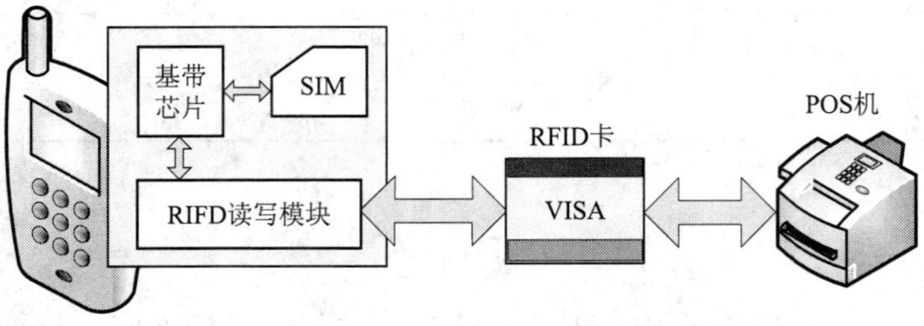

图 3－13　RFID 模块 + 独立 RFID 卡示意图

该方案的优点是，独立的 RFID 卡使得公交车、商店等处现有的读卡器基本不需更换，简化的专用读写模块也使得系统成本较低。而其不足之处在于读写模块的功能有限，而且与 NFC 方案一样，开展网络应用极为复杂，且用户消费时需携带手机和 RFID 卡。

2. 蓝牙 + NFC

该方案的核心是蓝牙转换器，内部包含蓝牙和 NFC 模块，模块间可用 RS232 接口连接。使用时，手机先通过蓝牙与转换器连接，转换器内部将消息转换格式并发送给 NFC 模块，再由 NFC 模块与具有 NFC 功能的 POS 机连接，如图 3－14。

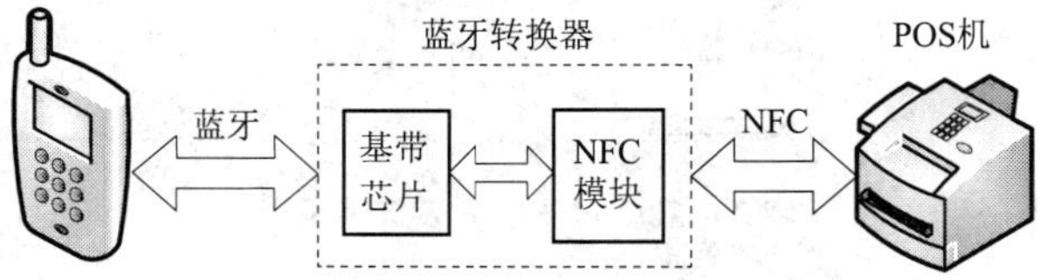

图 3－14　蓝牙 + NFC 示意图

该方案适用于初期大多数手机有蓝牙而无 NFC 功能的情况，转换器可集成在 POS 机中，这样具有蓝牙或 NFC 功能的手机都可进行支付且不用携带卡片。由于蓝牙模块成本相对较高，还要和 NFC 模块集成，增加了 POS 机的成本，不利于广泛部署，而且蓝牙通信和转换器模块间通信的安全性也比 NFC 模式低。

近距离移动支付技术方案的优缺点可以用表 3－5 来进行描述。

表 3－5　近距离移动支付技术方案的优缺点

实现方式	对移动终端是否有要求	优　势	缺　点
红外	有	成本较低，不易被干扰，终端普及率高	传输距离有限，信号有方向性
NFC	有	1. 芯片和手机互为一体，工作稳定； 2. 可以工作于主动模式、被动模式、点对点通信模式； 3. 产业链完整，可以得到芯片厂商、设备制造商、运营商、银行、信用卡组织的支持	1. 需要更换手机，使用成本高； 2. NFC 手机终端少，用户选择余地小； 3. 运营商支持力度小
SIMpass	无	1. 无需更换手机，灵活性高，有效降低了用户门槛； 2. 继承了以往通信协议的标准，运营商可以在原来协议的基础上进行扩展，成本小； 3. 运营商可以把控业务渠道，可以得到运营商的支持； 4. 支持 DES、RSA 等安全算法，可以根据运营商的需要更改	1. 占用了 OTA 业务的两个接口； 2. 处于产业链的下游，受制于芯片制造商和运营商； 3. 手机后盖是金属材料，会屏蔽信号； 4. 只能工作于被动模式下，不支持点对点的通信功能
RF－SIM	无	1. 具有 SIMpass 的所有优点； 2. 采用 2.4GHz 的频率，无需复杂的天线稳定性高，便于产业化； 3. 内置独立安全模式，安全性高	1. RF－SIM 的单价较高； 2. 采用 2.4GHz 的频率，需要解决与 IS015693 13.56MHz 频率兼容性的问题

3.3　近距离移动支付技术案例

1. NFC 手机支付应用案例

NTT DoCoMo 的手机信用卡系统主要基于索尼的 FeliCa 非接触式芯片技术，用户在购物付款时只需将手机靠近读取终端即可，移动支付的流程如图 3－14。

（1）Osaifu-Keitai 手机钱包业务

该业务是最普通的手机钱包业务，没有银行的介入。用户在 NTT DoCoMo 申请一个手机钱包账号，并预存一部分金额就可以使用。用户使用该服务购买商品所付的款项直接从在手机钱包预存的账号中扣除。使用 Osaifu-Keitai 手机钱包业务无需输入密码。

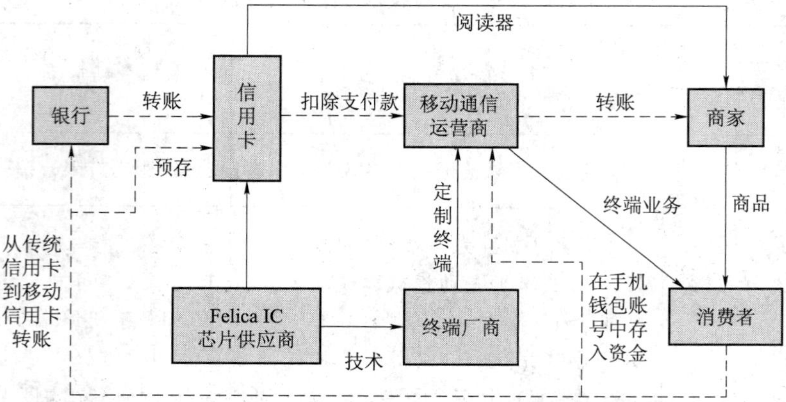

图 3－14　NTT Docomo 手机支付流程

（2）ID 借记卡业务

该业务是 NTT DoCoMo 和三井住友银行合作推出的移动支付业务。双方合作推出 ID 借记卡，借记卡信息将储存在 FeliCa 芯片中。用户需要事先在 ID 借记卡中预存一些金额，才能使用 ID 借记卡业务消费。ID 借记卡能和三井住友银行的普通信用卡相连，用户可以从三井住友的普通信用卡向 ID 借记卡转账。一般情况下，使用 ID 借记卡业务无需输入密码，但如果用户购买商品金额超过 ID 借记卡中的余额，则需输入密码。NTT DoCoMo 通过 ID 借记卡业务搭建了一个移动信用卡平台，以吸引金融机构加入，目前加入到此移动信用卡平台的金融机构有三井住友银行和瑞穗银行。

（3）DCMX 信用卡业务

DCMX 信用卡业务真正将移动支付业务渗透到消费信贷领域。用户使用 DCMX 业务无需在信用卡中预存金额就可以透支消费。DCMX 分两种透支额度：一种是 DCMXmini，可透支 1 万日元，用户消费时无需输入验证密码；另一种是 DCMX，透支额度为 20 万日元，单笔消费 1 万日元以上需输入验证密码。与 NTT DoCoMo 合作推出此项业务的同样是三井住友银行。

2. 双界面 SIM 卡应用案例

2008 年 5 月 9 日，作为泰国第三大电信运营商的 True 集团在曼谷宣布与中国握奇数据公司合作推出 Touch SIM 卡。该卡是基于握奇 SIMpass 技术的在国际上首次实现在手机上进行金融交易和个人数据存贮的 SIM 卡。

泰国 True 是泰国正大集团下的控股公司，True 旗下包含多个子公司。其中，主要开展 SIMpass 业务的为 True Money 和 True Move。True Move 主要负责通信业务；True Money 主要负责支付业务，其中也包括移动支付业务。SIMpass 产品在 True 集团的应用已经遍及了 True 旗下的各个应用场景，为 True 的客户提供了极大的便利。

借助 SIMpass 技术的 Touch SIM 可以存储个人数据和消费信息，用户只需轻轻“触碰”即可在 True Money 平台上实现金融交易充值、支付、转账、取现，并且不受时间、地点的限制。如果想成为这种新生活的最先体验者，在泰国国内所有的 True Move 商店花费 149 泰铢（约合人民币 36 元）便可实现。

在泰国，随处可见支持 SIMpass 的刷卡机具，如咖啡店、零售店、停车场、保龄球馆、卡拉 OK、餐饮场所等，SIMpass 的持卡人只需要带上装有 SIMpass 卡的手机就可以在各个商店中方便的消费和积分，具体见图 3－15。

图 3－15　SIMpass 的应用环境

本 章 小 结

本章主要介绍了近距离移动支付（非接触式移动支付）的相关技术和近距离移动支付的技术基础：非接触支付的核心技术 RFID 以及 NFC 技术；分析了非接触支付也叫近距离支付的技术方案，包括基于 RFID 技术的非接触 NFC 手机支付、双界面 SIM 卡支付以及 eNFC 等；最后，给出了非接触式支付的相关应用案例。

本章习题

1. 简述 RFID 的定义、基本组成以及工作原理。
2. RFID 有哪些分类？各有什么特点？
3. RFID 的应用有哪些？
4. 非接触式支付有哪些支付方式？各有什么特点？
5. 试说出 NFC 移动支付的原理，并进行相应的案例分析。
6. 试说出双界面卡的移动支付原理，并进行案例分析。
7. 分析红外和蓝牙通信的原理和特点。

第 4 章

移动支付系统与平台

内容提要

本章第一节主要介绍了移动支付系统的概念、特点、分类，对移动支付的系统结构进行了介绍；第二节对移动支付的系统平台做了介绍；第三节解释了移动支付终端的概念、特点及相关内容。

4.1 移动支付系统

4.1.1 移动支付系统的概念

移动支付是建立在移动支付系统基础上的一个移动数据增值业务，通过移动支付，移动用户可以通过手机就可以完成相关费用的支付。

简单的移动支付系统可以抽象为图 4－1 所示。

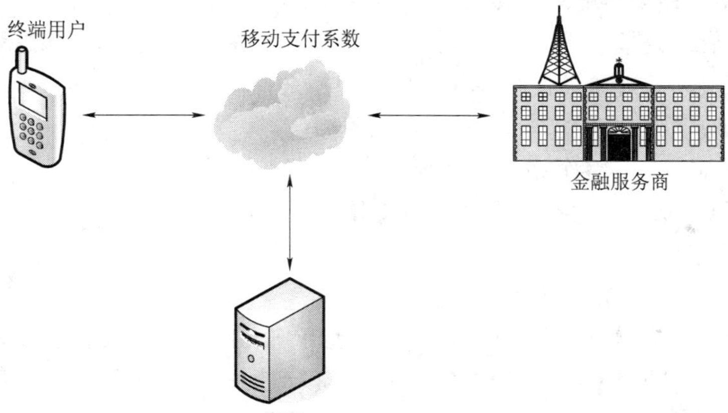

图 4－1　简单的 MPS 抽象模型

实际的移动支付系统包含了多方面的要素，主要的构成包括：移动运营商、内容服务提供商和金融机构等，见图 4－2。

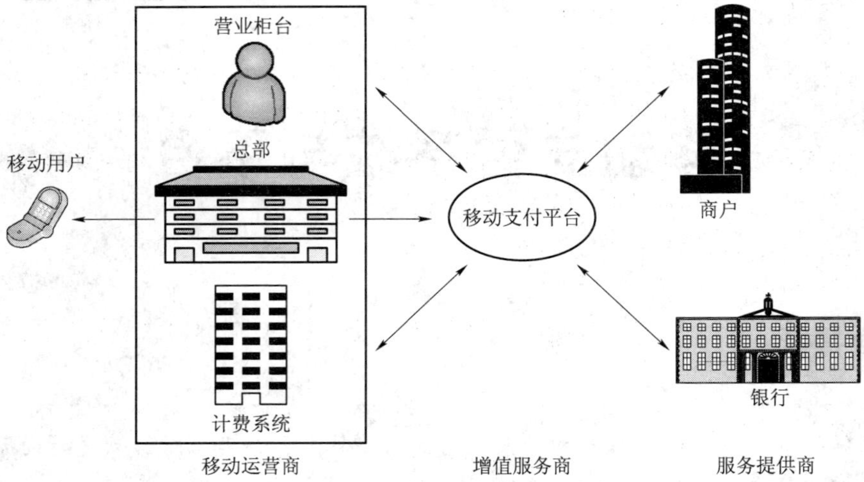

图 4－2　移动支付系统模型

移动支付系统将为每个移动用户建立一个与其手机号码关联的支付账户，其功能相当于电子钱包，实际上为移动用户提供了一个通过手机进行交易支付和身份认证的途径。用户可以通过发送短信/彩信、拨打语音电话，或者使用手机 WAP 功能、NFC、RFID 甚至红外等不同技术接入移动支付系统，系统将此次交易的内容和要求传送给移动支付的内容提供商，由内容提供商确定交易的金额，相应的结果再次通过移动支付系统通知移动用户，经过移动用户确认后，付费方式可通过多种途径实现，如直接转入银行、用户电话账单或者实时在专用预付账户上借记，这些都将由移动支付系统（或与用户和内容提供商开户银行的主机系统协作）来完成此次交易。

移动支付系统的设计主要包含以下几个模块：

① 信令/中继模块。处理与接入有关的通信工作，包括自动收号。

② 语音模块。处理与语音相关的工作，实现语音提示合成、相关数据的提取等。

③ 外拨模块。处理与外拨相关的工作，包括文件生成等。

④ 辅助模块。处理系统 email/传真的发送等。

⑤ 控制中心。控制整个系统的正常工作，其中包括用户开户、销户、账户挂失、查询统计、手机消费、手机转账及对账等工作，同时负责完成与银行主机系统、商家打印终端的信息交互。

移动支付系统基本功能应该包括下面的几点：

① 账户管理。为 MPS 移动用户和商户办理开户、销户、冻结、挂失等业务。

② 移动支付系统交易。保障移动支付系统移动用户完成手机支付、手机转账、手机缴费。

③ 查询对账。为移动支付系统移动用户和商户提供交易的查询、打印、对账等服务，并根据用户要求，每月定期以短消息、email 或邮寄传真的方式提供用户所需的信息，如对账单等。

④ 密码修改。支持移动支付系统用户通过电话、手机对交易和查询密码进行修改。

4.1.2　移动支付系统结构类型

移动支付系统有不同的分类，从技术角度来看，目前的比较有代表性的移动支付系统大致有四类，分别是基于 SMS 的系统、基于 WAP 的系统、基于 I-Mode 的系统、基于 J2ME 的系统；从代理角度来看，可以分为不使用代理的移动支付系统、使用代理的移动支付系统及使用移动代理的移动支付系统。

下面先从技术角度具体来讲四种支付系统。

1. 基于 SMS 的系统

SMS 是 GSM phase 1 的一部分，一条短消息能发送 70 ~ 160 个字符，限于欧洲各国语言、中文、阿拉伯语。

这种系统广泛用在欧洲、亚洲。

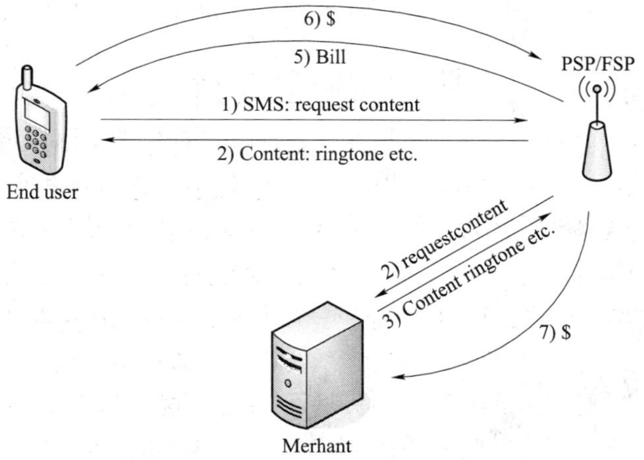

图 4-3　SMS 系统构架

(1) End-user→PSP/FSP（移动运营商）

End-user 通过短消息形式来请求内容服务，如发送 XX 到 XX 来查询天气预报、新闻等。

(2) PSP/FSP→Merchant

FSP 收到请求内容后认证 End-user 的合法性及账户余额。如合法用户则向 Merchant 请求内容，如不合法则返回相应错误信息。

(3) Merchant→PSP/FSP

Merchant 收到 PSP/FSP 的内容请求后，认证 PSP/FSP。如合法则 Merchant 发送请求的内容给 PSP/FSP，如不合法则返回相应错误信息。

(4) PSP/FSP → End-user

PSP/FSP 把收到的内容转发给 End-user。

在 SMS 系统中，费用是从用户的话费中扣除的，账户的处理是由 PSP/FSP 来完成的。SMS 系统一般不会涉及到银行的参与，SMS 系统适合于小额的信息服务，SMS 系统的安全性取决于短消息的安全性。这种系统的优点是费用低廉。

典型的基于 SMS 的系统有 MOPAY、中国移动的电子商品购物系统等。

2. 基于 WAP 的系统

无线应用协议是在数字移动电话、互联网及其他个人数字助理机、计算机应用之间进行通信的开放性全球标准。

WAP 由一系列协议组成，从上到下依次是 WAE（Wireless Application Environment），WSP（Wireless Session Protocol），WTP（Wireless Transaction Protocol），WTLS（Wireless Transport Layer Security），WDP（Wireless Datagram Protocol）。

WAP 将移动网络和互联网以及企业的局域网紧密地联系起来，提供了一种与网络类型、运行商和终端设备都独立的、无地域限制的移动增值业务。

通过这种技术，无论用户身在何地、何时，只要通过 WAP 手机，即可享受无穷无尽的网上信息资源。

WAP 的安全性主要由 WTLS/TLS、无线辨识模组（WIM）、以及 WMI Script SignText 来保证。

WTLS 的功能类似全球资讯网站所用的 SSL 加密传输技术，可以确保资料在传输的过程中经过编码、加密处理，以避免黑客在资料传输过程中窃取保密性资料。

无线辨识模组是一种无法被篡改的装置，类似于 GSM 标准里的 SIM 模组，用来支持 WTLS 协定及提供应用层面的安全功能，并存放和处理使用者的身份认证信息（密钥或数位凭证）。

WML Script SignText 使得使用者可以通过输入一些文字决定接受或拒绝开发者写入的应用。

3. 基于 I-Mode 的系统

I-Mode（I standing for information）是日本电报电话公司（NTT）和移动通信公司（DoCoMo）公司推出的专有协议。

采用这种技术用户可以使用蜂窝电话访问互联网。I-Mode 已经占领了日本的主要市场，被认为是移动支付的成功案例。

I-Mode 使用的协议栈已经以公开的形式被报导。

4. 基于 J2ME 的系统

J2ME（Java 2 Micro Edition）是美国 Sun 公司为小型资源受限终端设备的应用程序开发的 JAVA 平台。

J2ME 平台分为两个配置，即联网的受限设备配置（Connected Limited Device Configuration，CLDC）和联网的设备配置（Connected Device Configuration，CDC）。

其中，CLDC 是为严格受资源约束的设备而设立的，这种设备如蜂窝电话、PDA 等等，为此，它在每个方面都做了优化。它的虚拟机很小，并且不支持 JAVA 语言的某些特征，它所提供的类库也很少。

CDC 是针对机顶盒等这类设备的。

WAP、I-Mode 等都是基于浏览器而设计的，微浏览器架构过分依赖在服务器和手持设备端之间传递数据的网络，如果网络出现故障或暂时瘫痪，会不可避免地对移动互联产生毁灭性影响，而且微浏览器架构所不具备的高交互性和安全性也成为其走向企业领域的软肋。

J2ME 为移动互联引入了一种新的模型，即允许手持设备可以从互联网上下载各种应用程序，并在手持设备创造可执行环境离线运行这些程序，同时还定义了可执行程序下载的标准，并在手持设备上创立了可执行环境和程序开发语言。

下面从代理角度来讲移动支付系统的划分。

1. 不使用代理的移动支付系统

专为移动支付系统设计的无需代理服务器和移动代理的系统架构如图 4－4 所示。比较有影响的无代理移动支付系统有 Paybox 和一些微支付方案等。

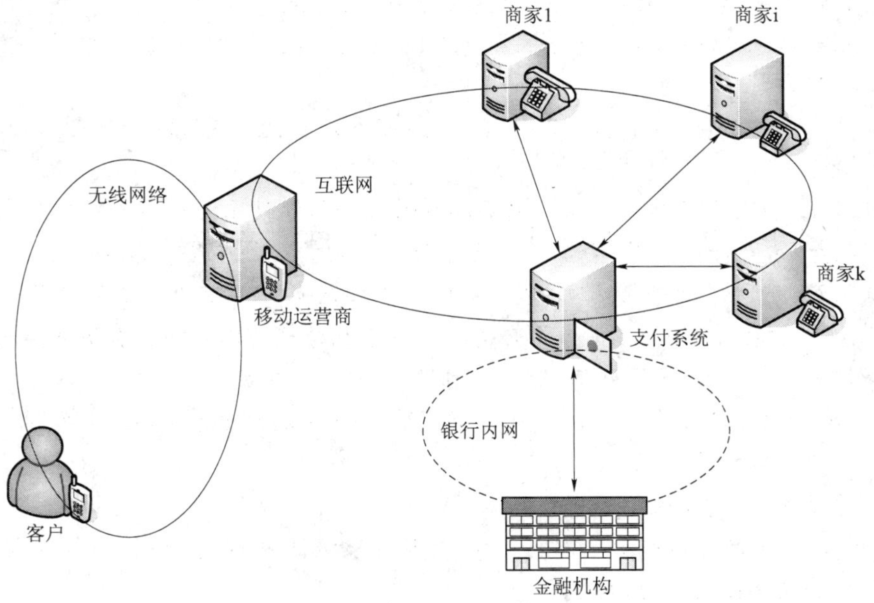

图 4－4 不使用代理的移动支付系统

Paybox 通过输入 PIN 码授权支付，请求的额度将从客户的账户拨到商家的账户中，其安全性主要依赖于无线通信网络的安全性，没有引入其他数据安全技术。

2. 使用代理的移动支付系统

应用现有的基于互联网的支付系统，在移动设备和支付基础设施之间使用代理服务器，如图 4－5 所示。客户的将所有相关的敏感信息存放于代理服务器上，客户的请求经过无线网络发送给代理服务器，授权其代表他与商家进行交易。这种系统架构可以充分利用现有互联网的支付系统资源。

3. 使用移动代理的移动支付系统

基于移动代理的支付系统将移动代理技术应用到现有的支付系统中，以增强无线环境中完成交易的能力，见图 4－6。

移动客户发放一个包含与支付相关信息的移动代理，代表客户在商家环境中执行交易。由于由移动代理代表客户执行交易，客户只需在开始时发送移动代理，在结束时回收移动代理。因此，在整个交易过程中仅需在开始及结束时保持和互联网的连接，大大减少了连接成本。

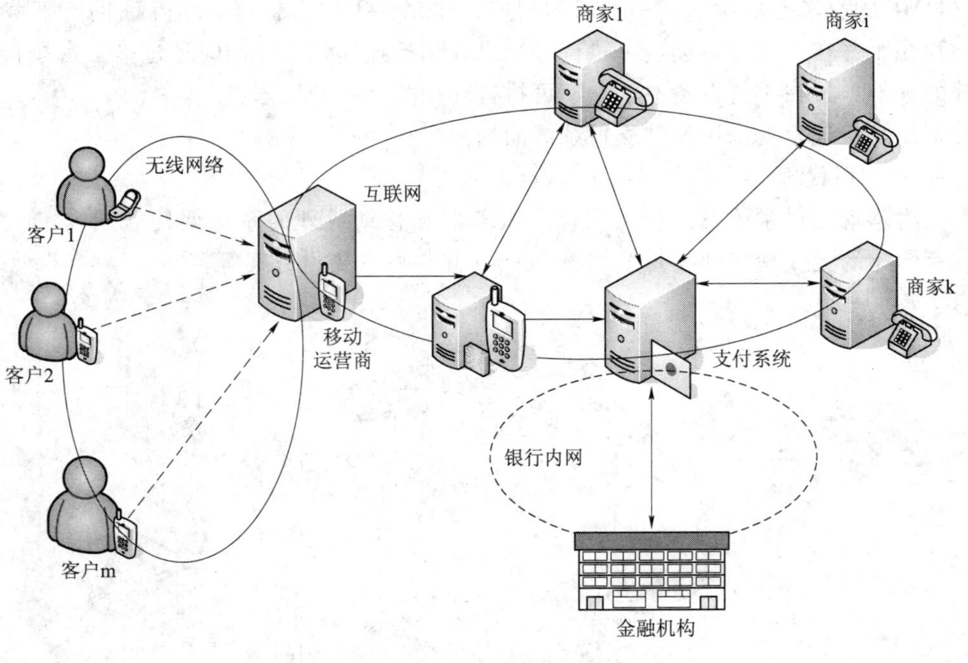

图 4-5　基于代理服务器的移动支付架构

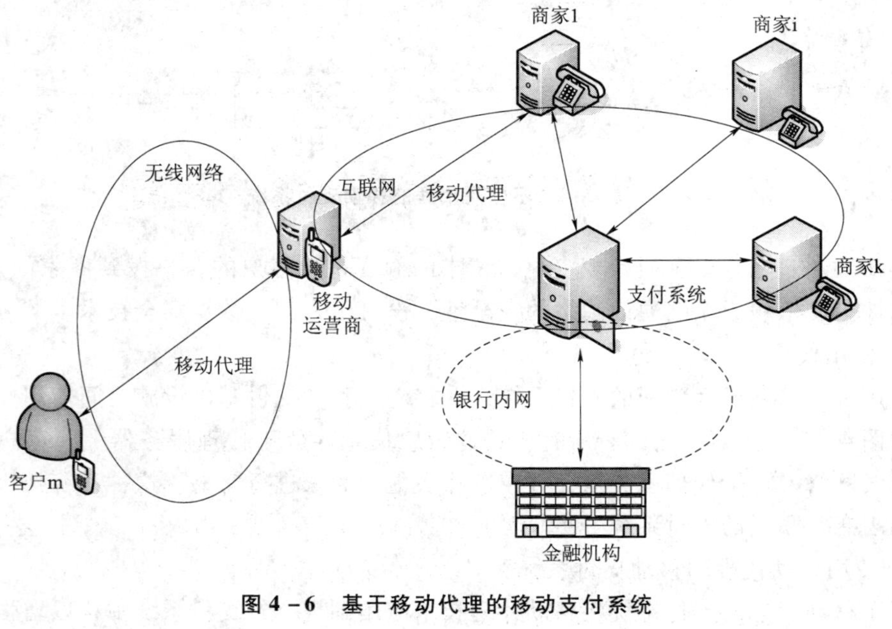

图 4-6　基于移动代理的移动支付系统

4.2 移动支付平台

4.2.1 移动支付平台的概念

移动支付平台是一个运营平台，它通过移动通信技术、互联网技术、信息处理技术将传统的金融服务安全便捷地带给企业、个人，使他们真正感受到科技带来的随需而用的方便。手机支付是该平台提供的一个典型服务，即手机用户通过随身携带的手机完成支付应用。

移动支付平台是一整套技术工具与应用同安全标准和商业模式的组合，这个平台连接了移动支付系统中的移动运营商、金融机构、商家以及客户等，是整个移动支付系统的核心部分，移动支付平台运行在移动运营商提供的无线网络上，把金融机构、商家以及客户有机的结合起来。

4.2.2 移动支付平台的目标

移动支付平台作为一个重要的交易渠道和客户沟通渠道，具有以下系统目标。

① 方便自助流程。具备客户自助实现金融服务的产品功能，如转账、查询、汇款、各种代缴、买卖证券等业务功能，并具有能够易于添加今后可能推出的金融产品的功能。

② 扩展商业模式。结合其他自助设备，如 POS、ATM、家加 e 银行等实现低成本占领商户市场，扩大商户范围，形成有效的价值链。

③ 个性业务模式。手机支付的信息表现力更丰富、更直观，使消费者和商户之间可更好地进行双向交流，互动沟通，充分实现以顾客为中心的按需定制的个性化服务模式。

④ 搭建产销桥梁：建立银行和银行客户（商户与消费者）之间良好的、精确的、高效的沟通手段，通过数据挖掘为商户分析产品的销售状况和顾客的需求偏好，辅助企业决策，同时为消费者传递最新的产品目录及服务种类，提高顾客忠诚度。

4.2.3 移动支付平台的主要实现技术

1. 移动消息平台

包括 SMS 和 MMS 两种，都可用于建立点对点的短信业务平台，在此基础上也可以开发各种增值业务。SMS 短信息服务是指在无线电话或传呼机等设备之间传递小段文字或数字数据的一种业务，它是一种相对较简单和可靠的技术。新的换代产品增强型信息服务 EMS 使用了 SMS 技术并新增了对二进制对象如声音、图像和动画等的支持。使用该技术时，用户可以通过发送消息来使用绑定的号码账户进行付款或者利用绑定的电子钱包进行付款。

由于实际使用中，很多的业务可能是音乐、彩铃、壁纸等电子消费类，所以使用 MMS 技术则是一个较好的选择。MMS 是 Multi media Message service 的缩写，意为多媒体信息服务，通常又称为彩信。它最大的特色就是支持多媒体功能，能够传递功能全面的内容和信息。MMS 可以发送一些用于确认信息的条码，所以该技术可以用于电影院、演唱会的电子门票等业务的应用。

相对 WAP 等技术，基于 SMS 平台的移动支付具有以下缺点：

① 可靠性不高。交易完全依赖于短消息的传输，短消息的丢失会引起交易的中断。由于短消息的传输可能有一定的时延，从而使得用户可能需要更长的时间获得付款的收据或确认信息，这样有可能使得用户取消交易，导致交易终止。

② 安全性不高。SMS 系统一般的加密在空中接口，而对信息不加密，因此信息有可能被截获。

2. 移动网络接入平台

WAP 平台是开展移动商务的核心平台之一。通过 WAP 平台，手机可以方便快捷地接入互联网，真正实现不受时间和地域约束的移动商务。WAP 可以支持目前使用的绝大多数无线设备，包括移动电话、PDA 设备等。在网络方面，WAP 也可以支持目前的各种移动网络，如 GSM，CDMA，PHS 等。当然，它也可以支持第三代移动通信系统，即 3G，随着 3G 的逐渐推广，带宽已经不是主要问题，WAP 的发展也迎来了良好的契机。

WAP 协议是用来标准化无线通信设备，可以让使用者通过移动电话上网，获取因特网服务，如电子邮件、电子商务及信息等服务。目前它已经成为数字移动电话、因特网或其他个人数字助理机、计算机之间进行通讯的全球统一的开放式标准。WAP 技术将移动网络和互联网以及公司的局域网紧密地联系起来，提供一种与网络类型、运营商和终端设备都独立的移动增值业务。WAP 是建立移动网络的基石。

WAP 模型是 WWW 模型的一个扩展和加强，包括一个熟悉的通信模型、一个被证明的结构和利用现有工具的能力（WEB 服务器，XML 语言及工具）。在可能的情况下，现存的技术都可以作为 WAP 技术的起点。在 WAP 中，最具意义的加强功能是实现了 PUSH 模型和电话支持（WTA）。WAP 内容和应用以熟悉的 WWW 内容格式为基础，内容的传输依靠以 WWW 通信协议为基础的标准通信协议。无线终端上的 WAP 微浏览器与用户接口合作，类似于标准的 WEB 浏览器。其结构如图 4－7 所示。

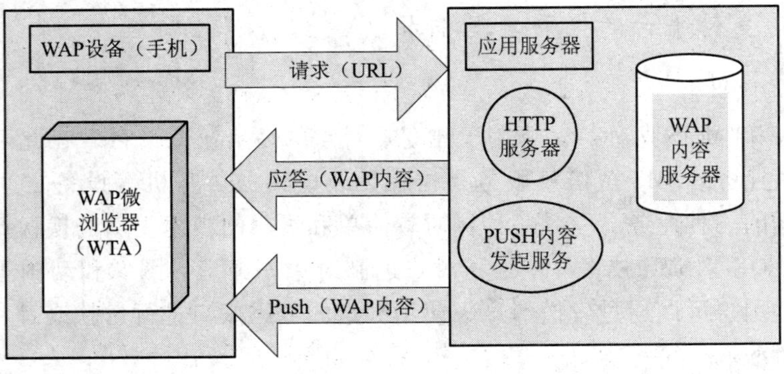

图 4－7　无线终端上的 WAP 结构

目前，这种系统还具有以下缺点：

① 移动终端只能采用 B/S 方式访问互联网。WAP 是一种分层协议，底层是无线 WDP、WTP 等传输层协议，基于此上应用层中的 WAP 微浏览器只能访问 WML 脚本，而不是主流的 HTML，同时也不能显示复杂格式的图形。

② WAP1. X 解决方案需要移动终端手机通过 WAP 网关才能访问互联网。由于 WAP 网关的存在不可避免地带来新的安全隐患：例如中间人攻击等。直到 WAP2. 0 采用 TLS 来保证端到端的安全性。

③ WAP 解决方案不能访问终端设备本地存储区，需要运行于在线环境中。大量数据的交换增加了服务器负荷，并且增加了数据被窃听的可能性。

3. 整合封包无线通信服务

GPRS 也叫通用分组无线业务，是一种基于 GSM 系统的无线分组交换技术，它在 GSM 和 TDMA 网络上执行封包数据传输服务及第三代移动通信，提供端到端的、广域的无线 IP 连接。GPRS 与现有的 GSM 语音系统最根本的区别是，GSM 是一种电路交换系统，而 GPRS 是一种分组交换系统。因此，GPRS 特别适用于间断的、突发性的或频繁的、少量的数据传输，也适用于偶尔的大数据量传输。这一特点正适合大多数移动互联的应用。

4. 蓝牙技术

蓝牙技术是一种无线数据与语音通信的开放性全球规范，它以低成本的近距离无线连接为基础，为固定与移动设备通信环境建立一个特别连接，同时形成一种个人身边的网络，使得身边的各种信息化的移动便携设备都能无缝地实现资源共享。蓝牙以无线 LAN 的 IEEE802. 11 标准技术为基础，使用全球通并且无需申请执照的 2. 45GHz 无线频带。系统设计通信距离为 10cm ~ 10m，如增大发射功率，其距离可长达 100m。

5. J2ME 技术

J2ME 是美国 Sun 公司为小型资源受限终端设备的应用程序开发提供使用的 JAVA 平台，是致力于消费产品和嵌入式设备的最佳解决方案。它提供了 HTTP 高级互联网协议，使移动电话能以 ClientlServer 方式直接访问互联网的全部信息，不同的 Client 访问不同的文件，此外还能访问本地储存区，以提供最高效率的无线交流。

J2ME 平台分为两个配置，CDC 是针对机顶盒等这类设备的，而 CLDC 是为严格受资源约束的设备如蜂窝电话、PDA 等而设立的。所以，它在各个方面都做了优化，即它的虚拟机很小，它不支持 JAVA 语言的某些特征，它提供的类库也很少

J2ME 具有一些独特的安全性特点，这些特点决定了它比其他移动支付开发技术更适合于宏观支付的开发。

① MIDP2. 0 的安全性。MIDP 是目前为止可供使用的用于小设备的框架，它遵循了 CLDC 的宗旨，尽可能使用尽量少的资源。在这种模型中，每个应用都被称为 MIDLet。MIDLet 的生命周期有三个状态：活动（active）、暂停（pause）、被消毁（destroyed）。MIDLet Suite 把多个 MIDLet 关联到一起。把在 J2ME 平台上开发的程序即 MIDIet Suite 打包后下载到支持 MIDP 的真机上即可运行。目前绝大多数品牌手持设备都支持 MIDP 规范，而且它的安全性随着 MIDP 的发展逐步增强。目前的 MIDP 版本为 MIDP2. 0，它

支持 HTTPS，能够建立端到端的开放安全套接字（SSL）连接，从而能保护传输层的安全。

② 可移植性。移动支付客户机应用程序能很容易地被移植到其他遵循 J2ME 或 MIDP 且符合 CLDC 规范的设备上。

③ 更低的网络资源消耗与服务器负载。J2ME 客户机的应用程序能在断开连接模式下工作并保持数据的同步。

④ 改善了的 UI 用户体验。J2ME API 为呈现功能更强的 GUI 提供了更大的可能性，这些增强的功能包括了诸如事件处理和更丰富的图形等方面。

⑤ MIDLet 中的动态事件处理。这一功能大大改善了用户体验。

⑥ 网际协议。网际协议也就是 IP 协议，通过 JAVA 技术可以方便地连接到网络。

⑦ 尽可能小的 MIDLet 大小。把 MIDLet 编写得尽可能的小，从而降低用户通过国际漫游下载 MIDLet 所需的费用。

⑧ 记录管理存储。J2ME MIDP 1.0 规范提供一个面向记录的数据库系统作为持久存储器，这个系统的名称为 RMS（Record Management Store），即记录管理存储。该系统即使是在重新引导或电池电量低的情况下也能够确保记录完好无损。

⑨ 事务保护。使用 J2ME 密码术就能对整个移动支付事务进行加密。不仅如此，在 WAP 和 WTLS 的支持下，入口会话就能像在 SSL3.0 中所进行的那样被保护。

⑩ 密码术。J2ME 本身提供了面向 J2ME 的安全性和信任服务 API，即 Security and Trust Services API for J2ME（JSR 177）。

从上面的论述可以知道，虽然现在基于 J2ME 的移动支付系统，特别是宏支付系统开发还处在研究阶段，但是 J2ME 平台的诸多优势决定了它适合移动支付特别是宏支付系统的开发。而且随着 J2ME 安全性能的逐渐提高、无线信道的加宽以及手持设备的升级，基于 J2ME 的宏支付系统必将是移动支付的发展方向。

一个完整、安全的基于 J2ME 的移动支付系统是由移动终端、移动通信网络、移动支付平台、银行（或服务提供商）和认证中心（CA）共五部分构成，如图 4 - 8 所示。

移动终端包括可运行 J2ME 客户端程序的手机和可读取用户信息的 POS 机。其中，POS 机可通过射频识辨技术、蓝牙技术和非接触式芯片技术等近距离无线通信技术来读取手机用户信息，并通过 CDMA 和 GPRS 等无线网络方式与移动支付平台相连接进行信息互交，完成支付。

移动支付系统终端应用程序的开发主要是基于 J2ME 语言专门面向无线终端的开发平台及 WTK（无线工具集），开发一个可以在手机中运行的 MIDlet 程序。应用程序必须能够实现以下目标：支持手机与移动支付系统的服务器保持在线通信或离线操作；支持数据安全的发送与存储；支持安全认证书的下载、安装、管理；提供友好的用户界面，使移动支付系统能与手机用户便捷地交互。

移动通信网用于移动终端与移动支付平台的连接，主要包括 CDMA 和 GPRS 网络和移动网关服务器。移动网关服务器处理移动支付平台与无线网络连接的协议和数据转换，该部分通过路由器、防火墙与移动支付平台相连。

移动支付平台是移动支付系统的核心，它为移动终端、银行、认证中心之间的信息

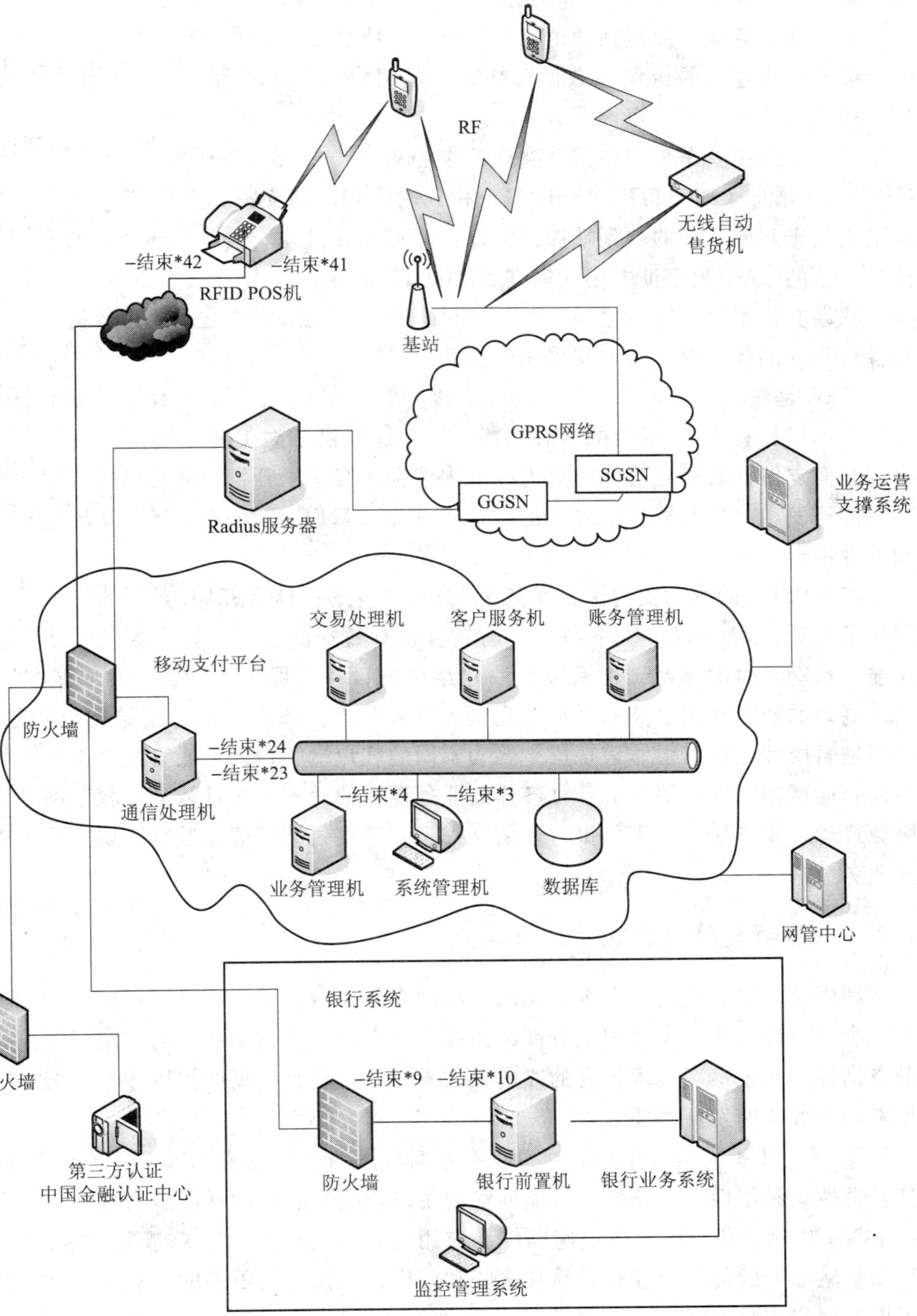

图 4－8　基于 J2ME 的移动支付系统

交互提供一个安全的平台。它应包括通信处理机、交易处理机、客户服务机、业务管理机、账务管理机、系统管理机、数据库、防火墙等模块。

银行或服务提供商包括两个主要部分，一是银行网关服务器，处理移动支付平台与银行业务系统连接的协议和数据转换；二是用户管理服务器，处理本银行移动用户开户、业务管理、查询、咨询等。

认证中心主要是采用中国金融认证中心对用户的证书进行发放和管理。由于 J2ME MIDP 2.0 增加了对 HTTPS、SSL/TLS 和 X.509 PKI 的支持，手机与移动支付平台之间可采用基于双向认证的端到端加密，以提高移动支付的安全性。选择中国金融认证中心作为自己的 CA，数字证书格式遵守 X.509 V3 标准。

移动支付平台与银行之间、移动支付平台与移动运营商之间采用数据专线连接，并在各自系统的代理服务器之间采用防火墙进行隔离。

J2EE 是建立在 Java 2 平台上的企业级的解决方案。J2EE 技术的基础便是 Java 2 平台，它不但具有 J2SE 平台的所有功能，同时还提供了对 EJB、Servlet、JSP、XML 等技术的全面支持，其最终目标是成为一个支持企业级应用开发的体系结构，简化企业解决方案的开发、部署和管理等复杂问题。事实上，J2EE 已经成为企业级开发的工业标准和首选平台。

基于 J2EE 的移动支付平台是基于 J2EE 的应用，具有 J2EE 典型的三层架构，充分利用了 J2EE 本身具有的可扩展性、容错性、有效资源利用、智能缓存以及事物处理的功能。移动支付的体系结构采取模块化组件的设计，保证了产品的可扩展性、容错能力、高效的资源利用、高速缓存和完整的事务管理。该平台的三层结构分别是表现层、应用逻辑层和数据库层。表现层主要为不同的客户端管理人员或者操作人员提供不同的界面；应用逻辑层主要完成各种各样的业务逻辑的处理，包括认证鉴权、移动用户接入服务代理、商户接入代理、银行通信、安全管理支付结算等；数据库层主要用来保存各种业务数据。

4.2.4 移动支付平台的功能及特点

利用模块化、通用、先进、实用的移动支付平台，客户可以进行用户注册、支付申请、支付申请撤消、支付记录查询，而商户可以进行支付确认、商户结算、商户结算记录查询等。基于最新技术开发的改进移动支付平台具有很高的扩展和兼容能力，能满足技术和业务快速发展的要求。

① 进一步扩大银行用户。通过具有普遍应用的移动终端作为开展金融业务的工具，其安全性、易用性、方便性、智能性都使用户能随时随地的开展金融业务。一方面，具有 JAVA 功能的移动终端的快速推广和应用使得移动终端的客户越来越多；另一方面，移动金融服务的优异特性很容易被接收和使用，从而吸引更多的移动终端客户成为银行的忠实客户。

② 加快银行资金周转。利用移动终端进行支付使用户消费不受限制，缩短了用户消费的支付过程，从而增加了银行资金的周转速度。

③ 增加各种类型商户的加入。由于该方案的移动支付具有方便、安全、快捷的特性，很多受限于传统支付方式的商户如电子商务、网上商城、异地邮购消费等商户，经

常性消费商户如票务、后付费账单（水、电、气、电话、物业管理、住宿、用餐等）商户，签约消费商户如各种会员制商户、长期固定客户消费的商户，小商户如没有能力建设 POS 系统或其他支付系统的商户等都可以加入这一平台，从而实现多赢。

④ 适应未来的技术发展。随着移动通讯技术的迅速发展，3G 的脚步离我们越来越近，数据业务大行其道，JAVA 手机的成本降低。预计不久的将来，手机将更加普及，而且 80% 将是具有 JAVA 功能的移动终端。该方案具有前瞻性的挖掘 JAVA 和移动通信技术的未来发展动向，将银行的金融业务达到一个新的高度。

⑤ 提升银行企业形象。紧跟时代潮流，引领新技术、新模式，为用户提供革命性的支付手段，大大提升银行企业形象，加大银行的核心竞争力。

⑥ 改变消费方式。通过移动支付，用户将享受丰富多彩的增值服务，真正享受跨时间、跨地区的无障碍购物新体验。

4.3 移动支付的终端

4.3.1 移动支付终端的概念

根据移动支付的定义可知，进行移动支付必须使用移动终端设备，移动支付终端是指能够进行移动支付的设备。移动终端设备的基本要求是它必须能够连接到网络上来发起支付，而这里的网络可能是指 GSM、WCDMA、CDMA2000、TDS - CDMA 或者 WiMAX 以及 LTE 等，其次它必须易于携带。

4.3.2 移动支付终端的分类

传统手机主要作为语音通讯工具，功能比较单一，硬件结构相对简单，且其硬件和软件之间存在着很强的相关性。移动通信高速发展到今天，3G 已经逐渐兴起，数据业务也逐渐占据主导地位，手机已成为各种应用和业务的承载平台，因此对其硬件性能要求不断增高。特别是到了 4G，数据业务进一步发展，如果 4G 的多网融合方案得到认可，802.1x 和 802.2x 将成为移动终端的一部分，无线移动终端将是一个多模的智能终端。因此，我们大致可将无线移动终端分为三类：

第一类是以语音为主的手机，也就是我们传统意义上的手机，目前主要面向低端市场，这类手机的硬件都是围绕一个单一的基带处理器搭建的，该处理器执行电信和其他简单的应用任务，目前这些硬件电路的集成度在逐渐提高，许多芯片厂商已经推出单芯片的解决方案，在此芯片外挂一些诸如天线、键盘、显示屏等电路和器件，就可以成为一只简单的手机。

第二类是增值业务手机，也叫多功能手机，这是目前需求量最大的手机。这些手机一般面向特定应用，一个功能强大的基带处理器芯片可以实现移动终端的主要功能。如果基带处理器不能满足诸如视频处理等功能，可以配套使用一个应用协处理器，它面向特定应用。

第三类是智能手机，即高端手机，曾被定义为“拥有操作系统并支持第三方应用的手机”。这类手机中的应用处理器是系统的核心，而 GSM、GPPS 等通信模式则成为实现连接功能的外设之一。此外，还有其他通信外设，如 WLAN、蓝牙、USB 等，并且可以提供统一的扩展接口。智能手机通常要采用复杂的嵌入式操作系统如 Pocket PC、Smartphone、Symbian 以及 Linux 等，为上层应用提供统一的应用接口，它是移动办公的理想工具。并且，智能手机多备有较大显示屏，具有计算和文字处理方面的功能。

4.4 智能手机

4.4.1 智能手机的内涵

以前，智能手机的定义是具有操作系统和中央处理器等软硬件的手持设备。目前，这个说法是错的，例如，大多非智能手机和智能手机一样使用英国 ARM 公司架构的 CPU，非智能手机也有操作系统。智能手机是一种在手机内安装了相应开放式操作系统的手机，通常使用的操作系统有 Symbian、Windows Mobile、Windows phone、iOS、Linux（含 Android、Maemo、MeeGo 和 WebOS）、Palm OS 和 BlackBerry OS，他们之间的应用软件互不兼容。因为可以安装第三方软件，所以智能手机有丰富的功能。早期，Symbian 操作系统的手机在整个中国智能手机市场份额所占最多，因此基于 Symbian 操作系统的软件也非常丰富。Windows Mobile 的应用也很丰富，近些年虽然 Windows Mobile 的市场份额在下降，但基于 Windows Mobile 的应用还是在迅速增加。Palm 上也有非常丰富的应用软件，因为各大手机加盟 Android，Linux 上的第三方软件目前是最多的。

智能手机比传统的手机具有更多的综合性处理功能，比如 Symbian 操作系统的 S60 系列、Windows Mobile 操作系统的 Windows Mobile Smartphone 系列；也可以是传统智能手机加上手机通信功能，比如 Windows Mobile 操作系统的 Windows Mobile Pocket PC Phone 系列、Palm 操作系统的 Treo 系列；也可是其他独立类型，比如 Symbian 操作系统的 S60、Symbian3 以及一些 Linux 操作系统的智能手机。然而，就新近的发展来看，这些智能手机的类型有相融合的趋势。

智能手机同传统手机的外观和操作方式类似，不仅包含触摸屏，也包含非触摸屏数字键盘手机和全尺寸键盘操作的手机。但是传统手机都使用的是生产厂商自行开发的封闭式操作系统，所能实现的功能非常有限，不具备智能手机的扩展性。

需要说明的是，智能手机（Smart Phone）这个说法主要是针对功能手机（Feature phone）而言的，它本身并不意味着这个手机有多智能；从另一个角度来讲，所谓的智能手机就是一台可以随意安装和卸载应用软件的手机（就像电脑那样）。而功能手机是不能随意安装和卸载软件的，JAVA 的出现使后来的功能手机具备了安装 JAVA 应用程序的功能，但是 JAVA 程序的操作友好性、运行效率及对系统资源的操作都比智能手机差很多。

4.4.2 智能手机的基本配置与特点

1. 3G智能手机的基本配置

① 高速度处理芯片。3G手机不仅要支持打电话、发短信，它还要处理音频、视频，甚至要支持多任务处理，这需要一颗功能强大、低功耗、具有多媒体处理能力的芯片。这样的芯片能让手机不经常死机，不发热，不会让系统慢得如蜗牛。

② 大存储芯片和存储扩展能力。如果要实现3G的大量应用功能，没有大存储就完全没有价值，一个完整的GPS导航图，要超过1G的存储空间，而大量的视频、音频以及多种应用都需要存储。因此，保证足够的内存存储或扩展存储才能真正满足3G的应用。

③ 面积大、标准化、可触摸的显示屏。只有面积大和标准化的显示屏才能让用户充分享受3G带来的使用上的便捷。

④ 支持播放式的手机电视。以现在的技术，如果手机电视完全采用电信网的点播模式，网络很难承受，而且为了保证网络质量，运营商一般对于点播视频的流量都有所控制，因此，广播式的手机电视是手机娱乐的一个重要组成部分。

⑤ 支持GPS导航。它不但可以帮助你很容易找到你想找到的地方，而且还可以帮助你找到周围的兴趣点，未来的很多服务也会和位置结合起来，这是智能手机所特有的功能。

⑥ 操作系统必须支持新应用的安装。使用户的手机可以安装和定制自己的应用。

⑦ 配备大容量电池并支持电池更换。3G无论采用何种低功耗的技术，电量的消耗都是一个大问题，因此必须要配备高容量的电池，1 500mAh是标准配备，随着3G的流行，很可能外接移动电源也会成为一个标准配置。

⑧ 良好的人机交互界面。

2. 智能手机的特点

① 具备无线接入互联网的能力，即需要支持GSM网络下的GPRS或者CDMA网络的CDMA 1X或3G（WCDMA、CDMA-EVDO、TD-SCDMA）网络，甚至4G（HSPA+、FDD-LTE、TDD-LTE）。

② 具有PDA的功能，包括个人信息管理、日程记事、任务安排、多媒体应用及浏览网页。

③ 具有开放性的操作系统，可以安装更多的应用程序，智能手机的功能可以得到无限扩展。

④ 人性化，可以根据个人需要扩展机器功能。

⑤ 功能强大，扩展性能强，第三方软件支持多。

4.4.3 智能手机的操作系统

1. Symbian

Symbian的代表机型为诺基亚N8。

Symbian，中文名为塞班，是一个实时性、多任务的纯32位操作系统，具有功耗低、内存占用少等特点，非常适合手机等移动设备使用，经过不断完善，虽然在智能型手机市场取得了无比的成功，并长期居于首位，但是 Symbian S60、Symbian3，UIQ 等系统近两年亦遭遇到显著的发展瓶颈。最近 12 个月，欧洲手机公司诺基亚在智能手机市场市占率的滑落是不争的事实。需要注意的是，并不是所有的 Symbian 系统都是智能系统，比如 S40 系统就不属于智能手机系统。目前，市场上的塞班系统正日益加大功能，随着安卓系统的问世，塞班将面临巨大的考验。塞班比安卓早出道很多年，属于普通平民机，耐摔、耐磨、耐压等是塞班独有的特性。

2. Symbian Belle

新的 Symbian Belle 系统支持最高六个可横向切换的主屏幕，用户可以在上面随意创建、删除和拖拽 Widget 插件，和 Android 非常类似。动态 Widget 可将聊天、电子邮件以及社交更新的最新信息实时在桌面展现，非常吸引人。全新的通知查看系统也是一个亮点——下拉通知菜单中甚至包含了蓝牙、Wi-Fi、移动网络、以及声音模式的快速开关，所有通知都将在这里出现，这是 Symbian 系统的一个重大更新。借助于 1.2GHz 的标配级别处理器，Symbian Belle 的动态多任务切换将会相当顺畅。其实 Symbian Belle 系统最大的亮点就是对 NFC 技术的完美运用，用户可以通过轻松触碰手机来共享内容，轻轻一碰即可连接 NFC 音箱（参考诺基亚 N9 发布会演示），甚至可以通过轻触 NFC 区域来共享内容到社交网络，更不用提之前我们已经非常熟悉的用 NFC 芯片来解锁《愤怒的小鸟》后续关卡…… 像视频中所说的一样，Symbian Belle 系统的确让人耳目一新，诺基亚的改变让我们对它多了许多期待，相信 Belle 系统能够让 Symbian 手机焕发新生。

3. Android

Android 代表机型为摩托罗拉 MileStone。

Android，中文名为安卓，是基于 Linux 平台的手机操作系统，该平台由操作系统、中间件、用户界面和应用软件组成，号称是首个为移动终端打造的真正开放和完整的移动软件。目前，它在市场上可谓如日中天，越来越受到玩家的青睐，倍受摩托罗拉推崇。在 Android 发展的过程中，摩托罗拉付出的是核心代码，Google 付出的是公关和品牌效应，由此 Google 掌握了 Android Market 以及通过 Android Google Apps 获得的大量用户。其支持厂商为美国摩托罗拉、中国台湾 HTC、韩国三星、韩国 LG、日本索尼以及中国大陆的联想、华为、中兴、魅族、Oppo 和 cafe 手机等。

4. Windows Phone

作为软件巨头微软的掌上版本操作系统，它在与桌面 PC 和 Office 办公的兼容性方面具有先天的优势，而且还具有强大的多媒体性能，办公娱乐两不误，这使它成为最有潜力的操作系统之一。以商务用机为主，目前，其市场已显出颓势，最新版本为 Windows Phone 7，几乎对旧有的 Windows Mobile 系统全盘推翻再造，其应用机型已逐渐上市，不过价格不菲。其支持厂商为中国台湾 HTC、韩国三星电子、韩国 LG、英国索尼爱立信、阿联酋 i-mate。诺基亚于 2011 年初正式宣布与微软合作，将采用 WP7 操作系统。目前，各大山寨厂商也同样生产着大量 Windows Phone（6~6.5）产品。

5. iOS

iOS，又称 iPhone OS，是苹果公司为 iPhone 开发的操作系统，它主要是给 iPhone、

iPod touch 以及 iPad 使用。最新版本为 iOS5，该系统的 UI 设计及人机操作前所未有的优秀，软件极其丰富。苹果完美的工业设计配以 iOS 系统的优秀操作感受，就靠仅有的几款机型已经赢得可观的市场份额。其支持厂商为苹果公司。

6. MeeGo

MeeGo 的代表机型为诺基亚 N9。

MeeGo 是诺基亚和英特尔推出的一个免费手机操作系统，中文昵称米狗，该操作系统可在智能手机、笔记本电脑和电视等多种电子设备上运行，并有助于这些设备实现无缝集成。这种基于 Linux 的平台被称为 MeeGo，融合了诺基亚的 Maemo 和英特尔的 Moblin 平台，如诺基亚新品 N9 就是采用了 MeeGo1. 2 系统的。其支持厂商为诺基亚。

7. Web OS

惠普 Web OS（又称 Palm OS）以其独特的外形和另类的系统吸引了无数人的眼球，但是有一个问题，就是应用软件的问题，且配套太少。惠普收购 Palm 公司后，于 2011 年 8 月 19 日正式宣布放弃 Web OS 手机和平板电脑。惠普在这次会议的新闻稿中称：我们计划取消 WebOS 设备的运营，特别是 Web OS 手机和 TouchPad 平板电脑，但我们会继续探索优化 Web OS 软件的价值。由此看出 Web OS 并未被取消，惠普可能会将 Web OS 授权给其他厂商，或者将 Web OS 用于其他的非手机/平板电脑设备中。其支持厂商为 Palm 和惠普。

8. BlackBerry OS

BlackBerry OS 是 RIM 公司独立开发出的与黑莓手机配套的系统，目前在全世界都颇受欢迎，在此系统基础上，黑莓的手机更是独树一帜的在智能手机市场独树一帜，目前在中国也有大批粉丝。其支持厂商为 RIM。

9. 三星 Bada

Bada 的代表机型为三星 S8500。

bada 是韩国三星公司自行开发的智能手机平台，于 2009 年 11 月 10 日发布。bada 在韩语里是“海洋”的意思。bada 的设计目标是开创人人能用智能手机的时代。它的特点是配置灵活、用户交互性好，并且非常重视 SNS 集成和地理位置服务应用。bada 系统由操作系统核心层、设备层、服务层和框架层组成，支持设备应用、服务应用和 Web 与 Flash 应用。其支持厂商为三星公司。

10. 其他

我国自主开发的 Smart NX 是智多微电子研究开发的新一代手机系统平台，该平台内置了许多高端智能手机所必备的常用软件，如 Office 办公软件、上网浏览、Email 和多种即时通信软件，但目前开发基本停滞，没有多少软件可应用。其支持厂商为天时达。此外，还有一个由小米公司自主研发的 MIUI，它是一款基于 Android 系统研发的智能手机系统。每周五进行更新，无需连接 PC，可直接在手机上进行更新，应用软件非常多，操作性广，支持厂商为小米。

4.4.4 智能手机品牌

品牌	主要操作系统	品牌所属国家和地区	主要机型
诺基亚	Windows Phone 7，Symbian，Meego（较少）	芬兰	5230，5800，N95，C7，N8，N9，E63，E6 等
三星	Android，Bada，wm（较少）	韩国	i9008，p1000，s5830 等
摩托罗拉	Android，Linux + java	美国	ME811，CLIQ，Droid，A1200，V8 等
苹果	iOS	美国	iPhone 2G，iPhone 3G，iPhone 3GS，iPhone 4，iPhone 4s，
HTC	Windows Mobile，Android，Windows Phone 7	中国台湾	HTC Touch Pro，HTC HD2，HTC HD7 等
索尼爱立信	Windows Mobile，Android Symbian	日本	LT26I，LT15I，MT15I Z1 等
小米手机	Android	中国	Me one
小酷手机	Android	中国	E188，E288，TG900
黑莓	Blackberry OS	加拿大	Bold 9900，Torch 9810

4.4.5 智能手机的功能

虽然智能手机没有标准的行业定义，但在这里界定作为智能手机的特点有：

① 作业系统。一般来说，智能手机将基于一个操作系统，可以运行程序。黑莓智能手机运行 BlackBerry 操作系统，而其他手机运行 Palm OS 或 Windows Mobile 系统，也有智能手机的操作系统是削减版本的 Linux 桌面。

② 软件。几乎所有的手机都包括某种形式的软件（最基本的模型是包括一个地址簿或某种形式的联系助理）。智能手机将有能力做更多的工作，它可让您创建和编辑微软 Office 文档，或至少查看档案。它可能允许您下载应用，如个人和企业财务助理，或者，它可以让您编辑照片，通过全球定位系统规划行车路线，或者创建一个数字音乐。

③ Web 访问。更多智能手机可以用更快的速度进入该网站，该手机能连接 3G 数据网络，并增加了 Wi - Fi 的支持。不过，并不是所有的智能手机都能提供高速上网，但是它们都提供某种形式的访问，您可以使用手机浏览您最喜爱的网站。

④ QWERTY 键盘。根据我们的定义，智能手机包括一个 QWERTY 键盘。他们将在您的电脑键盘，而不是按字母顺序排列的数字键盘，该键盘可以是硬件（物理键盘）或者是软件（和触摸屏一样，如 iPhone）。

⑤ 消息。所有的手机都可以发送和接收文字信息，而一个智能手机除了处理电子

邮件，还可以支持多个电子邮件账户，其他还包括访问流行的即时通讯服务，如QQ、MSN以及AOL的AIM和Yahoo。

另外，智能手机的功能还包括处理邮件。通常，智能手机是为商务人士设计的，而目前全球商务最主要的联络方式不是电话、短信而是邮件，尤其是在贸易公司或全球性的公司中，邮件是一个商务人士一天处理的主要工作内容，而智能手机第一需要支持的就是邮件。

⑥ 联系人。除了邮件，在通话的过程中都需要调用联系人电话簿，一般人都是将电话簿只保存在手机上，庞大的地址簿相当不方便，聪明一点的人使数据线与电脑同步，但真正正确的使用方法是通过无线同步，使无论在电脑上或手机上进行了联系人的更改都可以得到有效的同步。

⑦ 日历。商务手机的日程安排是一个很好的功能，但受限于手机的操作性问题，很少有人会在手机上安排所有的事情，此时又需要与电脑同步。

⑧ 支持文档查看和编写。除了以上特点，商务手机还能够处理日常工作中的文档，以保证手机成为一个移动的工作平台。

4.4.6　智能手机的发展趋势

中国智能手机市场发展态势良好，但增长速度较为缓慢，各大操作系统之间的争夺日益突出，并逐渐以联盟阵营的方式来推动智能手机的普及。

对于品牌分布来说，诺基亚无论是品牌影响力还是单款产品的竞争力均是最高的，但是需要面临苹果这一大潜在劲敌。

在产品结构方面，3G手机最具有发展潜力，其单款产品在市场关注度的贡献值方面是高于GPS手机和音乐手机的。而音乐手机虽然数量丰富，普及程度高，但是产品竞争力匮乏。

智能手机市场关注主要分布在2 000~3 000元这个价格段，但是最具竞争力的产品却停留在中高端市场，并且，500万像素及以上的高端手机竞争力突出。

苹果iPhone手机的上市使智能手机市场大为振奋，而Palm的大力推广也使得智能手机越来越普及。目前，电子邮件可能是智能手机用户最主要的功能之一，但随着网络连接性的提高，智能手机的功能将更加强大。

智能手机未来发展的10大趋势主要体现在以下方面：

① GPS。目前，GPS功能越来越普遍，宏达电、RIM和其他智能手机厂商均推出了支持GPS功能的手机产品，它不仅可以帮助用户从A点走到B点，更重要的是，GPS服务商也推出各种各样的服务。

② 开源。开源是智能手机发展的一个新趋势，目前，智能手机厂商和运营商都宣布了自己的开源战略或产品。不久前，Google刚刚推出了Android开源移动平台计划。

③ 电池寿命。电池续航时间是衡量智能手机的一个重要指标，Wi-Fi、蓝牙、彩屏和免提等均消耗不小的电量。因此，为延长续航时间，尽量关闭不常用功能。

④ Wi-Fi。找到一款新的Wi-Fi芯片，如Atheros AR6002系列，可以有效降低能耗，延长电池续航时间。

⑤ 验证接入。最近，T－Mobile 推出了 Hotspot@ Home 服务，允许用户通过手机拨打 VOIP 电话，但只支持 Wi－Fi 手机。9 月，RIM 推出了支持该服务的智能手机。相信以后会有 更多的产品上市。

⑥ 安全。智能手机面临着各种安全威胁，如设备锁定、功能锁定、加密、验证、远程删除数据、防火墙和 VPN 等。

⑦ 多媒体。为提升多媒体应用，智能手机需要平衡商用和个人应用所需的各种功能。

⑧ 应用。电子邮件可能是智能手机用户所需的最重要功能，但随着连接性的提高，智能手机还有更多的潜在功能，如支持 Web 2.0 服务等。

⑨ 摄像头。智能手机所内置的摄像头已不再是鸡肋，如 Nokia N8，摄像头为 1 200 万像素。

⑩ 家庭基站。是一种毫微米蜂窝基站，面向住宅或企业环境。以参考设计为例，它的传输距离小于 200m，支持四个用户，一般通过有线网络来连接运营商核心网络。

本章小结

本章介绍了移动支付系统、移动支付平台以及移动终端的概念、特点，并且详细分析了移动支付平台的实现技术和实现移动支付系统的框架以及移动支付产业链的概念、构成、特点和发展情况。

本章习题

1. 什么是移动支付系统？它如何分类？具有哪些特点？
2. 移动支付系统的结构是什么？
3. 移动支付平台的概念和设计目标分别是什么？
4. 移动支付平台的主要实现技术有哪些？
5. 简述基于 J2EE 技术的移动支付系统的三层结构。
6. 简述移动支付终端的分类。
7. 什么是移动支付产业价值链？
8. 移动支付产业价值链的特点是什么？
9. 简述移动支付产业价值链的发展。

第 5 章

移动支付产业价值链

内容提要

本章重点研究移动支付产业价值链，了解移动支付产业价值链的概念、特点、理论基础和我国移动支付服务的特点，掌握我国移动支付产业链的构成与主体，熟悉移动支付产业价值链的在各国的发展和我国移动支付产业链存在的问题与态势，同时了解移动支付产业链主体的竞争和协同。

5.1 移动支付产业价值链的概念与特点

5.1.1 移动支付产业价值链的概念

随着移动通信技术和互联网技术的发展，移动通信的主要业务从话音业务逐渐转向数据业务，手机彩铃、彩信、手机音乐、手机下载等各种移动增值业务层出不穷。另一方面，经过10余年的发展，伴随着中国3G系统的建设以及NFC和RFID技术的成熟和完善，移动支付已经成为移动增值业务的一个新的亮点。

移动支付是指交易双方为了某种货物或者业务，通过移动设备进行商业交易。移动支付业务是一项增值服务，是指借助手机、掌上电脑、笔记本电脑等移动通信终端和设备，通过手机短信息、IVR、WAP等多种方式所进行的银行转账、缴费和购物等商业交易中的支付行为或支付活动。它的发展涉及到不同的政府主管部门和不同的产业群体，其产业链的构成也较为复杂，从技术、业务、应用层面看，打造成功的移动支付产业链乃至产业生态环境尤为重要。

简单来说，产业链就是由几个具有互补性的企业联合起来向客户提供服务的商业模式。因此，移动支付产业链就由移动运营商、设备制造商、SIM卡供应商、手机供应商、移动支付服务提供商（或移动支付平台运营商）、系统集成商，商业机构、内容提供商、银行和信用卡组织等金融机构以及客户等构成，见图5－1。这些成员紧密合作、优势互补，形成了利益共享、风险共担的链条关系。显然，只有建立并不断完善产业链，移动支付业务才能获得健康的发展，产业链上的各个环节才能在合作中实现共赢。

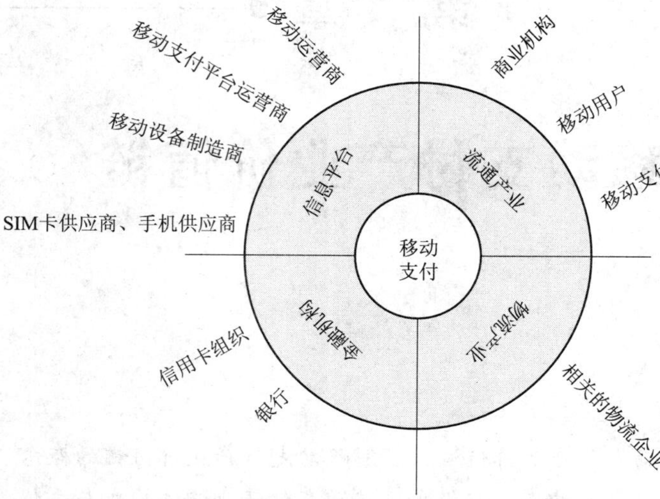

图 5－1　移动支付产业链模型

世界著名的管理学大师迈克尔·波特的价值链理论认为：企业的任务是创造价值。移动商务支付的价值链就是在创造这个统一目标下的一个整合链、增值链、服务链。

首先，移动支付价值链是一个整合链。移动商务的实现过程也就是一个整合多种资源和多种服务而进行的增值过程。在这种整合的增值服务中，价值链的各方协同动作或关联动作，才能把分散优势变成整合优势。

其次，移动支付价值链是一个服务链，也是说，移动支付服务是在移动运营商、服务商为一个共同的目标，在一个系统性的理论体系支持下，通过简化顾客的操作而快速、安全地完成的一种支付行为。这其中的服务要素，已经成为了服务增值的重要要素。

最后，移动支付价值链是一个增值链，也是说，在移动商务实现和进行的过程中，移动商务服务链各方资源的整合和服务的整合形成了一种增值服务和增值优势，并且让用户感受到这种增值优势的方便、快捷和安全。

5.1.2　移动支付产业价值链的特点

增值性是产业价值链的一个主要特征。新型产业价值链的各个环节的最终目的就是利益。当前，移动支付产业价值链中最重要的，也是产业价值链上各方最关注的就是提供服务所收取的资费的分成问题。这个问题解决得好坏将直接决定是否能调动在这个产业链的所有成员的积极性，从而配合其他成员实现这个新兴产业的最大利益。这个利益体现在消费者身上就是是否能让他们拥有简单而满意的体验。

移动支付是一种技术驱动型的产业，它成功的基础是需要首先建立一个基本成形的价值链和较为清晰的赢利模式。目前，我国移动支付产业缺乏的正是这两点。因此，在进行移动支付的产业链构造之前，需要先认清楚移动支付产业链的特点。

① 移动支付产业在传统的支付流程中增加了新的产业环节——移动通信运营商，

银行业需要第一次面对向别人付费的情况，并且移动运营商的资金吸储和资金沉淀也对银行构成了压力。

② 移动支付产业链与传统行业产业链不同，结构更加复杂。运营商与银行机构同样掌握大量用户资源，议价能力也基本相当。因此，在不经历一番试探和博弈之后不会形成有效的产业链。

③ 从投入与产出的角度考虑，目前我国银行业对移动支付的重视和投入程度也低于其他电子支付方式，依然将移动支付作为对现有产品的补充。

④ 在产业链中，商户仍然主要提供传统商品和服务，并不会因为移动支付创造新的产品和服务。

5.1.3　产业链的理论基础

本节介绍了对本课题研究有直接指导意义的相关理论：迈克尔波特的竞争分析模型、产业链理论、核心竞争力理论以及企业中间层理论。

1. 竞争分析模型

美国著名的战略管理学者迈克尔．波特在他的经典著作《竞争战略》中提出的行业结构分析模型包括行业现有的竞争状况、供应商的议价能力、客户的讨价还价能力、替代产品或服务的威胁、新进入者的威胁这五大竞争驱动力。在一个行业中，这五种竞争力量之间的冲突和妥协决定了行业内部竞争的激烈强度。因此，公司战略的核心就在于选择正确的行业以及行业中最具有吸引力的竞争位置。

2. 产业链理论

我国的乔忠教授等认为，产业链是指以某一主导产业为主和其前后各个企业、部门以及各种经济组织因主导产业的存在和发展而形成的相互依赖、前后连接的有机链条。按照企业在产业链中所处的位置和作用不同，可以分成上游企业、中游企业、下游企业。上、中、下不仅是一种位置关系，而且还是一种功能关系，即在功能上也是相互依赖、前后连接的。产业链成功的关键在于协调三个方面的关系，即企业与用户相互影响、企业与供应商联盟、产业链内部的结构和关系变化。

3. 核心竞争力理论

企业核心竞争力理论起源于传统的企业能力理论。以迈克尔．波特为代表的竞争战略理论认为，企业的中长期发展和竞争优势依赖于企业自身构建、培育和拥有的特殊资源和能力。对于一个企业来说，其核心竞争力是使它与众不同，并在激烈的市场竞争中脱颖而出的关键。对于多数企业来说，它的核心竞争力之一来自于对核心技术的掌握。笔者认为，在我国现阶段的移动支付市场中，广阔的用户资源也属于运营商的核心竞争力范畴，并且在移动支付产业链中还将得到放大。

4. 企业中间层理论

企业中间层理论的基本假说是，企业的存在是因为它比消费者和供应商之间的直接交换更能增进交易的净利益。由于企业的存在，减少了交易延迟和寻找可行交易伙伴的成本，所以，中间层的存在相对于其他分权化的交易来说也就减少了交易成本。在移动支付产业链中，移动运营商和银行作为中间层存在的作用不可或缺。考虑到其手中掌握的巨大用户群，则移动运营商和银行在整个产业链中将是极为重要的一环。

5.1.4 我国移动支付服务的特点

移动支付业务之所以能在日本、韩国得到快速的发展，主要是因此它具有很多传统支付方式不具备的优势。

首先，移动支付改变了传统的面对面交易的支付方式，使用起来灵活快捷，更容易被人接受。特别是年轻人，在越来越快的生活节奏的压力下，更倾向于使用便捷、与移动通信相关的服务。

其次，移动支付的交易成本大大低于普通银行柜台交易成本，节省了大量的时间和物质成本，在金融业竞争激烈的日韩，银行业也开始使用移动支付作为取得竞争优势的手段。

最后，移动支付调整了整个产业的资源配置，以前由金融系统独占的市场不得不向运营商进行开放，其结果对于双方来说是一个双赢的局面。移动运营商可以增加收益，银行业增加了客户源，可以集中资源进行专业服务的提升。

我国的国情与欧美、日韩不同，这也决定了我国的移动支付产业具有其自身的特点。一些在国外热门的业务在我国可能并不适用，如在日本和韩国受到欢迎的用手机购买小商品等一些小额支付业务，由于在中国缺乏在公众场所设置的自动售货机，因此无法对此做大范围的推广。而我国的实际情况是中小超市分布密集，可以有效地满足用户对小商品的需求，所以此类小额支付业务目前在中国还不具备大量普及的基础。

因此，我们就可以得到这样的结论，移动支付业务如果想被用户接受，就必须具备一些能够打动消费者的功能，并以此来改变用户的传统消费习惯。通过分析，可以对目前我国移动支付产业的特点作出以下总结：

① 我国移动支付多数采用 SMS 方式提供服务，移动运营商成为推动移动支付产业的主力军。

② 目前，移动支付业务绝大多数是安全级别要求较低的小额支付，由运营商代理收费。

③ 移动支付购买的商品以彩铃、彩信等多媒体商品为主，也有彩票购买、话费购买和公共事业代收费等业务，但多数处于小规模的状态。

④ 银行等金融机构在移动支付上还是保持了谨慎的态度，并在一定的范围内同移动运营商展开合作。

5.2 我国移动支付产业链的构成与主体

5.2.1 我国移动支付产业链的构成

我国移动支付产业链主要由移动运营商、金融机构、移动设备提供商、移动支付服务提供商、商家、用户等多个环节构成。我国移动支付业务具有自身的独特性，只有建立并不断完善产业链，移动支付业务才能获得健康的发展，产业链中的各个成员才能获得各自的利益和地位，从而实现共赢。

1. 移动通信运营商

移动通信运营商的主要角色是搭建移动支付平台，为移动支付提供通信渠道。移动运营商掌握着用户资源，是连接金融机构、服务提供商以及商家和用户的重要通道。在移动支付业务中，移动运营商的收益来源主要有三个方向：第一，服务提供商向移动运营商缴纳的使用费用；第二，用户使用 SMS、WAP 方式进行移动支付时，运营商对数据流量进行收费；第三，移动支付业务可以带动用户产生更多的数据业务需求，从而进一步加大增值业务的使用量。

随着移动通信技术的发展，语音业务的比重越来越小，因此移动运营商急于探索和开发新的数据类业务。短消息、彩铃、彩信、手机音乐以及手机下载等增值业务的顺利开展给移动运营商带来了巨额的利润，同时也给他们极大的信心去积极寻找下一个非语音增值业务，而移动支付很可能就是他们所要寻找的机会，也即下一个利润增长点。所以，他们对此是非常重视的，而且很多国家的运营商都开始了这项服务，我国三家移动运营商中国移动、中国联通和中国电信也都开展了类似服务，因为他们几乎控制着移动网络这项稀缺资源，所以他们在移动支付这条产业链中起着不可替代的作用。

现阶段移动支付通常由移动运营商来主导。移动运营商作为移动支付平台的运营主体，以用户的手机话费账户或专门的小额账户作为移动支付的账户，用户所发生的移动支付交易费用全部从话费账户或小额账户中扣除。在这种情况下，用户每月的手机话费和移动支付费用很难区分，其在当前移动支付所使用的领域单一、交易额不大的情况下尚可应付，而当使用范围及所涉交易额都进一步扩大时，一方面它可能会与国家金融政策发生抵触，另一方面它也缺乏足够的能力抵御金融风险。

2. 金融机构

目前银行机构提供的仅仅是其可以开展业务的一小部分，一旦银行采用手机号码与用户信用卡绑定的策略，银行就需要为支付平台建立一套完整的安全和支付体系。银行同移动运营商一样，也掌握了大量的用户资源，拥有强大的讨价还价能力和资金支持。金融机构可以从以下几个方向取得收入：第一，同移动运营商合作开展移动支付业务的利润分成；第二，用户在手机银行账户上的预存话费，为银行增加了储蓄；第三，减少了营业网点的建设，节约了成本；第四，通过移动支付，促进银行卡的使用，扩大用户数量。根据目前的移动支付系统和体系，银行起着辅助作用，但银行拥有自己的传统优势，即拥有全国范围以现金、信用卡及支票为基础的支付系统，且有较强的抗金融风险能力，并且在重要的相关服务中占据着垄断性地位。因此，银行应该在移动支付中发挥关键的作用。当前对银行而言，其机会与挑战就在于如何将其现有的服务连接到移动装置上去。

3. 设备制造商

设备制造商为移动运营商提供移动通信系统，为用户提供支持移动支付的终端设备，并且同时提供移动支付业务的解决方案。随着移动支付业务的发展，越来越多的设备制造商将和移动通信运营商结成伙伴关系，生产定制设备和终端。

4. 移动支付服务提供商

移动支付服务提供商是银行和运营商之间沟通的桥梁，实际上有些时候，移动运营商也会直接充当服务提供商的角色。独立的第三方移动支付服务提供商具有整合和协调各方面资源的能力，其存在的价值就在于为消费者提供更多适合的、市场反应良好的移动支付服务。

移动支付服务提供商的利润来源主要是通过向银行、商户、运营商收取技术使用费，为运营商招揽移动支付用户并提取佣金。

5. 内容供应商

内容供应商是移动支付中一个不可或缺的角色。它的范围很广，从网上机构（如提供网络游戏或电子邮箱从而向消费者收取少量费用的电子商务）到网下企业（如大众运输系统，它们可以提供终端，使乘客能够通过移动电话支付车费，并以此降低成本）都可以成为其中的一员。他们的用户群是一种不稳定的非长期资源，这种资源的不稳定性决定了供应商很难独立成为移动业务的主导者。但如果只有移动支付这种形式而没有东西可以支付，那么移动支付将永远停留在概念上。所以，运营商与内容供应商的合作是非常重要的，在运营开放的前提下，内容才能丰富，用户才会跟进，整个行业才能做大。

6. 商家

商家在移动支付的产业链中基本上属于从属地位，它提供相同于传统支付的产品和服务，其主要的作用在于通过部署便捷的移动支付终端，减少支付的中间环节，提高用户满意度，从而扩大移动支付的使用范围。它的利润仍主要来自自身的商品和服务，同时也可以通过同运营商签约某些商品的特约经营权而同运营商进行分成。

7. 用户

用户是移动支付服务的最终使用者，他们的使用习惯和接受程度是决定移动支付产业发展的重要因素。同时，众多的用户数也使消费者具备了较高的讨价还价能力，因此，他们是运营商和金融机构不可忽视的力量。

5.2.2 移动支付产业链的分析

1. MBank 业务介绍

2004 年 3 月，韩国 SK Telecom 推出了 MBank 业务，通过搭载用户信息的内置芯片，自由使用余额查询、汇款、现金提款服务、信用卡服务、交通卡服务的业务。从 2004 年 4 月开始到 9 月，短短的几个月里，SK Telecom 已经销售了 130 万部支持 MBank 业务的终端。实践证明，这是 SK Telecom 推出的一个成功的业务。那么移动电子商务产业链的各个环节在其中是如何发挥其作用的呢？

2. 移动支付产业链各环节的分析

（1）顾客需求是业务开发的基础

对于顾客而言，借助手机银行进行一般的交易活动可以节约他们在柜台的等候时间，而且无论何时何地都可以进行余额查询、汇款、支票查询、信用卡、提款等金融业务，减少很多局限性。因为 IC 芯片中有用户的金融信息，在使用移动银行业务时无需再录入烦琐的信息，按一个按键就可直接连接，省去了很多麻烦。正是基于手机银行业务的这些优点，韩国 SK Telecom 公司认为这将会是一个有发展前景的业务。

从韩国国民银行来看，通过移动银行业务，可以减少银行职员处理一般交易的数量，而且以手机进行的交易仅为面对面的交易成本的五分之一，因此可以减少其运营成本。

（2）应用和内容提供商与银行共同合作促进业务开展

为了提供 MBank 业务，到 2004 年 9 月 30 日，SK Telecom 已经和包括 KB、NACF 和 KorAm 银行在内的 11 个银行建立了战略联盟关系。

SK Telecom 和 KB 合作推出 MBank 业务，支持 MBank 业务的终端通过 KB 分布在全国的 600 家分店提供给用户。为了成功推出这项业务，这两家公司从 2003 年 7 月就开始了合作，SK Telecom 和 KB 建立的联盟为发展基于芯片的移动银行业务打下基础。除了 MBank 业务，SK Telecom 还和 KB 合作提供彩票即时购买业务和证券交易业务等。

（3）终端制造商加强终端供应的保障

SK Telecom 的业务和终端是协调共进的，这一方面得益于该公司自身的手机制造部门 SK Teletech，另一方面也和 SK Telecom 与 Samsung、Pantech & Curite、LG 电子有着良好的合作关系密不可分。

通过成立 SK Teletech，SK Telecom 可以保证从业务内容的规划、技术规范的制定和测试，直至手机的适时推出都能自己掌控，而不受控于其他手机制造商。SK Telecom 为了保障该业务的顺利推出，SK Teletech 于 2004 年 7 月推出支持 MBank 的手机。这些手机通过和 SK Telecom 合作的银行分布在全国的 600 家分店提供给用户。此外，和 SK Telecom 具有合作关系的手机厂商也积极推出支持 MBank 功能的终端。

（4）低价策略培育业务市场

SK Telecom 通过发掘最大的顾客价值来快速建立和培育业务市场。MBank 采取了低价策略，通过提供高质量的顾客收益但收取较低的价格来提高业务的吸引力。用户每月只需交纳 800 韩元，不收无线互联网费用，不限使用次数（仅限与 MBank 相关的服务）。

虽然以上从移动支付价值链各个环节在业务发展中的作用和角色对 SK Telecom 开展的 MBank 业务进行了分析，但是，业务的顺利开展是一个复杂的系统，包含了更多品牌策略、细分策略、促销策略等。

5.2.3 我国移动支付产业链主体分析

前面介绍了构成移动支付产业链的六个要素环节，而在整个产业链中，不同的要素由于各自所处地位、实力、利益需求不同，都有各自的定位和发展方向，本节就对各个要素进行简单的分析。

1. 移动通信运营商

移动运营商凭借用户群优势和品牌效应可以在用户中产生强大的吸引力，对用户来说，他们是值得信赖的业务提供者。中国移动和中国联通同他们的用户具有长期的支付契约，具备开展移动支付业务的基础。

移动运营商在移动支付中是非常重要的环节。移动运营商为移动支付系统提供包括语音、短信、WAP、CDMA 等方式的支付手段；同样，移动运营商有能力为不同类别的移动支付业务提供不同级别的安全保障。从这个意义上说，移动运营商控制着移动支付系统的运行。

移动通信运营商的不足之处在于，他们对移动支付业务内容的开展方面经验不足，对市场的反应较慢，需要一些独立的移动支付服务提供商来协助其进行业务开发。这种情况同移动增值业务刚刚开展时极为相似，即由移动运营商提供网络支持，众多的 SP 提供内容上的服务。而不同之处在于目前移动支付的产业链中涉及到银行开展的业务发展缓慢，因此在产业的初期由移动运营商领衔开展的业务无论是从内容、范围还是交易金额上来说都较小。

随着移动支付业务内容的延伸，移动运营商必将触及到移动支付的核心领域，即由银行等金融机构主导的大额金融资金转账服务。由于监管政策的限制，运营商需要同银行进行合作来进入这一领域，同时，随着移动支付交易额的增加，移动小额支付也会给移动运营商带来欺诈和坏账的风险，而移动运营商在这方面的风险规避和管理能力非常薄弱。因此，移动运营商就不得不同银行机构合作，借助其雄厚的资金和技术合作开展业务，同时也可以规避监管政策的风险。

在整个产业链中，移动运营商主要通过以下几个途径获取利润。

① 用户进行移动支付时，只要是使用了移动运营商的网络，无论是采用 SMS、WAP 方式，还是进行电子化产品的下载，都会产生数据业务流量，从而需要向移动运营商缴纳相应的费用。

② 同短信收益的模式相似，移动支付的第三方支付服务提供商需要挂靠在移动运营商的移动通信网络之上，因此就需要向移动通信缴纳一定的佣金。

③ 移动支付业务可以刺激用户产生更多的数据业务需求，增加其对媒体业务、电子化产品的下载量，从而也增加了移动运营商的收益。

④ 移动用户为了使用移动支付业务，就需要在运营商那里存储专用的资金由于用户基数的效应，这笔资金总额非常可观，移动运营商可以将其投入到各个方面的建设中，从而带来更多的收益。

从以上内容可知，移动运营商拥有自身的优势，他们有能力在移动支付产业链中成为主导者。

2. 金融机构

移动支付业务涉及金融交易，必然要面临来自金融行业部门的监管。因此，为了规避工商行政管理和金融政策的监管，移动运营商推出的小额支付一般都采用了手机用户先通过银行在专门的账户里预存金额再进行消费的方式。通过这样的做法，移动运营商可以规避吸纳储蓄的嫌疑，回避金融监管部门的干涉。但是，移动支付业务的延伸必将触及到大额资金转账的领域，而产业链的延长也会给银行等金融机构进入移动支付领域带来机会，它们理所当然的需要分得自己的那块蛋糕。银行可以从移动支付业务中获取很大的利益，主要体现在以下几个方面：

① 银行通过移动支付业务可以提升银行的传统金融业务的服务功能，可以吸引更

多的储户和资金，提供更多的信贷服务。

② 银行与移动运营商合作，将手机号码同银行卡绑定之后，将刺激银行卡的使用，为移动银行提供更多的用户数量，从而扩大信用卡的年费收入；同时，与移动运营商就移动支付业务的结算也可以为银行增加不小的收益。

③ 通过移动支付业务，银行可以降低经营成本，把一些非营利性的代收费服务的柜台过渡到电子支付平台。通过移动支付业务的开展，移动支付终端的普及也对银行设置的 ATM 机等设备产生替代作用，从而节约了大量的资金。

④ 银行用户本身就具有一定的客户勃度，通过移动支付业务的开展，银行可以为用户提供一些附加值，从而提升客户对银行的忠诚度。

银行的资金结算体系将使银行成为移动支付的重要参与者，同时，银行单独作为运营主体也存在一定的弊端：

① 各银行提供的移动支付业务在银行之间不能互联互通，这在一定程度上会限制移动支付业务的开展。

② 各银行如果需要自己独立开发移动支付系统则需要购置大量的设备，而开发系统软件无疑将投入巨大的成本，各银行自建系统还将造成资源的浪费。

③ 正常情况下，每个用户只拥有一部手机同一家银行的信用卡绑定，这样用户将无法享受其他银行的服务。

④ 银行，特别是银联，作为金融秩序的规范者如果参与到支付平台运营中就会形成一种“既是运动员又是裁判员”的尴尬局面，利益分配问题也由此产生，从而会引起其他参与方的不满。

因此，在移动支付产业链中，银行不可避免的需要占据领导地位，而移动运营商第一次遇到了同自己具有相同甚至更高议价能力的对手。这是因为，在结算方面用户还是更加依赖于银行，而不是移动运营商，同时，银行拥有交易清算的经验和强大的数据支撑平台。而银行独自开展移动支付业务也有一定的困难，并且会引起产业链中参与方的不满。因此，银行同其他参与方如何合作并建立合理的利益分配机制将是影响移动支付产业链的关键。

3. 移动支付服务提供商

在移动支付应用中，需要构建包括支付网关、客户钱包、商家账号和结算系统等组成的移动支付服务系统，它需要提供两方面的接口，一是与移动通信网络挂靠的终端设备识别与管理，二是同银行等挂靠的业务接口与管理。这些功能需要由移动支付服务平台来提供。

第三方移动支付服务提供商在移动支付产业发展的进程中具有非常重用的作用。移动支付服务提供商可以整合产业链的资源，在移动运营商和银行之间建立桥梁，并最终向商家和消费用户提供移动支付服务。其主要的特点如下所述。

① 银行、移动运营商、支付服务提供商之间可以进行明确的分工，而且，移动支付服务提供商可以起到插转器的作用，调和银行、运营商、用户等各利益群体之间的关系，将业务的用户界面仅仅限定在自己这个领域中，从而可以提高整个业务流程的效率。

② 移动支付服务提供商可以解决不同银行之间的移动支付业务无法互联互通的状况，通过资源整合，在银行和 SP 之间交叉推广各自的服务，从而可以实现跨行的移动支付交易。

③ 业务的不断发展对移动支付服务提供商的要求也逐渐增高，需要其在市场推广、技术研发、资金运作等方面都具有较强的感召度和认知度。

移动支付服务提供商也是移动支付产业链中最活跃的因素，它们是该业务的积极推动者。在欧洲，最早开始提供手机支付服务的不是移动运营商，而是一些第三方门户网站。在国内，也有联动优势、广州金中华等一批移动支付服务提供商，它们都致力于整合移动运营商和银行的资源，为用户提供移动支付服务。独立的移动支付服务提供商主要通过两种途径获取利润：一是向移动运营商、银行和商户收取技术使用许可费；二是与移动运营商签订协议，由移动支付服务提供商进行市场和业务开拓，为移动运营商开发签约用户，再与移动运营商对用户使用移动支付所缴费用进行分成。

从目前情况来看，移动支付服务提供商的存在是必要的，并且对移动支付产业有很大的推动作用，因为用户的需求是多样性的，琐碎并且缺乏规律。移动运营商由于拥有巨大的用户基数，在市场反应和业务开拓上就像一头笨象，有时候它的力量和资源使用不到最恰当的地方。移动支付产业链涉及到银行业、移动运营商等多个参与方，独立的移动支付服务提供商作为缓和矛盾的桥梁，可以协调各方的利益关系。更重要的是，通过这种方式，移动支付服务提供商开始进入金融行业，从而触发金融支付领域深刻的变革。

由于移动支付服务提供商最终为商家和消费者提供移动支付服务，因此目前中国移动和中国联通两大运营商都倾向于做移动支付业务的服务提供商（主要采用合资合作建立第三方支付平台的形式）。同时，银行的交易和结算功能也使得银行自己也可以扮演移动支付服务提供商的角色，出于维护自身利益和规范金融秩序的考虑，银行等金融机构也将触及这一领域。

4. 移动支付设备提供商

移动支付设备提供商在移动支付整个产业链中基本上处于下游，具有相对稳定的利益。随着移动支付业务内容和实现方式的不断进步，对支持移动支付的新系统设备、终端、应用软件等的需求也不断增加。而移动支付又是一种技术驱动型的产业，因此，硬件设备制造商和软件开发商将成为移动支付的积极推动者。

随着移动通信由 2G 向 3G 的升级以及移动数据业务的迅猛发展，移动设备制造商在提供移动通信系统设备的同时，也提供了包括移动支付在内的数据业务平台和业务解决方案，形成了产业链中活跃的一极。

在终端上，目前主要的移动设备制造商如爱立信、西门子、诺基亚等都推出了各自的移动支付解决方案。如今，具有 STK 功能的 SIM 卡日益普及，手机等终端设备也可以提供方便用户使用的个性化人机界面和定制菜单，通过 Java 等方式允许用户自由下载并安装各种应用程序。目前开发中的嵌入式条形码阅读器将解决移动支付中的数据录入问题，可以使移动支付的过程更加简洁和安全。

随着产业链的建立，移动支付设备提供商和移动运营商的责任分工将明确，二者有可能形成某种联盟形式，移动终端的采购将更多地采用由移动运营商定制的方式进行。

5. 商家

商家是移动支付产业链中比较微妙的一环。商家是与用户发生交易的主体，无论是移动运营商和银行都无法绕开商家独自建立产业链。但是从目前情况看，我国商家对于移动支付业务的推广并不积极，而且商家由于自身的限制也很难成为移动支付产业的主导者。

对于我国零售业来说，目前传统的商业模式无论是在业务量还是交易可信度方面都占据绝对的优势。相对于移动运营商和银行来说，商家掌握的资源最少，其用户群存在很大的流动性，无法建立一种长期的契约关系，因此用户拓展和交易的成本就很高。但是，商家在宣传和对用户的影响力上具有银行和移动运营商不可比拟的优势，毕竟移动支付从本质上来说还是商品的销售。因此，商家就处于比较微妙的位置，他们是否参与移动支付和参与的领域会影响用户对移动支付业务的选择。

商家的类型是多种多样的，可以是商场、电影院、超市，也可以是网站、电影院等。对于传统商家而言，在商场和零售店部署移动支付系统，在一定程度上可以减少支付的中间环节，从而降低经营、服务和管理成本，提高支付的效率。另外，移动支付可以获得更高的用户满意度，提升企业的核心竞争力。对于一些新兴的商家，如电子商务网站，移动支付不仅提升了他们的主要竞争力，也成为其业务的主要支柱。例如，各大网站目前都将短信收入视为利润的主要来源，而手机支付则是收费邮箱的主要收费渠道。

综上所述，对于一些商家，移动支付作为目前传统支付手段的有益补充，不仅可以拓展客户，增加营业收入，还可以减少成本，因此这些商家是愿意支付一定的交易佣金的，而那些互联网电子产品提供商、彩票商等则更愿意参与到移动支付的产业链之中。

6. 消费者

消费者是移动支付的使用者。操作是否方便、支付是否安全是移动支付能否吸引消费者的关键。当消费者形成用户群之后就具有了一定的议价能力，从一定程度上可以影响移动支付业务的发展，甚至是监管政策的调整。

从业务使用的角度看，我国目前移动支付业务中使用次数最多的业务是小额支付，但是同银行卡绑定的相关业务在未来几年具有相当的增长潜力。因此，移动支付的提供者需要把握用户的需求，在终端上提供方便的互动操作界面，在扩大小额支付业务的同时，在系统设计上提供开放的接口，从而为移动金融增值服务提供方便的集成功能。

5.3　移动支付产业价值链的发展

随着 3G 时代的到来和移动电子商务的发展，手机已经不仅仅局限于语音和短信功能，越来越多的数据应用应运而生。目前，各国的研究机构和相关企业的研发部门越来越关注于移动支付的应用。在全球手机发展最快的东亚地区，移动支付正在表现出惊人的增长。有专家称，未来，移动支付将会成为消费者生活中不可或缺的一部分。用手机代替现金、支票及信用卡来进行支付将改变移动支付手段的应用，也会改变消费者的消费方式，造就一场支付领域内的革命。

5.3.1 移动支付链在欧美的发展

目前，电子支付已经成为欧美国家主要的支付手段，现金乃至支票都不再是主流的交易手段。手机移动支付这种先进的支付方式在欧美国家也得到了广泛的推广和应用。在美国、德国、瑞典、奥地利、西班牙、英国、法国等国家，移动支付已经开始全面应用，并逐渐成为流行的支付方式。据美国市场调查公告 Yankee 集团进行的市场调查显示，2006 年，亚太地区的手机购物市场达到 548 亿美元，有大约 3 亿人用手机购物。移动支付作为新兴的费用结算方式，由于其方便性而日益受到移动运营商、网上商家和消费者的青睐。在韩国，已经有越来越多的移动用户通过手机实现 POS 支付、购买地铁车票以及进行移动 ATM 取款。目前，用户可以用手机办理各种金融服务，并且由于结算信息的密码化，这些服务具有很高的安全性。在日本，NTT DoCoMo 等移动运营商均把移动支付作为重点业务予以积极推进。据统计，目前在使用 Felica 手机的用户中，60% 的用户每周都会至少使用一次支付功能。在欧洲，随着 3G 商用进程的逐步加快，各大移动运营商也在积极推广移动支付业务。比如，从 2004 年 5 月开始，芬兰国家铁路局在全国推广电子火车票，乘客不仅可以通过铁路局网站购买车票，还可以通过手机短信订购电子火车票。

5.3.2 移动产业链在日本的发展

一般而言，移动运营商主导产业价值链的实现方式主要有两种，其一为技术手段，其二为经济手段。日本和韩国的移动运营商在全球最早进入移动支付领域，不仅取得了成熟的商用，而且成为移动支付产业的主导者，并因此成为全球移动运营商心目中的典范而被竞相模仿。

日本移动支付发展迅速，其主要的推动力是日本的移动通信运营商，它们在整个产业链中处于中心环节，利用了自身的优势地位，整合了下游设备提供商的资源，联合上游的银行机构开展移动支付业务。

日本的 NTT DoCoMo 在移动支付产业主导地位的打造经历了两个阶段，全面应用了技术、经济这两种手段。首先，NTT DoCoMo 以我为主地建立了联盟技术平台。2004 年，NTT DoCoMo 即推出 i-Mode FeliCa 手机钱包服务，并采取了成立移动支付联盟、建立 Felica Networks 平台等一系列措施牢牢掌控住了产业价值链。其次，NTT DoCoMo 通过收购、控股的方式，深入银行业，从而为移动支付应用市场的开拓铺平了道路。例如，NTT DoCoMo 于 2005 年收购了日本第三大银行三井住友金融集团信用卡部门 34% 的股份，双方联合推出 ID 借记卡移动支付业务，从而进入了开放式移动信用卡市场，增强了对其他金融企业的吸引力；2006 年，NTT DoCoMo 又收购了瑞穗银行信用卡业务 18% 的股份，推出 iD 清算平台，并在这个开放的平台上推出了 DCMX（DoCoMoX）品牌的移动信用卡，正式进入消费信贷领域。通过控股与收购，NTT DoCoMo 与银行业之间的合作变得十分紧密、顺畅，在推动移动支付产业发展的同时，其自身在产业价值链中的主导地位也被牢牢树立起来。

5.3.3　移动产业链在韩国的发展

从2002年开始，韩国的三家主要移动运营商LG，Telecom，SK Telecom都开始大规模开展手机——红外手机的支付业务，主推的是移动小额结算。2003年9月，三家移动运营商又与银行合作推出移动银行业务。移动电话小额结算服务是用户在互联网上购物或者使用服务时，通过输入自己的手机号码和认证号码，在下个月的手机话费中一起结算的一种服务。小额结算的最大优点是可以不用用户输入信用卡号码，减少了个人信息泄露的危险，而且使用方便，因此大大推动了韩国移动支付业务的推广和发展。到2004年底，韩国移动电话小额支付的市场已经超过8 000亿韩元。2005年底，韩国所有的商业银行都提供手机银行业务，在线银行账户达到2 400多万。包括通过手机交易在内的互联网银行的交易已经超过了传统的银行自动提款机的交易。同样，在2005年底，韩国移动银行用户数超过了1 000万。根据韩国中央银行2006年公布的数据显示，2005年通过移动电话完成的银行业务量平均每天达到28.7万笔。

韩国的移动支付业务能够得到如此迅猛的发展，主要的原因在于韩国的移动运营商和银行业敏锐地把握到了移动支付这一新的电子交易方式，对它高度重视，投入了大量的资源，并且形成了一条完整有效的产业链。在韩国，手机用户数量要超过拥有电脑的人数，而使用手机支付处理业务的费用仅仅为银行柜台处理业务费用的1/5，因此韩国银行从成本的角度考虑，纷纷向用户推广移动支付业务；同时，韩国的移动运营商每个月可以从移动银行用户那里收取0.7美元的服务费；更重要的是，运营商与银行合作之后，银行的营业点也成为了运营商进行手机销售和服务的营业点，成为运营商利润的增长点。就此，银行和移动运营商构成了双赢的局面。

5.3.4　移动产业链在中国的发展

将移动支付功能集成于SIM卡上，也是移动运营商赢得主导地位的有效径。这种集成，首先打破了要使用移动支付业务就必须更换手机这一障碍；其次，运营商不仅可以掌控产业价值链，而且还可以在此基础上创新出更多种类的业务，如定向营销等。在2008年中国国际信息通信展览会上，中国联通即展示了将非接触式技术集成到SIM卡上的“单SIM卡移动支付解决方案”，以卡、阅读器、点对点三种业务模式，实现手机支付、身份验证、防伪、广告、信息交换等多种应用。

移动支付产业的另一积极推动者——银行业对于移动运营商造成了很大的压力，但反之也加快了移动运营商拓展的步伐。例如，VISA不仅正在全球推行移动支付战略，而且将触角不断向产业价值链的更多环节延伸。

尽管电信业、银行业正在各自热火朝天地“以我为主”地发展移动支付业务，但整个产业的发展必须立足于长远考虑。对于移动支付而言，其更大的意义在于移动化所带给人们的便捷体验。从这个角度出发，电信业应当在其中发挥主导性作用，通过与银行业的密切合作以及整合产业价值链，最终将这种便捷体验提供给用户；与此同时，以电信的网络作为保障，提供支付所必需的高安全性。银行业，则扮演SP/CP的角色，通过与电信业的合作，进入一个全新的市场而获得新的利润增长空间。

移动运营商拥有整合产业价值链的天然优势。从移动话音业务到移动数据业务，通过推出音乐下载、手机游戏等应用，移动运营商对于整合诸多环节的产业价值链积累了丰富的经验。对于银行业而言，移动通信是一个全新的领域，在设备、终端、应用等环节面临重重考验。如果全部从头做起，必然会产生投入与产出的极度不均衡。但是，如果作为SP/CP与移动运营商合作，就能够获得最佳的投入产出比。因此，电信业与银行业的开放合作成为发展的必然趋势。

中国移动支付业务开展于1999年，中国移动通信集团公司与中国银行、中国工商银行、招商银行合作，在北京等17个省、市开通移动支付业务。到目前为止，中国移动已在全国20几个省开展了此项业务，用户已近10万，月交易量近万次。中国移动支付业务历经2002~2004年不温不火的发展过程，自2004年下半年以来，若干主要的第三方移动支付运营商的业务有放量增长的趋势，这使得移动支付业务的地域覆盖范围越来越广，产业链其他环节也越来越积极的寻求合作机会，尤其是运营商将其看作是增加用户黏性，进行客户挽留的最佳时机，从而促使移动支付得到进一步的发展。随着越来越多的年轻人使用手机作为语音交流、短消息服务及其他应用的工具，他们对移动装置的使用和熟悉也会自然而然地延伸到财务交易阶段。

相对于东亚和欧美的移动支付业务，中国也拥有自身的特点。首先，我国拥有全球最大的手机用户市场，这是我国发展移动支付业务具有其他国家不可比拟的先天优势。截至2007年12月，我国手机用户达到5.47亿户，稳居世界第一，手机普及率达到42%。据易观智库最新数据显示，2011年第1季度中国市场移动互联网用户规模达3.43亿人，2012年将突破6亿大关，并超过互联网用户数。而CNNIC最新统计数据显示，国内手机用户数量已经逼近9亿，这意味着手机客户端的潜在用户群接近9亿。如果把手机用户总数作为移动支付发展基数，那么只要有10%的手机用户使用移动支付，就会同时产生近5 400余万个移动支付用户和手机支付终端。因此，我国的移动支付市场的潜在发展空间是全球其他任何一个国家所望尘莫及的。

其次，目前我国移动支付市场成熟度正从预热期步入起步初期。相比全球发展移动支付业务的步伐，我国步入移动支付市场预热期的时间相对晚了几年。起初，主要以手机账户支付为主，由移动通信向内容提供商提供消费者的账户服务，当消费者在网上下载铃声和图片时，需向内容提供商支付一定的费用，这笔款项由移动通信代收，并从消费者的话费账单中扣除，同时移动通信再向内容提供商收取一定的手续费。从2000年开始，我国出现了基于移动通信与商业银行合作而推出的银行卡账户支付的手机银行业务，主要围绕个人账户管理、缴纳手机费等缴费业务。2003年起，我国移动支付参与者开始增多，市场上服务供应商的数目逐渐庞大起来，以第三方为主体运营移动支付平台的模式在国内兴起，出现了手机号与银行卡号绑定的移动支付模式。

目前，在我国现阶段，国内移动支付服务主要的推动力量来自移动运营商。移动运营商和金融机构采取的合作方式主要分为以下三种：建立合资公司进行专门的移动支付运营，如中国移动和中国银联合资的联动优势；建立战略合作关系，如中国联通和中国银联的合作；第三类是第三方支付平台推动的运营商和银行之间的合作，目前主要是各类公共事业费用的收取。国内用户通过移动支付可获得的商品或服务包括水电费等公共事业费用、移动话费的缴纳，具有额度限制的保险、网上教育等费用的缴纳，游戏点卡等虚拟卡的购买和彩票和电影票等票务的购买。移动支付的技术实现方式主要是短信、WAP、USSD、JAVA、BREW 或者 IVR 方式。

总之，随着移动支付产业链各方的不断努力与合作，移动支付正逐渐走向成熟。我们应当看到，移动支付业务的开发是跨行业合作的产物。要推动移动支付业务的发展，必须构建一个由移动运营商、移动支付平台运营商、行业商户、银行、最终用户等环节组成的良性循环的产业价值链，而这，取决于产业链上所有参与者的共同努力。

跨行业合作是移动支付产业向前发展的必然选择。移动运营商应成为合作的主体，充分发挥已有的整合产业价值链各环节的能力。同时，移动运营商可以充分借鉴银行业在前期发展移动支付应用的创新之处，例如向手机操作系统添加移动支付软件、集成 GPS 功能进行导购等。在电信业和银行业的共同推动下，移动支付必将掀起应用的新高潮。

5.4　移动支付产业链的问题与态势

5.4.1　我国移动支付产业链的问题

作为在国内刚刚起步的产业，移动支付的产业链还没有完全地建立和有效地连接起来。如何打造一个健康的移动支付产业链，将是目前移动支付产业发展最重要的问题。对比国外成功开展移动支付业务的成功经验，目前我国移动支付产业链在形成和构建中主要存在以下的问题：

1. 政策监管滞后

政府与监管是移动支付发展的关键因素。相关政策不明朗，监管滞后，使得第三方支付平台林立，虽然这些平台对市场具有很大的开拓作用，但是其格局和竞争较为混乱。而我国的支付和结算业务一向属于银行等金融机构的业务范围，移动运营商在开展移动支付业务时对于自身是否越线经营没有明确的把握，是必会存在疑虑，因此从风险的角度考虑会徘徊不前。我国开展较快的小额支付业务从业务层面看就属于监管的灰色地带。

2005 年 6 月 10 日，中国人民银行清算司发布了《支付清算组织管理办法》意见征询稿，给了电子支付市场一个明确的信号，移动支付市场也不可避免会受到影响。监管政策的不断出台有助于移动支付市场秩序的整顿和维护，同时也将为移动支付产业链的建立提供良好的环境。

2. 移动支付主导权的争夺

巨大的用户数和移动支付流程中的强势地位使得移动支付产业链的主导权只能由移动运营商或者银行来掌握。对于移动运营商来说，发展手机市场具有很大的吸引力。但是银行机构担心移动运营商通过这项业务控制银行所管辖的金融交易过程，因此在交易的过程中双方容易引发矛盾。移动运营商具有设备和技术上的优势，银行具有风险管理的强项，双方看到移动支付的发展前景，都力图在产业链中占据主导位置。就我国目前的情况来看，移动运营商是移动支付的推广者，银行业基本处于观望的守势。银行担心运营商抢了自己的饭碗，运营商担心建立了平台最后落得了只为银行作通道的下场。但是巨大的利益诱惑使得双方都会加快在移动支付领域的前进步伐。因此，双方在疑虑中合作，在合作中竞争。国外移动支付业务的发展证明，合作才能共同获利，而在这个过程中，谁越主动承担责任，越可能掌握主动权。

3. 商业模式不清晰

从传统的购物交易到移动支付是两种截然不同的商业模式。自从移动支付业务被引入我国，移动运营商、网络公司、银行、软件商、设备商等都加入到移动支付市场的竞争中来，移动支付产业链初步形成但并不成熟，没有清晰的商业模式，参与其中的各方在整个产业链上的位置都没有最终确定，矛盾集中在究竟谁是产业龙头，谁能成为产业链上直接面对最终用户的关键一环。要打造成熟合理的产业链，就必须探索适合我国国情的移动支付商业模式。

4. 技术安全的问题

移动支付作为一种电子支付的方式，用户在使用的过程中容易产生两点疑虑，一是虚拟性的交易特点容易使客户对交易的安全性产生怀疑，二是用户还比较习惯传统的一手交钱、一手交货的方式。用户对安全性的担忧将会影响移动支付产业的发展。由于移动支付涉及到用户的个人银行账号，一旦出现交易失误，将会对用户造成很大的损失，从而大大降低用户对移动支付业务的信心。因此，运营商必须保证无线数据传输的安全性，银行需要对账户信息和用户身份进行安全认证，给用户一个放心的和安全的支付环境。

5.4.2 移动支付产业链主体的竞争

电子银行和手机钱包已经让移动支付走入我们的生活，移动支付也成为最具吸引力的潜在市场，成为业界的焦点。人们对手机的依赖性越高，移动支付将越来越普及。

1. 移动支付腾空升起

我国现在的金融服务资源还相对不足，便捷性也不够。中国银行业监督管理委员会2009年年报的数据显示，2009年末，中国人口超过13.3亿，银行业法人机构达3 857家，营业网点近19.3万个，从业人员约284.5万。但从人均银行服务资源看仍是不足，平均一个网点对应7 000人左右，一个银行从业人员对应490人，如果仅算柜面服务人员的话，平均一个柜员至少要对应1 000个客户左右。在广大农村地区和贫困地区，金融服务资源更有限甚至为零。我国目前仍有2 000多个乡镇没有金融机构网点，属于金融服务的空白地带。银行网点服务不仅资源有限，在时间便利性方面也有限，并不能提供全天24小时服务，通常是从上午9点到下午5点。ATM机和网上银行等自助设施的资源也相对有限。2009年末，全国ATM机约21.49万台，平均每台ATM对应6 210个人。而移动支付有着深厚的用户基础。工业和信息化部的数据统计显示，截至2010年9月，我国国内手机用户达8.33亿户，普及率为62.5%，并呈现不断上升的趋势，这为移动支付业务的发展奠定了良好的基础。中国银联的统计数据显示，截至2009年底，我国已发展移动支付用户1.47亿户，其中与银行卡关联的移动支付约2 200万户，剩余的 1.25 亿则采用移动话费账户代扣的方式。具有频率极高、金额很小等特点的小额支付、微支付与居民生活密切相关，现在仍然以现金方式完成。虽然，像北京市的交通一卡通等微支付方案已得到了很好的应用，每天交易达 1 600 万人次，但绝大部分日常生活中的微支付，如超市、便利店、停车场、小商品市场、菜市场的支付等问题没有得到解决。非现金支付工具在微支付领域的缺位以及移动支付终端的低成本投入和处理环节的便利性都将引导消费者选择移动支付。

2. 移动支付从竞争到合作

目前，移动支付产业链的核心成员包括金融机构、电信运营商、第三方支付平台。三种角色之间有竞争，也有合作。

银联和各商业银行拥有众多的客户，其优势是基于完善的支付服务基础设施为用户提供可靠可信的账户管理、结算和清算。目前，我国的大、中型商业银行都有手机银行，提供短信通知、账户查询、资金转账及缴费等服务，并都在广泛与移动运营商合作开发手机近场支付。而中国银联利用银行卡信息转接平台，充分与银行、移动运营商合作，积极推进移动支付受理终端的布放和改造。

移动运营商拥有安全的通信渠道，拥有庞大的手机用户资源和便捷的服务终端。近年来，中国电信、中国移动和中国联通在移动支付领域都有成功的实践，如中国移动的手机钱包业务，电信在浙江、四川试点的手机小额支付，以及联通和交通银行合作推出的联名 IC 借记卡在上海世博园内实现了“机不离手、一刷即付”的功能。

而第三方支付平台是移动支付产业链的创新生力军，它们具备超强的用户亲和力，其优势在于能够提供更符合用户支付习惯的创新业务。例如，支付宝除了具有网上购物支付功能外，还能实现水、电、气费的网上缴费功能。

如果产业链以金融机构为主导，目前主要是以银联为主，实际上是由中国银联向用户提供移动支付服务，电信运营商只作为管道存在，或者中国银联绕过电信运营商直接向最终客户提供移动支付业务。

表 5－1　　三种支付方式的区别

支付方式	现金支付	银行卡支付	移动支付
便携性	低，需携带大量现金	中，携带多张银行卡	高，携带手机
时间成本	高，只能现场，需找零	中，只能现场，无需找零	低，现场/远程皆可，无需找零
安全性	低，易被偷盗	高，密码保护	高，密码保护
功能丰富性	低	中，支付/积分	高，可做多种支付/身份识别积分等
互动性	无	中，语音/WEB	高，通过手机随时查询、充值、支付、支持互动营销

如果是以电信运营商为主导，那么电信运营商既是移动支付业务数据传输网络的提供者，又是移动支付账户的管理者，电信运营商直接向用户提供移动支付服务。

如果是以第三方支付平台为主导，那么就是第三方支付平台利用电信运营商的通信网络资源和金融组织的各种支付卡进行支付的身份认证和支付确认。目前，国内支付宝、易支付等已经开展相关业务，而电信运营商则作为管道存在。

2010年，移动支付产业链主导权的争夺非常激烈，尤其是中国银联、中国移动、中国电信和中国联通之间的争夺。在现场支付场景中，中国移动选择了RFID-SIM技术，中国电信和中国联通选择了SIMPass技术，而中国银联选择了智能SD卡解决方案，各方都试图掌控产业链主导权。关于标准之争，2009年中国移动主推2.4GHz，而其他家都是采纳13.56MHz。经过一年多的标准之争，在主管部门的协调下，有消息称，中国移动已经转向采纳13.56MHz技术方案。业内人士推测，移动是迫于应用的成本压力才转变的，因为银联主导的手机支付标准适用于大部分现有的POS终端机，而2.4GHz标准则意味着要花费巨大的成本改造POS机等终端。

5.4.3 移动支付市场的协同

2011年，在相关主管部门的协调下，合作是移动支付领域的主旋律。但有着各自的博弈筹码和战略打算的三方成员，势必会在2011年的移动支付市场上继续合纵连横，相互牵制。移动支付对于电信运营商有着重大意义，它是通信产业发展第三波浪潮，是继话音业务、信息娱乐类业务之后，运营商的下一个赢利中心所在。日本最大的电信运营商NTT DoCoMo就把移动钱包看做拉动移动通信增长的第三波主要力量，不断推出支持钱包功能的手机，使用户一直留在网内，从而保持了大量的话务量和业务收入。

可以预知，移动支付这块蛋糕必将是电信运营商争夺的焦点。围绕个人衣食住行等各方面的交易需求，运营商必将通过移动支付把移动通信融入到用户工作和生活的方方面面。

中国银联产品创新部资深经理嵇文俊在论坛上介绍，手机支付现在其实还很难赢利，只有用户量和交易规模达到一定数量级才有可能赢利。在目前很难赢利的情况下，产业各方参与的动力是移动支付的大好前景，大家要规划好各方职责、分工定位和利益分配，才能更好地推进产业发展，这一过程非常复杂，非常困难。

同时，搭建良好、易用的手机应用环境是最关键的问题。产业各界应该把力量集中起来，打造应用商城，完善现场支付环境。对银联而言，通信运营商是其目标一致的合作伙伴。银联希望通过推广手机支付扩大交易规模，获得更多的交易手续费。而运营商则是为了获得更多的增值服务收入，其前提也是更大的移动支付市场规模。运营商出用户，银联出终端，它们有动力共同打开市场。

第三方支付和运营商、银联、银行等不一样，第三方支付一切都得靠自己打拼。不过，凭借自己超强的用户亲和力，提供更符合用户支付习惯的创新业务，第三方支付平台是移动支付产业链的创新生力军。在韩国，移动支付市场启动的推动力很大程度来自于第三方支付企业，例如Danal、Mobilians等，他们首先发现许多喜爱购买游戏装备的年轻人没有信用卡，也没有大量现金，于是它们推出手机支付购买游戏装备的服务，虽然手续费很贵，但仍大受欢迎，拥有了一批忠实的用户。而国内的财付通也已经建设了自己的开放平台，邀请第三方开发商将自己开发的应用，如网上订餐、医院挂号、租车等项目放在这一平台上，与财付通联合运营。

移动支付市场中存在众多的细分市场机会，包括帮助商家处理移动支付业务、提供安全性解决方案、提供针对不同行业的手机支付解决方案等。服务规模和经验是银行、运营商、银联所欠缺的，而这恰恰是第三方支付服务企业所擅长的，因为后者更了解用户的支付习惯以及商户的需求。在美国，已经出现了许多此类公司，例如 Zong 专为媒体、游戏产业提供手机账单服务，Billing Revolution 提供用于手机支付的信用卡处理平台。国内许多第三方支付企业已经具有一定的行业服务优势，例如支付宝和汇付天下在航空领域，快钱在教育领域，易宝支付在娱乐产品领域等。深耕这些市场，提高用户的忠诚度，是第三方支付在移动支付领域进行竞争的关键。

本章小结

通过本章的学习，要重点掌握移动支付产业价值链的概念与特点，熟悉产业链的理论基础及我国移动支付服务的特点。熟悉我国移动支付产业链的构成与主体，了解移动支付产业价值链在各国的发展，理解我国移动支付产业链的问题与态势，特别是移动支付产业链主体的竞争和协同。

本章习题

1. 什么是移动支付产业价值链？
2. 移动支付产业价值链的特点是什么？
3. 试论我国移动支付产业链的构成。
4. 简述我国移动支付产业链的主体。
5. 试论我国移动支付产业链的问题与态势。

第 6 章

移动支付服务商业模式

内容提要

本章第一节主要介绍了移动支付服务商业模式的基本概念并对商业模式进行了介绍，第二节介绍了移动运营商的商业模式，第三节介绍了移动银行服务的商业模式，第四节主要分析移动运营商与银行之间的服务商业模式，第五节介绍了移动第三方支付服务模式。

6.1 移动支付商业模式概述

6.1.1 商业模式的定义及特征

“商业模式”一词最早于1957年出现在论文正文中，1960年出现在论文的标题和摘要中，然而这一概念的兴起却是从20世纪90年代开始的。伴随着全球化的迅猛发展，商业模式受到越来越多的关注。在新的商业环境下，商业模式成为企业竞争和发展的重要战略分析工具。从某种程度上说，未来的企业竞争已经不再是产品、技术、服务、管理、人才、品牌、文化等功能性的竞争，而是企业的商业模式的竞争。

商业模式的定义可以归纳为四类：

① 体系论。商业模式是一个由许多因素构成的体系或集合。

② 价值论。商业模式的核心是创造价值。

③ 盈利论。商业模式是企业的盈利模式，其本质内涵为企业获取利润的逻辑。

④ 整合论。商业模式是一种包含了一系列要素及其相互关系的概念性工具，用以阐明某个特定实体的商业逻辑。

应该说，商业模式必须具有以下两个特征。

① 商业模式是一个整体的、系统的概念，而不仅仅是一个单一的组成因素。如收入模式（广告收入、注册费、服务费），向客户提供的价值（在价格上竞争、在质量上竞争），组织架构（自成体系的业务单元、整合的网络能力）等，这些都是商业模式的重要组成部分，但并非全部。

② 商业模式的组成部分之间必须有内在联系，这个内在联系把各组成部分有机地关联起来，使它们互相支持，共同作用，形成一个良性的循环。

根据上述理解，我们可以把商业模式分为两大类。

① 运营性商业模式。重点解决企业与环境的互动关系，包括与产业价值链环节的互动关系。运营性商业模式创造企业的核心优势、能力、关系和知识，主要包含以下几个方面的主要内容。

a. 产业价值链定位，即企业处于什么样的产业链条中，在这个链条中处于何种地位，以及企业结合自身的资源条件和发展战略应如何定位。

b. 赢利模式设计（收入来源、收入分配），即企业从哪里获得收入，获得收入的形式有哪几种，这些收入以何种形式和比例在产业链中分配，企业是否对这种分配有话语权。

② 策略性商业模式。策略性商业模式对运营性商业模式加以扩展和利用。应该说，策略性商业模式涉及企业生产经营的方方面面。

a. 业务模式，即企业向客户提供什么样的价值和利益，包括品牌和产品等。

b. 渠道模式，即企业如何向客户传递业务和价值，包括渠道倍增、渠道集中和渠道压缩等。

c. 组织模式，即企业如何建立先进的管理控制模型，比如建立面向客户的组织结构和通过企业信息系统构建数字化组织等。

6.1.2 移动支付商业模式

由于移动支付平台在移动支付业务中占有核心地位，是信息流的交汇点，根据移动支付平台运营者的不同，Norson 将移动支付商业模式分为三种：移动运营商主导、金融机构主导和第三方移动支付运营商主导。

1. 商业模式一：移动运营商主导

在运营商主导的商业模式中，移动运营商根据自身优势选择搭建移动支付平台所采用的技术以及模式，然后选择有意向的银行进行合作，银行一方则搭建可以与其接口的移动商务平台，然后双方各自维护各自的平台。如中国移动与中国银行、中国工商银行

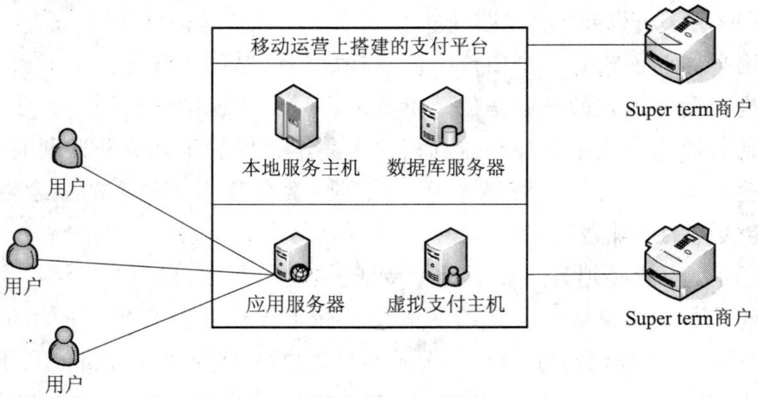

图 6-1　移动运营商主导商业模式图

以及招商银行的合作。

从网络结构来看，这套移动支付系统位于移动运营商所控制的网络区域内，可应用于包括 GSM 和 CDMA 在内的任何一种移动通信网络，配合一些加密手段，通过 SMS 网关或 WAP 网关与用户之间进行交互。这时用户的手机既是一个无线通信工具，又是一个移动电子钱包，该电子钱包信用额度由移动运营商（电子钱包与手机话费挂钩）或银行（电子钱包与银行卡挂钩）来控制。外界商户以及银行等可以通过互联网或 OON 专线与移动运营商相连，为系统提供具体内容和强大的银行平台。

在移动运营商主导的移动支付商业模式中，移动运营商不仅获得通信流量费，还收取用户与银行的信息传递费和银行与商户的移动支付平台使用费；银行收取用户的信息定制费，并向移动运营商和商户收取利益分成；商户则从手机用户购买其商品中得益。

在移动运营商主导的移动支付模式中，移动运营商不仅是信息通道，而且是移动平台运营商，还可能是代理结算单位（如果小额支付费用直接从手机话费中扣除）；金融机构则是最终结算单位和账户管理者，并且要承担一部分平台维护工作。运营商主导的移动支付模式要求运营商调动和协调整个移动支付产业链。从运营商拥有的无线通信网络资源和手机客户资源来看，运营商具有产业链主导者的天然优势。

但是，移动运营商主导模式存在以下问题：

① 政策风险。通信运营商的业务领域和业务优势都是在通信上，而开展手机支付业务使得它跃出了这一传统业务领域。因此，它不可避免地要面临着政策风险。人民银行武汉分行有关人士表示，非金融机构不能开展金融业务，企业内部卡也不能具有货币职能，否则就有非法集资之嫌。通信运营商的手机支付业务是否也将面临着同样的局面呢？

② 用户利益保障。把用户原本预算通信支出的费用分出一块用于消费，在现今的市场条件下，是否会损害到通信运营商原有的利益？针对后付费用户，消费功能的增加并不能改变原有的一些问题，例如话费的风险问题（曾有通信运营商表示，希望银行的加入能帮助其克服或改善这一问题）。相反，新功能的增加使得通信运营商必须做更多的工作，像开拓特约商户市场、协商收益分配问题、做好风险防范等工作。

③ 关于小额的界限。现在开展的网上手机支付业务又被称为“小额移动支付”，所谓小额的范围是多少？这还是一个很模糊的概念。而界限不确定会带来很多麻烦，首先是风险，额度问题决定了可能出现的风险的大小以及防范措施的制定工作。金额的确定有助于估计来自外界的攻击以及来自内部的损害，它还关系到业务开展的范围，这也是关系到此项业务发展的关键性问题之一。目前，通信运营商对于这项业务也是心中无数。因此，这项业务多是在半公开状态下以试点的形式出现。

总之，通信运营商涉足到一个全新的业务领域，利益分配模式不定，政策不明朗，有很多全新的工作有待开展。

2. 商业模式二：金融机构主导

在金融机构主导的移动支付商业模式中，金融机构可能购买、也可能自己开发移动支付平台，但必须独立运营移动支付平台，所有交易以及信息流的控制均在金融机构一

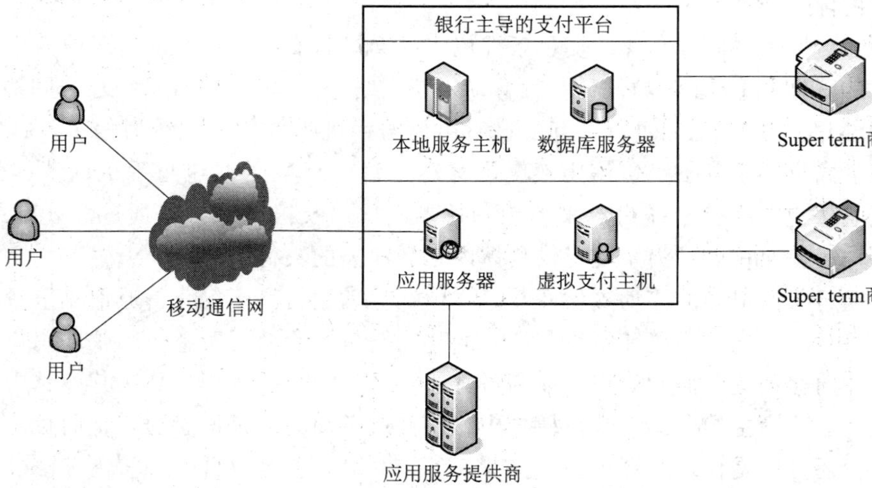

图 6－2　金融机构主导商业模式图

端，移动运营商只是充当此业务系统的信息通道，商家也就相当于系统上的一个 POS 终端。已有的例如交通银行北京分行、光大银行与中国移动的合作。

在银行主导的移动支付模式中，移动运营商收取用户和银行的通信费；银行向商家收取平台使用费和利润分成，银行不对用户收取交易手续费，但可能收取金融信息定制费（包月形式）；商户付给银行平台使用费和交易手续费，并从用户的商品购买中得益。

金融机构主导模式所面临的问题主要包括以下几方面：

① 法律风险。手机银行属于新兴事物，大多数国家在手机银行交易方面的法律法规还不完善，关于交易各方的权力和义务的规定也不明确，对于手机银行交易中违反法律法规的界定也不明确，这一切都使得手机银行在交易中存在着法律风险。比如，我国消费者保护法对手机银行运作的适用性还不明确，客户通过电子媒介所达成协议的有效性也具有不确定性，这些都会引发手机银行的法律风险。而在客户信息披露和隐私权保护方面，手机银行也面临着法律风险。

② 硬件问题。一是对手机性能要求较高。由于手机银行是通过 STK 和中文短信功能来实现的，因此对手机提出了较高的要求，并不是所有的手机都可以支持该项业务，但随着我国移动数据业务应用的不断拓展，能够支持移动银行服务的手机型号已经越来越多。二是需要换卡。目前手机用的是 SIM 卡，但它容量太小，要使用手机银行业务必须换成 STK 卡。在这种卡上，加载了对应银行的密钥和相关的应用，而且它同时具备普通 SIM 卡的所有通话及其他功能。这种大容量的卡片目前仅按成本价销售，但对用户来讲也是笔不小的费用，因为绝大多数已入网的手机用户并不愿意白白浪费掉没有任何故障的 SIM 卡。

③ 兼容性问题。不能一卡通用。目前，中国银行、中国工商银行、中国招商银行虽然都推出了手机银行业务，但业务范围不同，具体的办理手续也不相同，且彼此互不兼容。目前一张 STK 卡只能使用同一个银行的账号，用户办理其他银行业务时须购买

相应银行的卡，无法实现银行之间的转账和账号操作，使现在的手机银行的意义打了很大的折扣。

解决这些问题，不仅需要新的技术，同时也需要运营商之间、各银行之间以及银行与运营商之间展开充分的协调与合作。随着越来越多的移动数据应用得到用户的认可，手机银行业务的大规模发展也会很快水到渠成。

3. 商业模式三：第三方移动支付运营商主导

在第三方移动支付运营商主导的移动支付模式中，第三方移动支付运营商来进行运营，移动运营商仅作为信息通道或者代理结算单位（如果小额支付费用直接从手机话费账号中扣除），银行是最终结算的单位和账户管理者，移动平台提供商（也可能是第三方移动支付运营商自己）向第三方移动支付运营商提供移动支付平台。

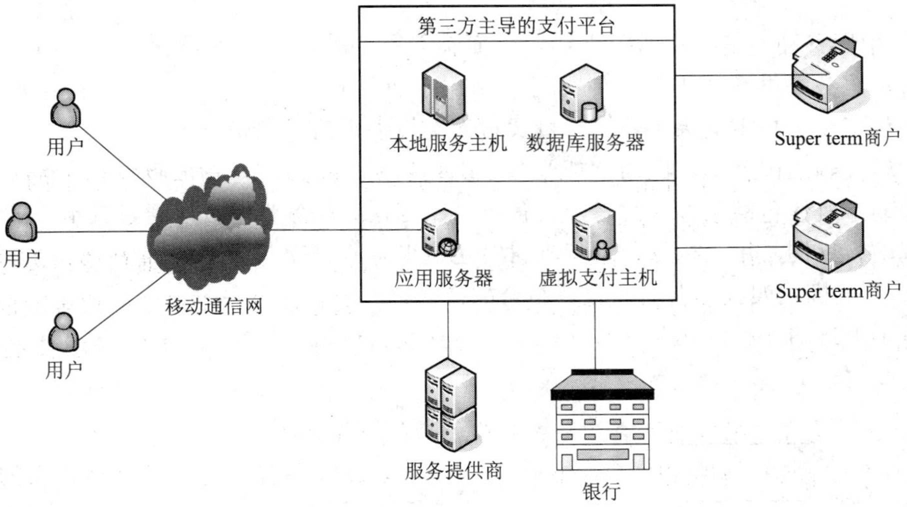

图 6－3　第三方运营商主导商业模式图

在第三方移动支付运营商主导移动支付模式中，第三方移动支付运营商收取商家平台使用费，并与金融机构分享利润分成；移动运营商收取用户和银行的移动通信费；银行从商家提取利润，也可以向用户提供金融信息以收取金融信息费；用户不用付给商家交易手续费，只付给移动运营商信息费。在第三方移动支付运营商主导的模式中，当第三方移动支付运营商和银联合作的时候，用户不用考虑银行彼此互不相连的因素，在任何一家银行接受移动支付的 POS 机上都可以进行操作；金融机构和商家通过接入移动商务平台，也可以共享不同运营商的用户。

如果协调得当，这种模式的信息交流最广，资源共享范围比前两种模式都大。就第三方移动支付运营商本身而言，它不仅要有灵活的机制和敏锐的市场反应能力，还需要具备整合移动运营商和金融机构等各方面的资源并协调各方面关系的能力。

第三方移动支付运营商主导模式所面临的问题主要包括以下几方面：

① 中国移动通信用户的手机号码是与银行卡账号是捆绑在一起的，用户的手机支付付款账号就是其银行卡账号。手机号码与银行卡账号捆绑在一起后，用户通过手机进

行的所有支付行为，都最终将通过被捆绑的银行卡账号支付。也就是说，移动运营商、金融机构、服务提供商和用户四方共同支撑起了手机钱包这个运行架构。这就意味着，假如这条链子中的某个环节出现问题，整个框架也就面临着坍塌的危险。而从目前国内的实际应用来看，这条链子中的每个环节都或多或少地存在着一些问题。

② 信息安全风险，在手机号码捆绑了银行卡号码的情况下，个人信息和银行账号等各种信息的安全问题也将成为用户所关注的主要问题。与日本 NTT DoCoMo 公司的手机钱包即使被盗，丢失的也只是手机钱包中有限的余额不一样的是，国内的手机钱包似乎更像是把存折和身份证放在一起。因而，如果信息发生泄漏或者是手机丢失，那么谁也不能保证个人账户的安全，除了金钱方面的损失外，个人信息的泄漏也将给用户带来不少的麻烦。中国移动想要消除用户心目中的这些疑虑，就需要就安全问题进行改善和提高。

③ 中国移动通信用户的手机钱包也面临着一些普及方面的难题，比如因为缺乏更多银行和服务提供商的支持，使得可以使用手机钱包的地方少之又少。在这样的情况下，相信不少用户不会为了使用手机钱包而专门去申请一张银行卡，更不会从中国联通的门下转投到中国移动，因为这项业务至少在目前还不对用户构成吸引力。何况，虽然中国移动手机钱包的服务内容看上去很丰富，当这些服务都是可以通过其他方式就能轻松实现的，反倒是用手机钱包进行支付时还显得有些繁琐。

4. 商业模式四：运营商和银行结合的模式

除了上述的三种模式，还有一种是运营商和银行结合的模式。

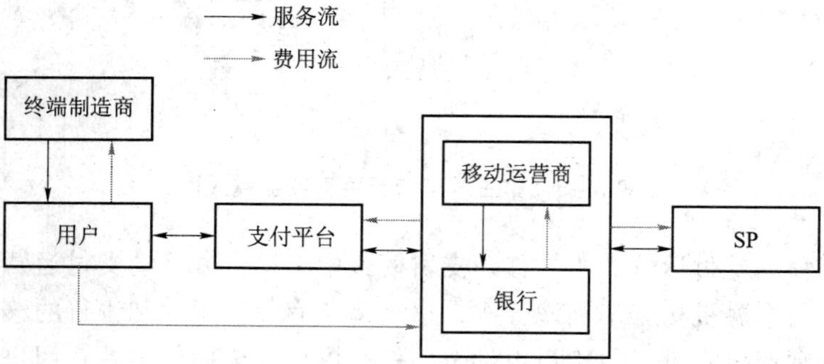

图 6-4 移动银行与运营商合作运营模式

该模式下集合了以运营商为主导模式和以银行为主导模式的优点，具有很好的适应性，容易为各方接受。

其特点主要现为以下几点：

① 移动运营商与银行形成一种战略联盟，合作控制整条产业链；

② 在信息安全、产品开发和资源共享方面的合作更加紧密；

③ 运营商需要与各银行合作，或与银行合作组织联盟。

欧洲国家的手机支付多数采用多国电信运营商联合运作的方式，而银行作为合作者但不参与运营，业务模式往往通过 WAP、SMS、IVR 等方式接入来验证身份。这种模式已经被证明无法适应广泛的用户需求。

我国移动支付产业链中的主要环节——银行、移动运营商和第三方支付服务提供商都无法独立开展手机支付业务。目前，最适合我国手机支付业务发展的商业模式是银行与移动运营商合作，并由第三方支付服务提供商协助支持的整合商业模式。

6.2　移动运营商主导商业模式

在这种模式中，处主导地位的是移动运营商。在这个产业链中移动运营商提供移动支付业务数据传输网络，金融机构负责管理移动支付账户，模型见图6－5。

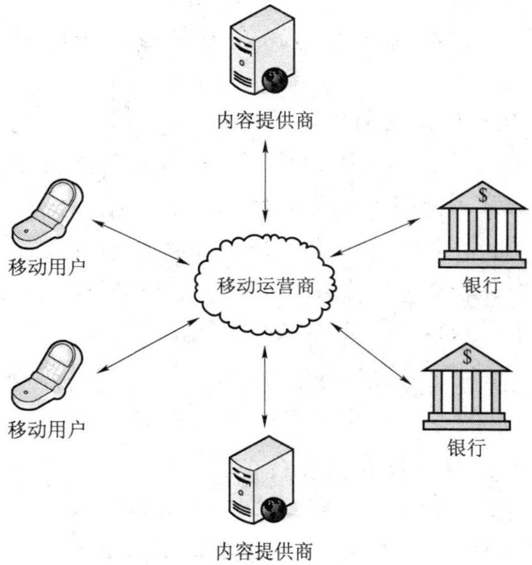

图6－5　运营商主导的商业模式

在移动商务中，运营商的角色复杂多变，可以是简单而被动的，仅仅提供无线网络，也可以是复杂而主动地全面参与移动商务全过程，成为价值链的核心。

6.2.1　移动运营商的参与模式

根据移动运营商在移动商务价值链中的参与程度，它的角色可以是简单的移动网络提供者，可以是移动门户，直至中介或可信赖的第三方。

1. 无线网络提供者模式

移动运营商最简单被动的角色就是只提供无线网络供用户和内容提供商交流，开展最基本的短消息业务和语音业务。在这种模式下，移动运营商在价值链中的参与程度很低，除了向用户收取网络使用费以外，与下游用户没有其他的联系。而在与上游的内容提供商的关系方面，也不提供任何网络以外的服务，如代收费、宣传推广等。由于功能单一，移动运营商的收入仅来源于提供无线连接。在这种模式下，移动运营商只负责无线互联网的维护，这项业务被称作电信业的基础业务。在无线互联网建立之初，移动运营商的主要工作就是这一块，而发展至今，几乎所有的运营商都跨过了这个阶段，开始提供增值服务。

2. WAP网关模式

WAP网络架构由三部分组成，即WAP网关、WAP手机和WAP内容服务器，这三方面缺一不可。其中，WAP网关起着协议的翻译作用，是联系移动网络与互联网的桥梁；WAP内容服务器存储着信息，以提供WAP手机用户访问、查询、浏览等。当用户从WAP手机键入他要访问的WAP内容服务器的URL后，信号经过无线网络以WAP协议方式发送请求至WAP网关，然后经过网关的翻译，再以HTTP协议方式与WAP内容服务器交互，最后，WAP网关将返回的内容压缩、处理成二进制流返回到客户的WAP手机屏幕上。

在这种模式下，移动运营商提供WAP网关，充当使用WAP终端的不兼容WAP的互联网商家之间信息交换的交流平台。WAP是无线通讯协议，它和互联网上的HTTP协议、HTML语言并不兼容。传网内容提供商想成为移动内容提供商有两种选择，第一种是建立网站，但这种方式并不是什么好主意，首先它需要较多的投资，其次，WAP网站这种技术工作不是内容提供商的强项，往往会分散内容提供力，事倍功半。第二种选择就是由移动运营商提供WAP网关，内容信息通过移动运营商的WAP网关转发给WAP用户。这是一个双赢的结果。WAP网关对移动运营商来说是简单的工作，非常轻松，而且固定投资分摊在众多提供商身上。对于内容提供商来说，租用移动运营商WAP网关的费用比自己建要省得多，更重要的是，它可以把全部精力放在自己的核心业务上。

在WAP网关模式下，移动运营商在价值链上的参与程度比在网络方式下要高一些。它在为内容提供商提供网络服务之外，还额外提供了这种增值服务。移动运营商的赢利除了来自网络收费以外，还有一部来自于提供网关服务的收费。

随着移动通讯技术的发展，WAP技术在性能上显得落后。一旦3G得到运用，WAP的生存空间将会更小，移动运营商提供WAP网关的商业模式将逐渐消亡。

3. 移动门户模式

除了在用户和内容提供商之间简单的促进交易之外，移动运营商还有一种更重要的作用，即提供门户服务。移动运营商充当门户网站，把众多的用户和众多的提供商连接在一起，方便用户查找合适的提供商的同时，也让提供商有机会通过门户的宣传直接接触用户。

互联网能吸引全世界的目光并成为现代人必不可少的工具的一个重要原因，就是它提供了海量的信息，很少有什么是互联网上找不到的。但是海量信息也带来了上网者的一个困惑，信息过多导致时间不足，不够浏览，难以找到自己需要的信息。这种需求催生了互联网门户网站的出现。门户网站的基本定义就是用户登陆互联网的第一站。通常，门户网站都通向某类综合性互联网信息资源并提供有关信息服务，它将各类信息分门别类搜集整理好，上网者可以按类别浏览所需的信息。门户网站最初提供搜索引擎和网络接入服务，后来由于市场竞争日益激烈，门户网站不得不快速地拓展各种新的业务类型，希望通过门类众多的业务来吸引和留住互联网用户，以至于到后来门户网站的业务包罗万象，成为网络世界的“百货商场”或“网络超市”。从现在的情况来看，门户网站主要提供新闻、搜索引擎、网络接入、聊天室、BBS、免费邮箱、电子商务、网络社区、网络游戏、免费网页空间等。在我国，典型的互联网门户网站有新浪、网易和搜狐等。

在无线互联网中，门户网站的重要性更加突出。由于手机浏览面积的限制和传输内容大小的限制，手机用户无法接受大量的信息，用户需要用尽可能少的网络流量获取尽可能多的信息。在这种情况下，移动门户网站的分类导航作用、搜索作用、推荐作用就显得尤为重要。移动门户提供的第一个功能就是分类导航，它把无线互联网上各类资源分门别类地按关键词排好，当用户接入无线互联网后，首先登陆的就是移动门户。在这里，用户进入自己感兴趣的分类，就可以看到所有他需要的内容，而不受其他不需要的信息的骚扰。移动门户提供的第二个功能是搜索，这和互联网上搜索引擎的原理是一样的。从互联网搜索引擎受关注的程度就可以知道，搜索功能是移动门户吸引用户的一个重要武器。移动门户的第三个功能是推荐。移动门户分析用户的浏览情况，把人气最旺的资源推荐在首页，省去了新用户盲目寻找的麻烦。

和其他的门户网站相比，移动运营商充当门户有如下几项优势。首先是移动运营商掌握着客户关系和用户个人信息。通常，互联网的门户网站既不能获知用户的位置信息，也收集不到用户的信息和知识，传统互联网门户在鉴别用户时，仅仅知道用户的一个 Email 地址，这个地址还有可能是虚构的。此外，如果互联网门户网站不兼任内容/服务提供商的话，它和用户之间就缺乏紧密联系。在移动商务中，移动运营商恰好掌握了用户的真实信息和详细资料，因此移动运营商充当移动门户是很自然的事情。另外，由于移动运营商一边联系着用户，一边联系着提供商，它还可以提供搜索服务，把内容提供商、服务提供商的名单按所提供的服务、价格、对比做成列表供用户选择。也就是说，移动运营商可以作为众多提供商的前端与客户联系，用户通过移动运营商可以根据服务质量和点击率挑选提供商。

在移动门户模式下，移动运营商在价值链上的参与程度非常高，业务范围涉及价值链上下游多个领域。在与用户的关系方面，作为移动门户，它是用户接入无线互联网的第一站，与用户的联系非常紧密。在与内容提供商的关系方面，它成为内容提供商的重要营销渠道，并充当了内容提供商与用户之间的中介。在这种模式下，移动运营商是名副其实的移动价值链的主导者。

移动运营商作移动门户，其收入来源比前面的模式要更广泛。收入首先来自用户的流量费和服务费。用户使用无线互联网就要向运营商付费，移动门户带来的精彩内容吸引用户更多地使用无线互联网，增加了运营商流量费用的收入。另外，用户使用了移动门户的服务，也要付给运营商服务费。收入的第三个来源是内容提供商。无论是导航，还是推荐，移动门户都为内容提供商做了推广，由此可以获得收益。

4. 中介和可信赖的第三方模式

这种模式下，移动运营商的角色更加灵活，除了提供门户服务外，还附加了以下的服务：

① 提供捆绑服务，即提供一系列在不同供应商处采购的价格信息。例如，用户想从 X 提供商处购买 A 商品，他可以通过移动运营商获得从不同的供应商处购买 A 和 B

两种商品的更低价格。

② 作为银行的前端。用户向移动运营商支付购物款项，如果今后用户对产品不满，移动运营商会退回用户的款项。

③ 为供应商提供安全保障和支付服务，也就是说，为供应商提供应用程序服务。

④ 充当可信任的第三方。在客户向不同的供应商购买一系列的商品时，履行是电子商务交易的关键环节，也是其和客户建立真实联系的实质性阶段。如果商品交付时出现损坏或者延误、或者根本没有交付的情况，客户的利益必须要得到保护，责任必须弄清楚。例如，用户从两家不同的供应商处分别购买了一部数码相机和一部计算机，用户需要两件商品都能到达，以便把数码相机里的照片导入计算机。运营商可以提供担保，只有当两件商品都完好的交付时，用户才付钱。这使得用户不必和每个供应商单独谈判，不必担心有东西损坏时责任谁付。运营商对整个交易流程负责，用户只把钱交给运营商，由运营商转交给数码相机和计算机的提供商。

在这种模式下，运营商的作用已经渗透到商务活动的全过程，其收入来源也极其广泛。

6.2.2 运营商主导商业模式的特点

在此种模式下，运营商推出的移动支付业务多采用信用卡或借记卡的方式支付。移动支付的主要收入来源于从商家获得的每笔交易的服务佣金和从消费者获得的通信费。但这部分收入要在运营商和金融机构之间分配，分配比例由移动运营商决定，费用流见图 6－6，其中虚线表示运营商和银行间的分配。

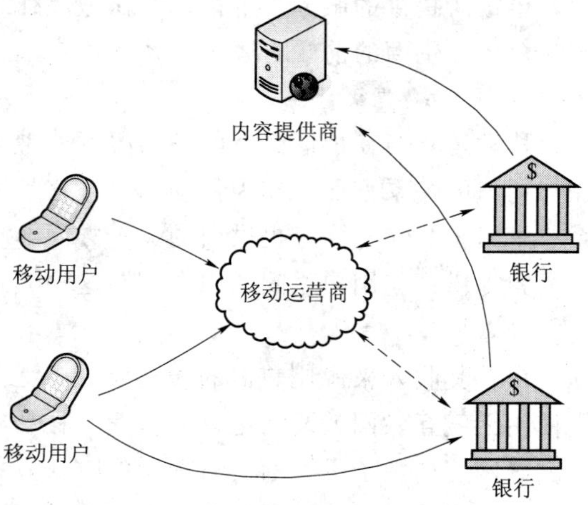

图 6－6 运营商主导模式费用流示意图

此种模式的优势体现在下面的两点：一是由于有了金融机构的参与，运营商承受金融风险的能力得到了极大的增强，支付额度的限制大大减小，信用安全等级提高；二是商家的销售款项由金融机构负责结算，结算周期较短。但从当前发展来看，由于缺乏行之有效的合作模式，金融机构对和移动运营商合作开展移动支付业务的积极性不高。

NTT DoCoMo后来与三井住友合作推出的ID借记卡业务和DCMX信用卡业务就属于这种类型。韩国SKT联合五家卡类组织（KORAM Bank、Sumsung Card、LG Card、Korea Exchange Card、Hang Card）共同推出的移动支付业务品牌MONETA，也是此种形式的代表。

6.2.3　运营商开展移动支付业务的条件分析

运营商开展移动支付业务是机会与风险并存，同时还要受到外部条件和内部条件的制约，具体的相关条件的影响见表6－1。

表6－1　运营商开展移动支付受到的条件影响

外部环境 / 内部环境		机会（O）	威胁（T）
		1. 移动支付业务的兴起； 2. 相关业务已得到逐步开展； 3. 用能力构建产业链并占据一定主导地位	1. 银行和第三方是潜在竞争者； 2. 众多的支付平台造成移动支付的市场混乱； 3. 监管政策不明确； 4. 受金融政策限制，金融责任不明确
优势（S）	1. 众多的用户资源； 2. 用户忠诚度高； 3. 产业链模式简单，用户手续费较低； 4. 网络基础稳定、安全； 5. 方便快捷	1. 进一步推广手机钱包业务，提高其普及率； 2. 完善移动支付信用体系和结算业务； 3. 以业务推广为首要任务，积极拓展业务范围，增大市场范围	1. 明确在移动支付中的定位； 2. 完善金融监管体系和法律文件； 3. 积极开展用户的体验活动，扩展业务群体
劣势（W）	1. 缺乏管理和运作金融类业务的经验以及处理金融风险的能力； 2. 支付额度受到较大限制； 3. 经营金融类业务受到严格的管制； 4. 运营商的资费账单结算周期通常是一个月； 5. 信用体制不全面，商户资源缺乏	1. 积极学习日韩的成功经验； 2. 在金融责任方面加以完善； 3. 积极开发商户，拓展业务； 4. 依据商户的需要，调整结算模式； 5. 公开收费，提高用户的账户信用度	1. 整合商家资源，完善产业链模式； 2. 明确定位金融责任

6.2.4 运营商主导商业模式案例分析

1. 案例背景

中国2010年上海世界博览会于2010年5月1日至10月31日举行。此次世博会也是由中国举办的首届世博会，以“城市，让生活更美好”为主题，有超过240个国家及地区组织参展。在上海世博会期间，中国移动节省用户购票及在园内购物的时间，并借由世博会这一平台大力推广移动支付业务，从而精心打造手机支付这个平台。“世博手机票”平台功能繁多，不仅可以购买世博门票，也具有手机钱包功能，为世博游客带来观展新体验，打通畅游世博的“最后一公里”。

2. 选用技术及操作流程

世博手机票所使用的是近距离和远距离相结合的支付技术。对于近距离移动支付，中国移动一直主推RFID－SIM卡。RFID－SIM卡是双界面智能卡（RFID卡和SIM卡）技术向手机领域渗透的产品，采用的是2.4GHz的技术标准。RFID－SIM卡既能像一般的SIM卡一样进行移动通信，又能通过与之相连的天线与读卡器进行近距离无线通信，从而能够扩展至手机现场支付这一新型领域。对于远距离移动支付来说，世博手机票摒弃了传统的远距离支付技术，使用二维码来进行身份确认。世博手机票的具体操作流程如下所示：

① 在用户更换RFID－SIM卡之后，就可以使用手机进行入园和消费；

② 可以登录中国移动官网进行购票，从手机账户扣除相应的金额，收到二维码之后，即可使用世博手机票；

③ 将手机贴近POS机具感应区，即可完成手机支付。对每一笔成功支付的交易，用户都会收到及时的短信提醒，并被告知交易结果。

3. 案例评述

世博手机票是基于我国自有的RFID－SIM卡技术的手机门票和移动支付的大规模应用，也是世博会历史上首创的手机门票。此举引起了社会的广泛关注，大大提高了移动支付的用户接受程度，也向国际宣告中国的移动支付业务已经成熟并可以投入商用。具体流程如图6－7所示。

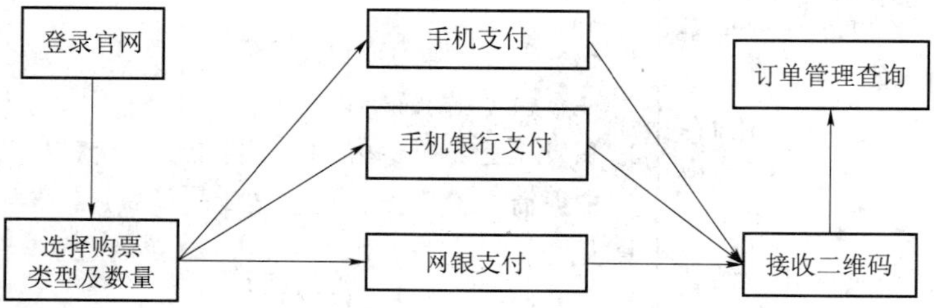

图6－7 世博手机票购买流程

无疑，世博手机票是运营商主导的移动支付业务，它具有以下优点：

① 产业链各环节组织协调较容易。中国移动在推广世博手机票业务方面发挥了自

己作为运营商的优势，不仅整合了其现有的各项业务，将手机的作用发挥到极致。

② 交易过程简单。运营商主导的业务可以直接在通信话费账户中进行支付活动，世博会门票就提供了手机账户支付的功能，只要手机账户中有足够的余额，就不需要再进行转账、创建账户等相关设置。

③ 技术实现方便。运营商对于移动支付的研究从十几年前就开始了，相关技术已经相当成熟，只需要合适的机会来进行大范围的推广，此次的世博手机票则是我国移动支付行业的一个经典案例。

不过运营商主导的运营模式也存在一些不足，首先，世博手机票采用的是 2.4MHz 标准的 RFID - SIM 卡，在使用手机票时需要更换 SIM 卡，这加大了移动支付推广的难度；其次，移动运营商主导的运营模式只能进行小额的移动支付，如购买世博会门票或一些商品，如果需要大额交易则必定需要金融机构的介入；另外，移动运营商如果长期处于一个强势的地位，则不利于整个行业的发展。

6.3　银行主导的商业模式

银行等金融机构主导的移动支付业务相当于传统支付业务的延伸。数据通过移动通信网络传输，运营商只负责提供网络，不参与移动支付业务的管理和运营。具体结构见图 6 - 8。

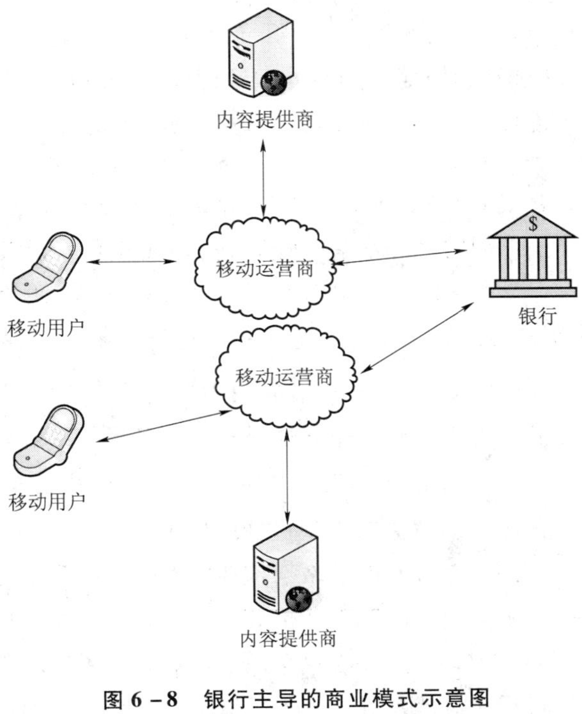

图 6 - 8　银行主导的商业模式示意图

6.3.1 移动银行

手机银行又称移动银行，是利用移动电话班里银行有关业务的简称，是移动运营商与银行部门合作，联合向社会推出的一个新服务项目，它是移动通信网络上的一项电子商务。手机银行业务的开通大大加强了移动通信公司和银行的竞争实力。

手机银行通过移动网络将客户手机连接至银行，成为利用手机界面直接完成各种金融理财业务的服务系统，其主要功能涉及账务查询（通过手机查询用户在银行的存折、信用卡账户余额）、自助缴费（可直接在手机上查询及缴纳手机话费和其他费用）、银行转账（通过手机可以进行信用卡、存折之间的资金转账），另外，进入短消息平台后，可查询股市行情、外汇牌价、航班信息、天气预报等，它具有使用方便、安全保密、快捷可靠等特点。

这种结合了货币电子化与移动通信的崭新服务，丰富了银行服务内涵，它意味着消费者不仅可以在固定场所享受银行服务，更可以在旅游、出差中高效、便利地处理各种金融理财业务。通过移动银行服务，消费者能够在任何时间、任何地点，通过移动电话以安全的方式访问银行，而无需亲自光临银行或向银行打电话。现有的可选服务包括查询账户结余、审核最新交易情况，在账户间进行转账、支付账单，甚至可以通过双槽手机重新加载电子钱夹。订购者可以直接通过手机使用特定的密码就能够完成所有操作。

手机银行服务使用方便，用户持有的手机同时又是一个移动的 POS 机、移动的银行 ATM 机，可以在移动和漫游中随时随地办理银行业务。使用手机银行安全保密，但用户需要更换更大容量的 SIM 卡，银行对信息源加密，传输过程采用密文，以确保安全。银行采用专用服务器处理有关信息，一项业务在发送后几秒内即可完成。

通过手机银行可以实现移动网上电子商务。由于移动网只是提供了业务承载平台，不必了解交易的细节，具有较好的保密性。相信随着手机的普及，手机银行将有更广阔的前景。

手机银行是由手机、GSM/CDMA 短信中心和银行系统构成的。手机与 GSM/CDMA 短信中心通过 GSM/CDMA 网络连接，而 GSM/CDMA 短信中心与银行之间的通信可以通过网络来完成。在某些情况下，短信中心通过一个业务增值平台与银行业务前置机连接。业务增值平台便于以后增加多种业务，同时将减轻短信中心的负担。在具体实施时，远程用户可以与短信中心的增值服务平台直接相连，而不用通过短信中心。

我国的手机银行采取的是在现有的网络架构和设备基础上，通过短信息系统平台来完成手机银行业务，以后随着业务的发展和扩展，再对设备更新换代。

在现有的移动银行架构中，运营商需要在短信息中心与银行应用系统、数据库之间增设短信接口。该接口可用来过滤及分发从手机 STK 卡向应用系统发送的指令和数据，同时也可在向手机和 STK 卡发送信息之前，转译或过滤从银行服务口中传来的信息。其中的 SIM 卡不再是通常使用的 SIM 卡，而是基于 JAVA 技术的 32kbit 内存的卡片。这种 SIM 卡可以存储手机银行的相关应用信息，具体包括向手机用户提供选单界面，帮助接收广泛的应用信息业务（如股票价格、民航信息等）。而 SIM 对移动增值业务的支持，是通过 SIM 工具包 STK 实现的。STK 为一种小型编程语言，它允许基于智能卡的 SIM 运行自己的应用软件。

应该说，随着手机通信技术的迅速发展，手机银行的客户界面会越来越友好，交易速度也会越来越快，交易的安全性也将逐渐提高。同时，手机银行的解决方案不一定拘泥于某种技术和某个设备供应商，而应提供具备通用性和高可扩展性的解决方案，并且能够充分关注银行业务本身的特性，因为无论接入技术如何变化，银行业务本身才是用户最终需要的。

6.3.2 银行主导商业模式的特点

在这种模式中，各银行通过与移动运营商搭建专线等通信线路，自建计费与认证系统，为用户手机换置 STK 卡。用户在手机上可以通过直接登录所在银行的账户进行手机支付交易。该模式产生的费用主要有三部分：一是数据流量费用，由移动运营商收取；二是账户业务费用，由银行收取；三是支付业务服务费用，由银行、运营商、支付平台分成，费用流见图 6－9。

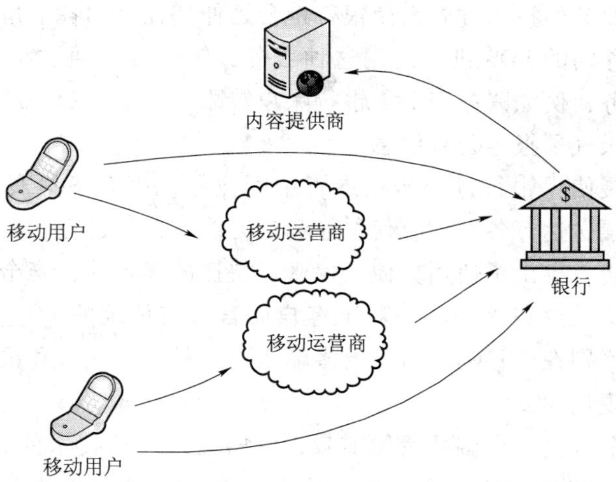

图 6－9 银行主导的商业模式费用流

这种模式的典型案例是中国工商银行推出的手机银行业务。工商银行的用户使用手机直接登录或发送特定格式的短信到银行的特服号码，银行按照客户的指令可以为客户办理查询、转账以及缴费等业务。

银行的资金结算体系使其成为移动支付重要的参与者，银行作为运营主体的特点主要体现在以下方面。

① 各银行只能为本行用户提供本行的手机银行服务，移动支付在银行之间不能互连互通，这很大程度上限制了移动支付业务在行业间的推广；

② 各银行都要购置自己的设备并开发自己的系统，造成资源的极大浪费；

③ 各银行提供的手机银行服务不尽相同，每个用户正常情况下只拥有一部手机，但同时拥有几个银行的账户，而一部手机只能与一个银行账户相对应使用户无法享受其他银行的服务；

④ 对终端设备的安全要求很高，用户需要更换手机或 STK 卡；

⑤ 给 SP 带来很大不便，SP 要与多家银行进行连接；

⑥ 银行，尤其是银联作为金融秩序的规范者如果参与到平台运营当中来就会形成一种“既是裁判又是运动员”的不公平的竞争局面，会引起其他参与方的不满。

在移动支付业务上，银行拥有移动运营商所缺乏的条件，即严密的支付结算体系和精确的信用管理技术。只有充分利用现有的体系，包括银行结算与清偿系统、支付方案及移动公司网络和用户终端，促使移动支付与现有支付手段及银行体系相集成，使移动支付成为传统支付手段的补充和延伸，大大拓展手机和银行卡各自的服务功能，移动支付才可能真正快速发展起来。

6.3.3 基于银行主导商业模式的应用概述

移动银行以完善的移动通信系统为技术支撑，采用当前先进的无线分组交换技术，实现了电子支付方式的无线移动和永久在线，推进了银行业务自助式、无纸化的发展趋势。它代表着银行业务的技术方向，使银行柜台延伸到社会的各个角落，使手机不仅是通信工具，还充当移动的 POS 机。使用这种服务，银行客户通过移动电话界面直接完成各种金融理财业务，例如账务查询、银行账户转账、外汇买卖、炒股等，还可查询利率、汇率、交通、天气预报等公众信息。

移动银行的发展使得银行进一步拓展了中间业务，高效率地实现支付水、电、通讯、物流配送、机票送达等各种代收代付业务的无线支付，避免了各物流单位收款的风险，加快了资金周转，突出了使用方便、保密、快捷的优越性，安全可靠地实现了移动支付、移动查询和移动商务等功能。对于客户而言，与传统的 POS 支付相比，此时手机相当于银行卡，区别在于移动支付需要多输入商户号、终端号和银行账号，并可通过短信支付的方式实现远程支付。

这种新型银行业务具有广阔的发展前景，它将无线通信技术的 3A（任何时间、任何地点、任何方式）优势应用到金融业务中，为客户提供在线的、实时的服务。这种服务方式更加贴近客户，客户可以方便地选择金融交易的时间、地点和方式。移动银行丰富了银行服务内涵，使人们不仅可以在固定场所享受银行服务，还可以在旅游、外出中高效、便利地管理他们的银行账户，处理各种理财业务。

6.3.4 银行开展移动支付业务的条件分析

银行开展移动支付业务也是机会与风险并存，同时还要也受到外部条件和内部条件的制约，具体的相关条件的影响见表 6－2。

表 6-2　　银行开展移动支付业务的条件分析

外部环境 \ 内部环境		机会（O） 1. 移动支付业务概念兴起； 2. 部分业务已经得到开展； 3. 有能力构筑产业链并占据一定的主导地位	威胁（T） 1. 移动运营商是潜在竞争者； 2. 众多的支付平台造成了移动支付市场的混乱； 3. 监管政策不明确
优势（S）	（1）众多的用户资源； （2）用户忠诚程度高； （3）优良的信用体系与强大的数据结算支持； （4）同商户拥有关系	1. 进一步推广手机银行业务，提高普及率； 2. 完善移动支付信用体系和结算系统； 3. 改变观望态度，推出创新型业务	1. 同移动运营商建立联盟，完善合理的利益分配机制； 2. 推行各种移动支付的用户体验活动，培养消费者的使用习惯； 3. 协调有关部门尽快出台管理意见和办法
劣势（W）		1. 充分利用第三方支付服务提供商的业务理念和内容； 2. 借鉴国外成功经验； 3. 加强同商家的联系，提高移动支付设备的普及	1. 整合下游资源，规范移动支付平台； 2. 制定业务发展规划，并逐步实施

6.3.5　银行为主导商业模式案例分析

1. 案例背景

“手付通”是中国银联委托瀚银科技开发的手机移动商务平台，它支持新一代的移动支付业务，为用户提供创新、便利的支付渠道，用户只需在手机端下载软件并进行简单的操作就能实现包括手机银行、虚拟物品购买、商旅服务及手机商城在内的多种手机支付应用。

“手付通”最大的特点在于其对于不同类型的用户提供更为专业和安全的服务，其推出的专业版业务采用魔盾硬件加密。魔盾可称为手机上的 U 盾，安全技术通过国家银行卡检测中心以及中国银联的权威认证，使用硬件加密为手机大额支付保驾护航。

2. 采用技术及操作流程

“手付通”是以手机中的金融智能卡（SIM 卡或智能 SD 卡）为支付账户载体，以手机为支付信息处理终端，通过无线通信网络以及非接触通信技术进行远程和现场支付的新型支付方式。

“手付通”专业版采用基于 13.56MHz 标准非接触技术的 NFC 方案，相较于之前的短信支付等手机支付方式在安全性上的隐患，“手付通”将金融支付卡封装成 MicroSD 卡来实现硬件加密，解决了手机远程支付所存在的安全隐患。同时，“手付通”大众版还使用了智能 IC 卡加密技术，也可以选用现场 WAP 和短信支付方式，安全性得到极大的加强，另外，通过银联网络的加密互连技术，一张“手付通”智能卡可以绑定多张银行卡。“手付通”具体操作流程如图 6－10 所示。

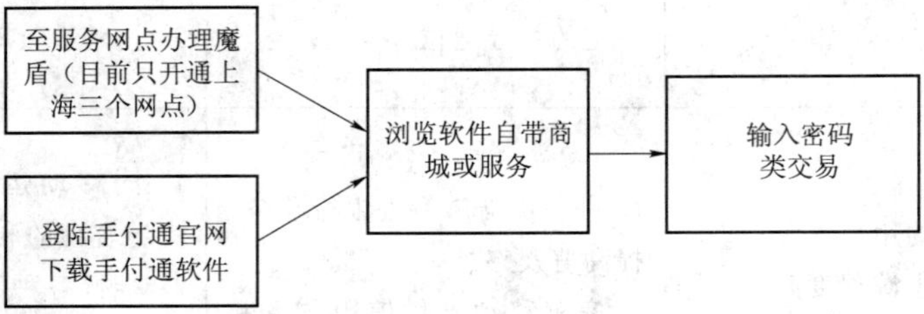

图 6－10　“手付通”软件操作流程

3. 案例评述

作为中国银联认证的移动支付产品，“手付通”采用多重安全保障机制，为消费者和商家提供安全的交易环境。其中，魔盾采用国际先进的软硬双加密技术，已在行业内率先实现手机“跨行异地卡转账、信用卡还款、账户查询”等功能，被誉为移动支付技术、应用和服务行业的创新领导者。作为金融机构主导的移动支付，其优势显而易见。

① 安全性高。

根据“手付通”的业务介绍就不难发现，银行主导的移动支付最关注的是移动支付的安全问题，魔盾的出现提供了一整套移动支付安全的解决方案，保障了移动支付的安全性。

② 用户认可度高。传统的消费模式培养了用户对于金融机构的信赖。金融机构专注于账户的管理和现金流向的安全，打消了用户对于移动支付安全性的疑虑。

③ 清算便利。移动支付的清算一直是一个热点问题。在“手付通”中，移动支付平台归金融机构所有，资金的流向只在银行的账户里进行，有利于提高清算效率。

当然，银行主导的运营模式也存在着诸多问题。首先，使用“手付通”的用户如需要进行支付必须至服务网点办理魔盾，服务网点的数量大大限制了该业务的推广；其次，银联如果参与到移动支付平台的运营当中，就会同时具有政策发布者和实施者的双重身份，会引起其他参与方的不满。

6.4　移动与银行合作商业模式

6.4.1　移动与银行合作商业模式概述

从产业链环节上看，移动支付的主要参与者主要包括消费者、平台提供商、银行、运营商和商户。银行机构管理着广大用户的资金账户，拥有完善的支付体系，在支付领域具有天然的用户信任。运营商则拥有完备的网络设施和先进的 IT 系统，通过定制终端，运营商可以将各种先进的移动应用提供给用户，使用户获得良好的移动化生活体验。因此，运营商在这方面具有较好的用户资源和营销渠道。移动电信运营商与金融组织进行互补，发挥各自的优势，共同运营移动支付服务，该模式见图 6－11。

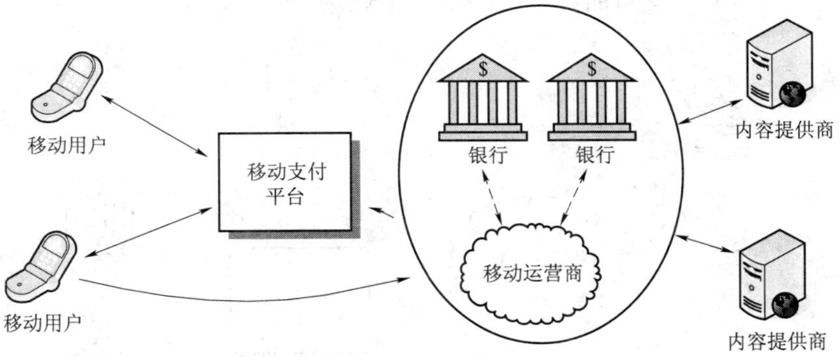

图 6－11　运营商和银行合作商业模式

在国内，中国移动和中国银联共同投资创办联动优势科技有限公司，共同推出移动支付业务并参与运营。

6.4.2　移动与银行合作商业模式特点

银行与运营商合作的运营模式最为普遍。银行和移动运营商发挥各自的优势，在移动支付技术安全和信用管理领域强强联手，该模式费用流如图 6－12。

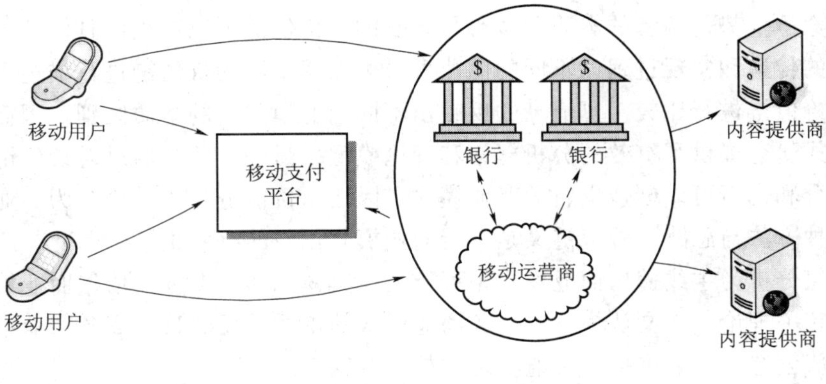

图 6－12　合作模式的费用流

这种模式的特点主要表现为：移动运营商与银行关注各自的核心产品，形成一种战略联盟关系，合作控制整条产业链；在信息安全、产品开发和资源共享方面的合作更加紧密；运营商需要与各银行合作，或与银行合作组织建立联盟关系。

6.5 第三方主导支付商业模式

第三方运营商独立于银行和移动电信运营商，利用移动电信的通信网络资源和金融组织的各种支付卡进行支付的身份认证和支付确认，见图6－13。

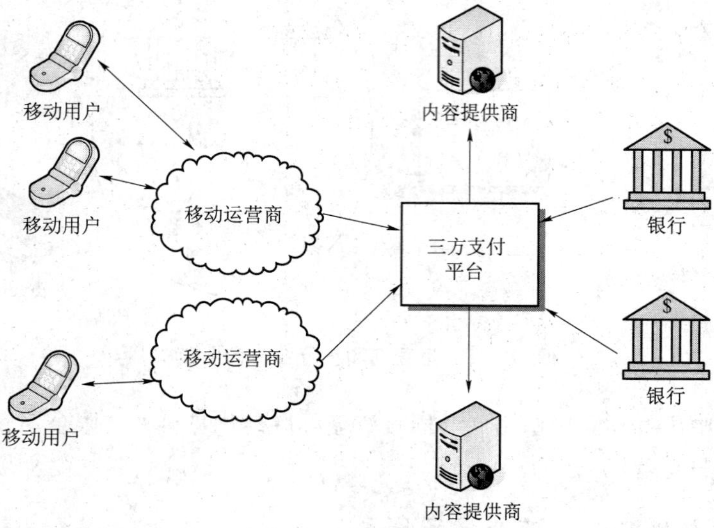

图6－13 第三方主导商业模式

商业模式的核心是价值创造，而价值链相关理论的研究目的就是基于为客户、企业、合作伙伴创造价值，找出价值创造环节，分析价值在价值链中传递和转移过程，为企业赢得竞争优势，两者的本质和核心是统一的。价值链可以展现出具体的价值创造环节、价值的传递和实现过程，不同的商业模式可以用不同的价值链进行描述，对不同商业模式的价值链进行比较，可清晰的反映出不同商业模式间的本质区别。因而，价值链为商业模式研究提供了有效的分析框架和理论模型。另一方面，通过对价值链上价值活动进行整合和创新可以创造出新的商业模式。因而，价值链相关理论又为商业模式创新提供了一种方法与思路，价值链又是进行商业模式创新的有效工具。因此，应用价值链工具以价值分析为主线探讨商业模式是可行的。具体到移动商务，依据商业模式的本质及价值链相关理论，本文认为移动商务商业模式的本质是反映移动商务产业中具体的某个企业价值创造、价值维护与价值实现的核心逻辑。

6.5.1 第三方主导支付商业模式特点

随着3G环境下移动商务产业的发展，移动商务服务层出不穷，由于受到技术、资源的限制，移动运营商们将很难持续主导整个价值链，而服务提供商的成熟也非一蹴而就，而此时，在移动商务价值链上就有可能出现整合移动商务服务的第三方，它可能是发展较为成熟的应用服务提供商或掌握手机应用平台的终端设备制造商，也可能是一个虚拟的网络运营商，通过构建移动商务产业服务平台主导整个移动商务价值链。在第三方主导的价值链结构下，移动运营商只需要与第三方进行合作，分享利润，而由第三方搭建平台，并整合服务提供商的应用服务。这种结构的特点是：

① 对于第三方而言，它在价值链中占据着非常重要的地位。无论它是掌握先进技术的应用服务提供商或终端设备制造商，还是虚拟的移动网络运营商，它搭建了网络平台并制定了标准，整合了服务提供商与移动运营商之间的合作，在整个价值链中都处于主导地位。同时，第三方掌握了用户资源，它将直接面对用户并承担一定的市场开拓任务，因此，第三方在整个价值链中占有绝对的优势。

② 而对移动运营商而言，他们逐渐丧失了价值链中的主导地位，与第三方属于供求关系。同时，随着第三方对价值链控制的增加，对用户需求习惯的掌握，移动运营商将面临更为激烈的市场竞争而在价值链中处于劣势。

③ 对于移动服务提供商而言，面对规范的技术标准，他们只有接受这个技术标准并适用它。它们处于价值链的后端，受制于搭建平台的第三方，只有接入它们的平台才能向用户提供应用服务，在价值链中处于劣势。

这种由第三方主导的价值链的优点在于：

① 第三方主导的价值链下搭建统一的平台容易形成规范的技术标准，从而更好的为移动商务市场所接受。

② 为没有网络资源的虚拟移动网络运营商提供了进入移动商务价值链的机会，有利于促进移动商务产业的发展。

③ 对于移动网络运营商而言，它与第三方是合作的关系，搭建平台及提供什么样的应用服务是由第三方决定的，因此，他们不必承担额外的开发成本及风险，同时能够从中获利。

④ 对于服务提供商而言，接受并适应既定的技术标准将减少市场的不确定性，降低服务的开发成本。

⑤ 对于用户而言，既定的技术标准将更方便用户使用各种移动商务服务。

而它的缺点在于：

① 对移动运营商而言，他丧失了在价值链中的主导地位而与第三方分享利润，因为竞争加剧，他所能分配的利益也有所减少。

② 对于服务提供商而言，因为应用服务的内容由控制网络平台的第三方决定，所以其在利益分配上也处于劣势地位而受制于第三方。

③ 对于用户而言，尽管与移动运营商主导的价值链相比，移动商务服务的种类和质量得到了改善，但由于第三方对移动商务业务平台的控制，用户所能接受的移动商务服务内容仍然有限。第三方主导价值链的移动商务应用在电信管制放松、掌握先进技术的国外已经有了成功的案例，如美国高通公司的 BREW 平台、诺基亚的手机电视业务、英国虚拟运营商 virgin 百货等。

3G 环境下的移动商务价值链正在不断的发展，在不同的发展阶段，随着移动商务价值链内部竞争加剧、链上企业力量对比及相互依赖程度的改变，价值链上企业之间的关系也将不断发生变化，并形成不同移动商务价值链结构，而不同的移动商务价值链结构由于其各具优缺点，在移动商务产业发展的不同阶段也会体现出其对移动商务产业发展不同的促进与制约效用。

6.5.2 第三方主导支付商业应用

该模式中，第三方支付服务提供商是独立于银行和移动运营商之外的经济实体，他自己拓展用户，与银行及移动运营商协商合作，提供手机支付业务，见图 6－14。

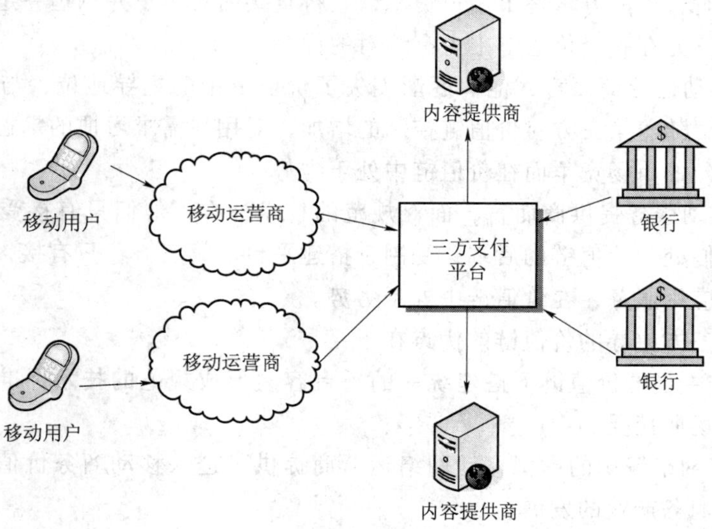

图 6－14　第三方支付的费用流

该模式最典型的例子是瑞典的 PayBox，南非 MoPay 和我国上海捷银提供的移动支付业务也属第三方运营模式。以瑞典 PayBox 为例，第三方运营的移动支付业务流程如下：

① 消费者给商家他（她）的手机号；
② 商家将消费者的手机号和商品金额发送到 PayBox；
③ PayBox 通过 TVR 的方式给消费者打电话，并请消费者确认消费；
④ 消费者确认消费并将 PIN 码发送至 PayBox；
⑤ PayBox 通知德意志银行从消费者账户中将消费金额转账到商家账号；
⑥ 通过语音或短信的方式通知商家商品款已经转账到商家账号。

第三方运营的最大优势是可以利用其支付平台，为消费者提供跨银行和运营商的移动支付服务，而其劣势是没有用户基础，业务推广难度大。通常第三方机构需要有运营商或银行的背景，否则，业务很难开展起来。

6.5.3 第三方开展移动支付的条件分析

第三方开展移动支付业务同前面的两种模式一样，在获得机会的同时也面临着风险，同时还要受到外部条件和内部条件的制约，具体的相关条件的影响见表 6－3。

表 6-3 第三方开展移动支付业务的条件分析

内部环境 \ 外部环境		机会（O）	威胁（T）
		1. 移动支付业务概念兴起； 2. 部分业务已得到开展； 3. 有能力占据用户群，参与产业链	1. 众多的竞争者； 2. 存在银行和移动运营商进入的风险； 3. 监管政策
优势（S）	1. 灵活的市场反应； 2. 移动支付技术研发； 3. 良好的资源整合能力	1. 积极推广移动支付业务，结合用户需求推出创新业务； 2. 不断完善支付平台技术； 3. 协调好与银行、移动运营商之间的关系	1. 同银行、移动运营商合作，完善合理的利益分配机制； 2. 实行业内的重新洗牌，鼓励重组； 3. 协调有关部门尽快出台管理意见和办法
劣势（W）		1. 积极抢占用户，提高话语权； 2. 与银行、移动运营商合作开发系统，加强资金运作； 3. 不断创新业务内容	1. 通过业务整合，提高整体议价能力； 2. 定制业务发展规划，并逐步实行

6.5.4 第三方为主导商业模式案例分析

1. 案例背景

2010 年 10 月 19 日，支付宝（中国）网络技术有限公司主办的“支付与移动互联网峰会”在北京举行。支付宝携手到会的国内外知名手机芯片商、手机制造商和手机应用商等 60 多家厂商共同成立“安全支付产业联盟”，并推出了手机安全支付产品方案。会上，支付宝同时发布了名为“手机安全支付产品方案”的开放式支付方案。此方案实施之后，手机用户将可以安装带有支付宝接口的应用软件，通过支付宝账号完成软件中所包含的支付请求。

手机用户不需要使用电脑或其他设备，而只需安装带有支付宝接口的应用软件，之后就可通过支付宝账号完成该应用软件的所有付费操作。第三方手机开放平台的开发利用支付宝的优势，无需换卡，降低了用户的使用门槛，有利于整体市场的发展。

2. 操作流程

对于用户来说，只要熟悉一般的支付宝操作流程即可在手机上进行操作，特别是对于使用过淘宝手机客户端的用户则更为便捷。而对于其他想通过支付宝来进行移动支付的开发者来说，在与支付宝签约之后，只要在自己的客户端上添加一个支付宝接口，即可使用支付宝进行移动支付。

3. 案例评述

支付宝作为网上支付领域的领军者，此次将业务延伸至手机支付，从侧面证明了移动支付未来广阔的发展前景。支付宝的“手机安全支付方案”具备多种优势：

① 拥有庞大的资源。支付宝是市场占有率最高的电子支付平台，约占整个市场份额的50%。支付宝成为专业的电子支付平台，技术上已不存在什么问题，而庞大的用户群以及用户的品牌认可度，都使得支付宝在移动支付的推广中如鱼得水。

② 效率高。第三方移动支付平台起到信息中心的作用，将运营商、金融机构等各利益群体之间的复杂关系简单化，大大提高了商务运作的效率。运营商、金融机构只需要分别同支付宝所提供的移动支付平台进行交互即可实现移动支付。

③ 推动移动支付产业持续发展。支付宝在解决支付的瓶颈后，其建立的产业联盟则可从中受益，这将大大激发产业链各方的积极性，开发的应用增多，用户从中受益，进而形成良性循环。

不过，第三方服务提供商主导的运营模式存在的问题也很多。首先，非金融机构进行支付业务的门槛较高，支付宝必须根据新出台的管理办法进入；其次，第三方支付平台虽然简化了支付流程，但是对于支付宝本身如何协调其与运营商及金融机构之间的关系也是一个很大的挑战。

本章小结

本章介绍了移动支付商业模式的概念、特点，并且详细分析了不同移动支付模式的优缺点以及费用流，并对商业应用进行了分析和介绍。

本章习题

1. 什么是商业模式？
2. 移动支付商业模式的分类有哪些？
3. 什么是移动银行？
4. 简述移动与银行服务商业模式？
5. 简述移动与第三方支付商业模式。

第 7 章

移动支付服务的技术模式

内容提要

本章主要介绍了移动技术模式，内容包括了 SMS 模式、WAP 模式、i - mode 模式以及 K - Java 和 Brew 模式等，通过实例介绍了我国的移动支付的技术模式以及方案。

7.1 移动支付技术模式概述

技术模式也称业务模式。在早期运营商提供的移动支付业务中，一般都是基于短信或语音交互绑定的后台账户模式，或是基于 WAP 和 Java 方式通过网络进行支付，也分别被认为是移动支付的第一代和第二代。非接触式移动支付方案的使用是移动支付业务进入第三代的标志。目前，非接触移动支付已经在全球范围内大规模使用，例如日本 NTT DoCoMo 的 FeliCa 项目、欧洲的 NFC 手机支付项目。

移动支付服务的技术模式主要是指提供移动支付业务的电信运营商、设备制造商、终端提供商、内容提供商以及银行等金融机构、终端用户等产业链的各个环节在整个移动支付产业生态环境中的体系结构，包括参与者的角色、位置、互相的关系，物流、信息流和资金流的传输方法，价值创造的来源和方式等。

移动支付是一个开放的市场，产业链涵盖众多环节。根据前面第一章我们对移动支付产业链的构成和移动支付商业模式的分类，以及在移动支付中应用的不同关键技术，移动支付服务在实际运行中也有不同的技术模式存在。

图 7 - 1 反映的是移动支付产业链中的主要参与者。

由客户、商家和移动运营商等参与者所构建的移动支付产业链，在为客户提供移动支付业务时，信息、商品（或者服务）、资金在这个产业链的各个环节有序流动，最终实现了完整移动支付过程。图 7 - 2 反映的是简易的移动支付通用业务模型图，它是无论哪一代的移动支付技术模式都通用的基本运作形态。移动支付的基本运作形态包括信息交互、资金流通和商品服务交付三个步骤。

① 信息交互。消费者 X 使用移动终端，通过无线网络向商家 Y 咨询其所需要的商品或者服务。如果决定购买，则继续下一步，否则不发生移动支付活动。

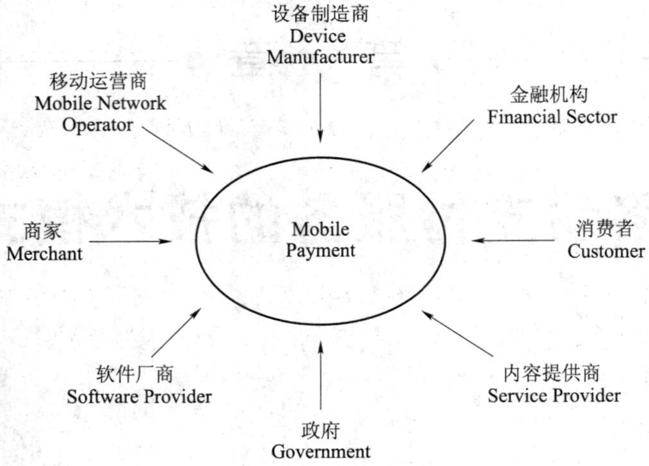

图 7－1　移动支付产业链主要参与者

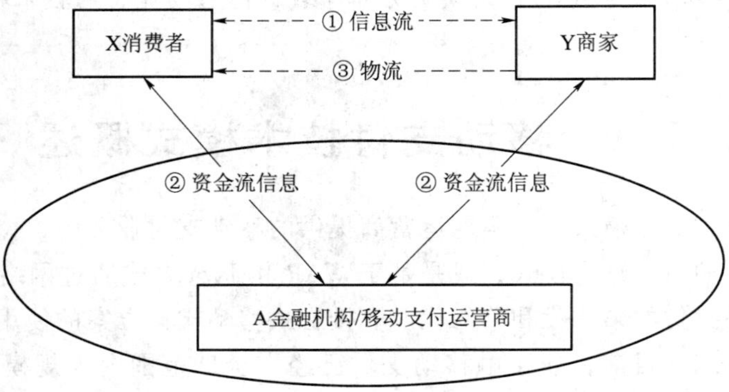

图 7－2　简易移动支付通用业务模型图

② 资金流通。X 发起移动支付活动，资金通过移动支付运营商或者金融机构 A 的中介作用，在消费者 X 的账户和商家 Y 之间实现转移。如果本步骤正确，则进入下一步，否则移动支付活动中止。

③ 商品服务交付。确认资金转移正确的商家 Y 向消费者 X 提供对应的商品或者服务。

值得注意的是，无论是早期运营商提供的基于短信或语音交互模式，或是基于 WAP、Java 方式以及各种非接触式移动支付方案，由于使用技术的不同，适用范围的不同，以及涉及参与者的不同，其具体的业务运作模式也有独特的地方，本章将分别予以分析和介绍。

7.2　SMS 移动支付技术模式

SMS 即短信服务。早期的移动支付业务采用最多的实现方式是通过短信方式远程控制完成支付。采用这种方式的用户在需要交纳费用时需用短信的方式通知移动运营商；运营商或从用户事先在运营商处开的虚拟账户中扣除一定金额，或通知银行在和手机号码绑定的用户银行账户上扣除一定金额；支付行为完成后，运营商还要以短信等方式告知用户支付已完成。

目前，短信作为移动支付的手段可以实现诸如手机钱包、话费充值、缴费、彩票、手机银行等功能。下图7-3是基于SMS的移动支付方式的系统框架和支付流程图。

步骤①为短消息请求。身为消费者的终端用户X，通过短消息形式来请求服务，如发送信息到xx来查询天气预报、新闻等。其中，移动电子商务平台P是移动支付的中转站。步骤②为P将消费者X的服务请求转交给商家。步骤③为鉴权，即商家在收到请求内容后请金融机构或者移动运营商进行消费者身份鉴权（例如认证终端用户的合法性及账户余额）。步骤④是，如果用户合法则向消费者发送信息请求协议的确认，如果不合法则返回相应错误信息。步骤⑤⑥⑦为移动支付的核心过程，即移动支付服务商/金融机构从终端用户的账户中扣除相应内容的费用转账给商家。在SMS系统中，费用是从用户的话费中扣除的。账户的处理是由支付服务商/金融服务商来完成的。步骤⑧为交付，即商家把商品或者服务提交给消费者。

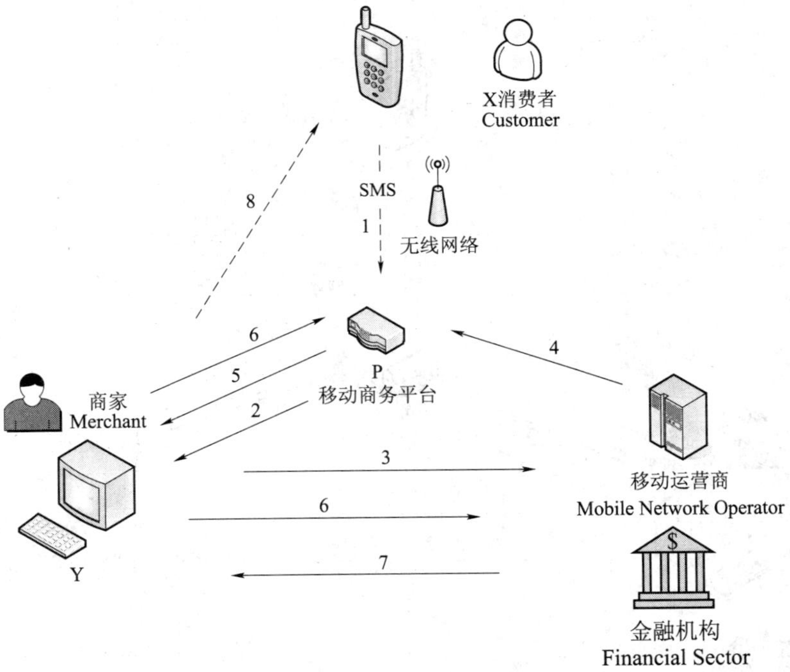

图7-3　基于SMS的移动支付技术模式

通常情况下，移动支付服务商/金融机构是指移动运营商，即SMS系统一般不会涉及银行的参与，并且SMS系统适合于小额的信息服务。SMS系统的安全性取决于短消息的安全性。该系统的优点是费用低廉，移动金融服务通过发送一条短信完成一笔交易一般只需花费0.1元，而使现有手机带上银行服务的功能，只要将原先的SIM卡换成STK卡，成本也很低，并且还能保留原有的电话号码。它符合现阶段手机使用群体期望以低成本享受高质量金融服务的心态。但是SMS系统只适合于小额支付，主要是电子服务，如购买天气预报信息等，只有10%用于移动交易。

基于SMS的与移动支付模式具有技术门槛低、操作简单易用的特点，整个业务模式也简单清晰，利于产业链中各个环节之间的分工合作，是最早得以实施的移动支付方式。但是，SMS信息的传送能力较弱、直观性差、安全性不高也限制了其进一步发展。

7.3　WAP移动支付技术模式

WAP是移动通信与互联网结合的第一阶段性产物。这项技术让使用者可以用手机之类的无线装置上网，透过移动终端屏幕访问互联网网站。这些网站必须以WML（无线标记语言）或者XHTML（The Extensible HyperText Markup Language，即可扩展超文本标识语言的缩写）语言编写。经过一段时间的市场培育，WAP已经渐被用户所接纳，用户访问量逐年大幅度提高。WAP配上手机的彩屏、摄像、MP3动画放功能，将使手机变成名副其实的多媒体通信办公娱乐中心。其高速率、移动和高安全性等特点，给移动电子商务的应用带来巨大商机。图7-4是基于WAP的移动支付系统框架以及工作流程介绍。

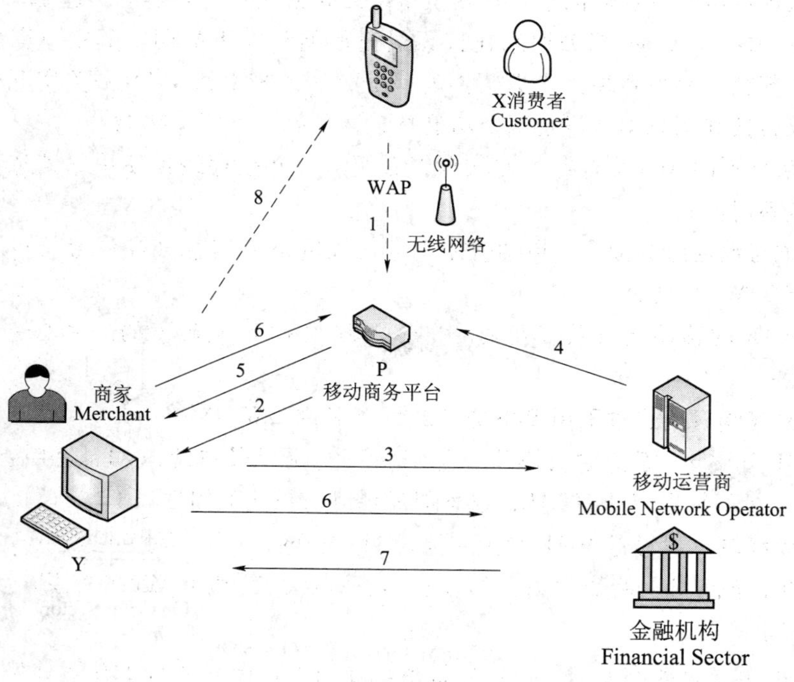

图7-4　基于WAP的移动支付技术模式

可以看出，基于WAP的移动支付模式和基于SMS的移动支付模式在流程方面的主要不同就是访问移动电子商务平台的途径不同，前者通过WAP技术发送服务请求和接收反馈信息，而关键的支付过程的完成则基本和一般的网络支付相似，区别在于使用的终端（移动终端而不是电脑）、承载信息的载体网络（移动网络而不是有线互联网）。

WAP信息交互过程如同图7-5所示。

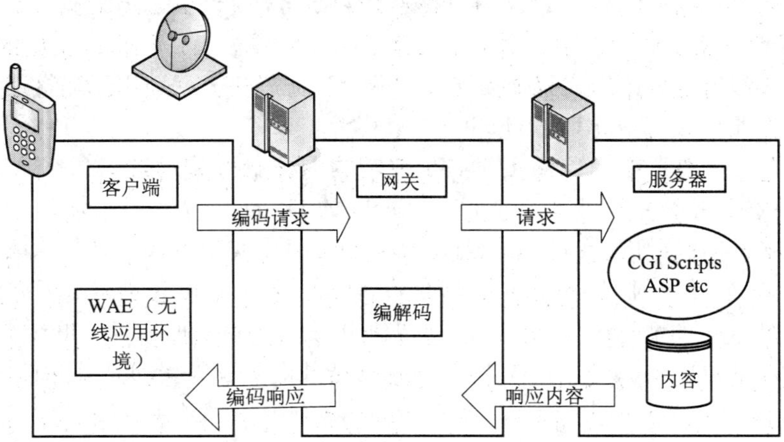

图7-5 WAP信息交互过程示意图

从图7-5可以看出，当WAP终端发送的请求在网关经协议转换后再向内容服务器传送，而从内容服务器返回的信息经网关编程后转换成较为紧凑的二进制格式返回移动终端（即客户端）。WAP网关用来连接无线通信网和WWW网。其中，客户端是无线通信网的一部分，服务器端是WWW网的一部分。系统中的WAP网关实现的功能除了上述的协议转换和消息编解码这两个功能外，还具有以下两个功能：

① 将来自不同web服务器上的数据聚合起来，并缓存经常使用的消息，减少对移动设备的应答时间；

② 提供与数据库的接口，以便使用来自无线网络的信息（如位置信息）来为某一用户动态定制WML页面。

基于WAP的移动支付系统安全性是建立在WAP的基础上的。目前这种系统还存在以下缺点：

① 移动终端只能通过采用B/S方式访问互联网。WAP是一种分层协议，其中底层是无线WDP和WTP等传输层协议，基于底层的应用层中的WAP微浏览器只能访问WML脚本，而不是主流的HTML，也不能显示复杂格式的图形。

② 移动终端手机通过WAP网关才能访问互联网。由于WAP网关的存在不可避免地带来新的安全隐患，例如中间人的攻击等，因此，直到WAP2.0采用TLS才保证了端到端的安全性。

③ WAP解决方案不能访问终端设备本地存储区，需要运行于在线环境中，大量数据的交换增加了服务器负荷，并且增加了数据被窃听的可能性。

基于WAP的移动支付模式并没有对网络支付的传统模式进行关键性的改造，其缺点是需要能够支持WAP功能的移动终端和网站，交易成本较高，而终端显示能力、信息处理能力、操控能力以及移动网络带宽等方面的限制也是不小的制约因素。

7.4　i - mode 移动支付技术模式

非接触式移动支付已经成为移动支付领域的主流趋势。目前用于非接触式移动支付业务的近距离通信技术有 RFID、FeliCa、NFC 等。未来，蓝牙、802.11 等也非常有可能应用在移动支付业务中。应用最早、最成功的非接触式移动支付服务，是由日本的 NTT DoCoMo 公司推出的。得益于 NTT DoCoMo 的 i - mode 品牌对市场的培育，日本成为全球移动支付发展最成功的国家。日本在移动支付的实现方式上进行了大胆而成功的尝试。日本移动支付产业由 DoCoMo 与 SONY 引领。两家公司共同推出了内嵌 FeliCa 芯片（智能感应卡）的 i - mode FeliCa 移动钱包方案，支持各种零售、电子票务（公交、铁路及民航）、会员卡、娱乐消费、在线金融等应用，还支持身份认证功能。

i - mode 移动支付模式技术如图 7 - 6 所示。居于核心地位的移动运营商 NTT DoCoMo 通过定制具有 FeliCa 功能的终端、整合商家和信用卡公司等一些列操作，牢牢掌握了移动支付的产业链的各个重点环节，有效理顺了整个移动支付的信息、物品和资金流，有力地促进了移动支付的发展。消费者享受了便捷、安全、丰富的移动支付服务，而消费者在手机钱包中预存的资金成为移动运营商稳定的资金流，商家和信用卡、银行等上下游企业也有明晰稳定的获利，因此是一个多赢的业务模式。

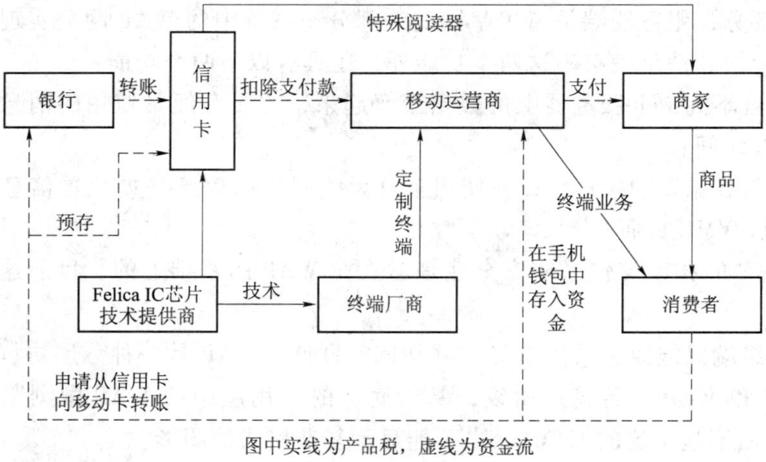

图 7 - 6　i - mode 移动支付技术模式

但是 i - mode 模式的成功是和日本独特的市场环境有密切关系的，具有一定的特殊性。

7.5　其他移动支付技术模式

7.5.1　USSD 支付

USSD 即非结构化补充数据业务，是一种基于 GSM 网络的新型交互式数据业务，是在 GSM 的短消息系统技术基础上推出的新业务。USSD 技术单独使用或与目前的短消息技术、通用分组无线业务 GPRS 技术相结合，可为客户提供种类繁多的增值业务，如移动银行、金融股票交易、手机话费查询、气象信息预报和查询、收发电子邮件、航班查询、网上订票、民意测验等。在香港特区、新加坡等国家和地区已有广泛的应用，在我国也有广阔的应用前景。

USSD 系统与短消息业务 SMS、GPRS 和无线应用协议 WAP 的应用范围相似，但有其自己的特点。首先，尽管目前 USSD、SMS、WAP 都属于电路承载型的业务，但它们所使用的电路信道各不相同，在通话状态下，USSD 和 SMS 使用相同的信令信道即 SDCCH，而在非通话状态时，USSD 使用 FACCH 信令信道，数据传输速率大约为 1kbit/s，比 SMS 传输速率高。而对于 WAP，目前用户只能在非通话状态下使用，数据通过话音信道 TCH 进行交换，其传输速率大约为 9.6kbit/s，且需专门的 WAP 手机支持。其次，USSD 在会话过程中一直保持通话连接，提供透明通道，不进行存储转发，而 SMS 在物理承载层没有会话通道，是一个存储转发系统，用户完成一次查询需要进行多次会话过程。USSD 系统对用户的呼叫请求是即时响应，使响应时间大大加快，比短消息快。而且，USSD 在交互式会话中可以提供直观的菜单操作，方便用户使用。在一次信息服务中，只需要拨打服务号码，之后就可以按菜单提示进行下一步操作，可以建立类似 WAP 的门户网站来提供电信增值服务。WAP 与 USSD 类似，交互中保持一个会话过程，但由于 WAP 服务器和互联网速度等因素的影响，其目前的响应速度比 SMS 还慢。最后，USSD 和 GPRS 适合不同的用户群。在工业环境下，在通信量不大、每次通信量只有几 K 数据量的情况下使用 USSD 的费用低廉，而 GPRS 传送带宽高，适用于信息量大的数据传输。在应用服务方面，USSD 和 WAP 都可以在服务器端对服务内容进行相应的调整，尤其是 USSD 可以在服务器端方便地修改菜单，使服务商或运营商可以迅速针对市场需求情况的变化作出新的应用，而以 SMS 平台为基础的 STK 卡则无法随时修改菜单选项，在业务开拓方面要稍微麻烦一些。

结合图 7－7 所示的 USSD 系统结构和图 7－8 所示的 USSD 业务流程，下面给出典

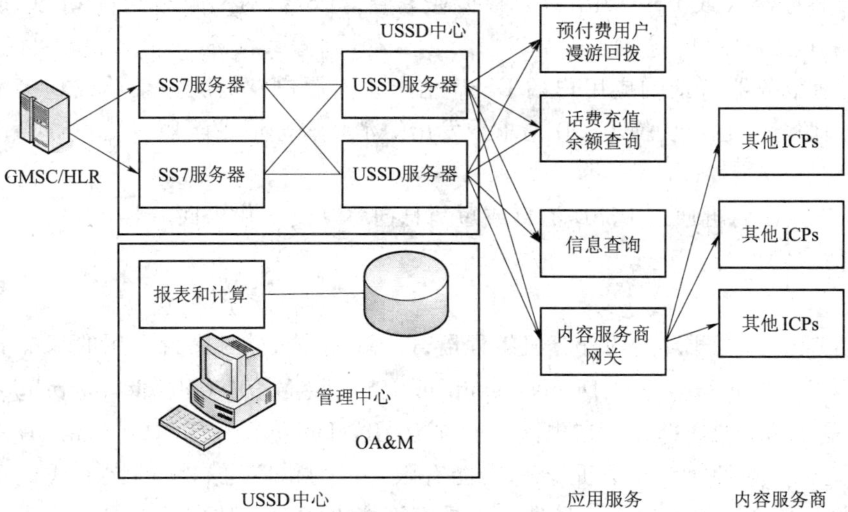

图 7－7　USSD 系统结构图

型的 USSD 操作流程。

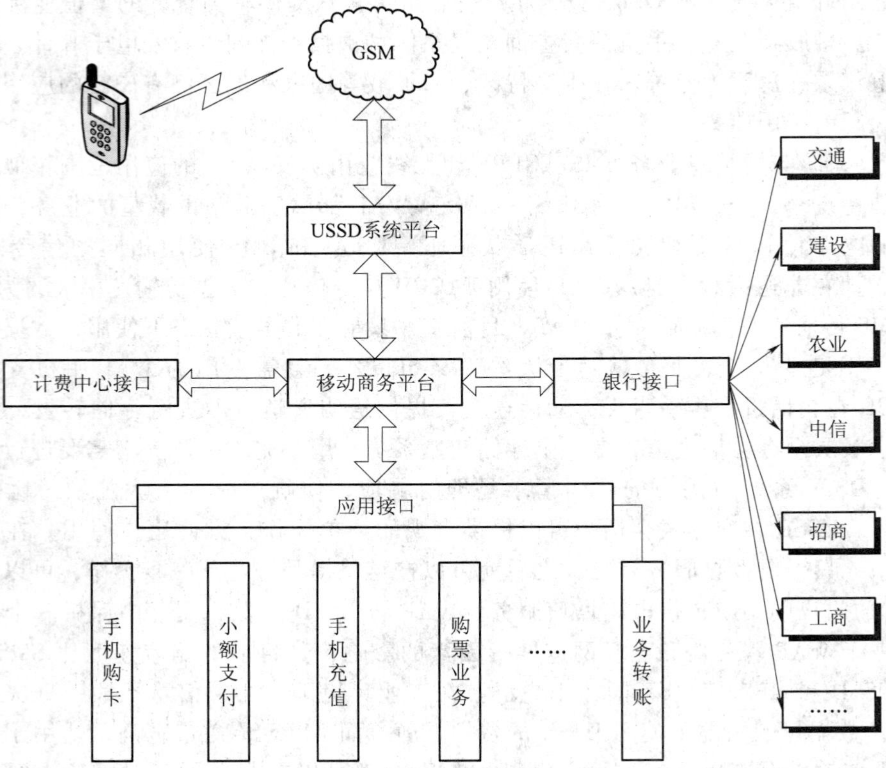

图 7-8 USSD 业务流程

① 移动用户发出一个 USSD 请求，此请求被送到 USSD 信令接口服务器。

② SIU 将 SS7 消息（主叫号码或业务号等）转换为 TCP/IP 消息，并将其发送给 USSD 网关服务器（或 USSD 中心）。根据业务号，USSD 网关服务器将 USSD 请求路由至 USSD 应用服务器。

③ 应用服务器直接响应用户的 USSD 请求，向用户发送服务菜单或直接发送服务内容。应用服务器也可变换 USSD 请求，发出短消息服务请求至服务提供商，以获取服务内容。

④ 服务提供商再通过 USSD 消息或短消息向移动用户作出回应。

7.5.2 K-Java

Java 是 sun 公司开发出的计算机编程语言。Java 手机软件平台采用的基本 Java 平台是 CLDC（Connected Limited Device Configuration）和 MIDP（Mobile Information Device Profile），是 J2ME 的一部分，在中国一般称为无线 Java 技术。J2ME 先将所有的嵌入式装置大体上区分为两种：一种是运算功能有限、电力供应也有限的嵌入式装置，例如 PDA、手机、PSP 等掌上设备；另外一种是运算能力相对较佳、并且在电力供应上相对比较充足的嵌入式装置（比方说冷气机、电冰箱）。因为这两种区分，所以 Java 引入了一个叫做 Configuration 的概念，然后把上述运算功能有限、电力有限的嵌入式装置定义在 Connected Limited Device Configuration（CLDC）规格之中；而另外一种装置则规范为 Connected Device Configuration（CDC）规格。也就是说，J2ME 先把所有的嵌入式装置利用 Configuration 的概念区隔成两种抽象的型态。

K－Java 的平台特点是，K－Java 的平台具有开放性，Java 语言可以跨平台运行，软件开发商可以很容易的开发应用程序。K－Java 具有动态下载能力，用户可以轻松下载，并将下载内容方便的安装到手机中，不断丰富商务和游戏功能。K－Java 提供了 HTTP、TCP/IP 等高级因特网协议，手机预设 K－Java 平台后可以自由访问因特网，这意味着它是 WAP 协议之外的又一手机和网络之间的桥梁。

随着 K－Java 技术的不断完善与发展，移动运营商们将对具有 K－Java 功能的手机用户提供更全面的服务，如互动游戏、互动新闻、增强手机连接到无线网络后进行数据交换的安全性、载以 Java 语言写成的内容、遥控家用电器。

7.5.3 BREW 支付

BREW 就是无线二进制运行环境的缩写，是高通公司 2001 年推出的基于 CDMA 网络无线互联网发射平台上增值业务开发并运行的基本平台。相对 Java，BREW 是一个更底层的技术。

从基本的层面而言，BREW 平台就是手持设备上嵌入式芯片操作系统的接口或抽象层，我们可以将它看作是 PC 环境下 Microsoft Windows 的 Win32 API。BREW 平台是一组用于本地执行而编译并链接的二进制库，优化后能使应用程序利用无线服务和资源。它控制流出或流入应用程序的事件流，能根据相应的事件启动、停止、中止或恢复应用程序。BREW 执行环境在运行时可以发现应用程序和任何相关的扩展。

BREW 提供了一个高效、低成本、可扩展和熟悉的应用程序执行环境 AEE，着重开发可无缝植入任何实际手持设备的应用程序。制造商和开发人员可以随时对运行环境进行扩展，提供应用程序需要的各种附加性能模块，如无线互联网发射平台中包含的多媒体、多种连接方式、位置服务、用户界面、网络等功能套件。BREW 提供的功能环境就好像 PC 机上的操作系统一样，可以通过服务提供商下载指定类型的应用程序或游戏来使用。同时，通过 BREW 接口功能，供应商可以提供成套的完整的资讯、商务、娱乐功能。在将来的版本中，BREW 内核类将能提供诸如蓝牙技术、全球定位系统和基于数据业务的电话等服务。由于需要更少的内部应用程序开发和集成任务，OEM 可以更加快速地推出新设备。用户可以选择和下载适合自己个人喜好的无线软件。通过这种方式，用户将推动新的无线数据应用程序和服务市场的发展。

BREW 主要应用在移动通信领域，它类似一个开放免费的 PC 操作系统，其他厂商可以在这个平台上设计各项应用。作为一个手机应用平台，BREW 能支持高速上网、下载游戏、无线购物等几十种数据业务。厂商使用 BREW 设计一款应用软件，所有装载高通芯片的手机都可以使用，不会出现 Java（另一种平台）上不同手机型号需要分别设计的麻烦。此外，BREW 还兼容其他语言，包括 Java、Flash。

7.5.4 RFID 和 NFC

RFID 即射频识别，俗称电子标签，是一种通信技术，可通过无线电讯号识别特定目标并读写相关数据，而无需识别系统与特定目标之间建立机械或光学接触。RFID 射频识别是一种非接触式的自动识别技术，它通过射频信号自动识别目标对象并获取相关数据，识别工作无须人工干预，可工作于各种恶劣环境。RFID 技术可识别高速运动物体并可同时识别多个标签，操作快捷方便。

RFID 标签分为被动、半被动（也称作半主动）、主动三类。

被动式标签没有内部供电电源，其内部集成电路通过接收到的电磁波进行驱动，这些电磁波是由 RFID 读取器发出的。当标签接收到足够强度的讯号时，可以向读取器发出数据。这些数据不仅包括 ID 号（全球唯一标示 ID），还可以包括预先存在于标签内 EEPROM 中的数据。由于被动式标签具有价格低廉，体积小巧，无需电源的优点，目前市场的 RFID 标签主要是被动式的。

一般而言，被动式标签的天线有两个任务，一是接收读取器所发出的电磁波藉以驱动标签 IC，二是标签回传信号时需要靠天线的阻抗作切换才能产生 0 与 1 的变化。问题是，想要有最好的回传效率的话，天线阻抗必须设计在“开路与短路”，这样又会使信号完全反射，无法被标签 IC 接收，半主动式标签就解决了这样的问题。半主动式类似于被动式，不过它多了一个小型电池，电力恰好可以驱动标签 IC，使得 IC 处于工作的状态。这样的好处在于，天线可以不用管接收电磁波的任务，充分作为回传信号之用。比起被动式，半主动式有更快的反应速度和更好的效率。

与被动式和半被动式不同的是，主动式标签本身具有内部电源供应器，用以供应内部 IC 所需电源以产生对外的讯号。一般来说，主动式标签拥有较长的读取距离和较大的记忆体容量可以用来储存读取器所传送来的一些附加讯息。

NFC 技术脱胎于无线设备间的非接触式射频识别 RFID 及互连技术，它可以满足任何两个无线设备间的信息交换、内容访问、服务交换，并且使之更为简约——只要任意两个设备靠近而不需要线缆接插，就可以实现相互间的通信，这将使任意两个无线设备间的“通信距离”大大缩短。举例来说，用户手里拿着手机，在一个音乐会的广告海报前面，把手机接近海报，它就能实现手机与海报网站的连接，而要想买票入场，可以利用嵌在手机中的智能卡支付票款。作为一个安全的连接到世界的网关，未来的 NFC 设备将允许使用者无论在何处都可以存储和获取各种个人数据如消息、图片、MP3 文件等等。它具有使用简单、连接快速方便、无需额外配置和智能密钥获取数据等特点，满足了使用者的各种需求。Informa 预测，到 2013 年约有 11% 的新手机会具备 NFC 功能，超过 1.78 亿移动用户会经常使用移动 NFC 手机购买商品和服务，例如购票。下图 7－9 是 NFC 的系统架构以及应用领域。

7.5.5 我国移动支付技术方案

我国的移动支付目前所用技术方案主要有三种，分别是 SIMpass、RF－SIM 和 eNFC。2006 年下半年开始，中国移动先后在湖南、重庆、广州进行试点，陆续采用了

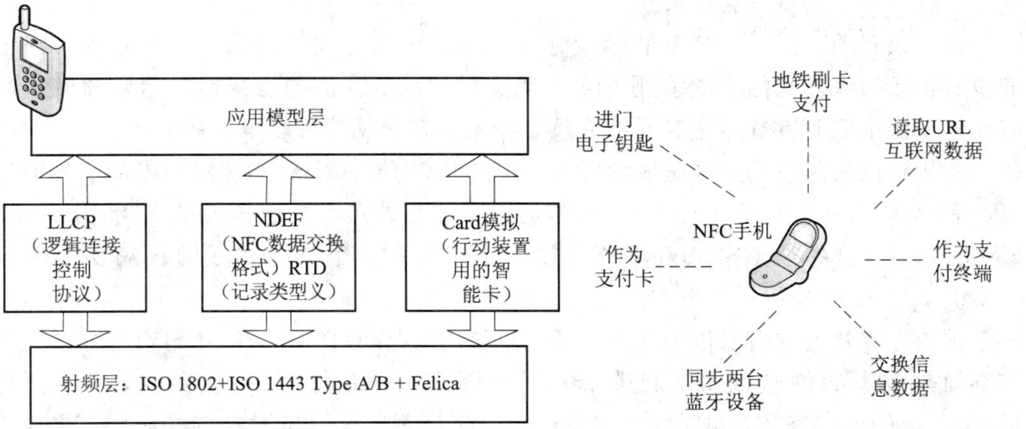

图 7-9　NFC 系统架构以及应用领域

SIMpass、eNFC、RF-SIM 等多种技术方案。中国联通在湖北推广基于 RFSIM 的移动支付业务之后，又在上海和复旦微电子股份有限公司及相关手机厂商合作推出基于 NFC 技术的手机支付业务。中国电信从 2008 年底也开始了非接触移动支付的预研。

SIMpass 卡是一种多功能的 SIM 卡，支持接触与非接触两个工作接口，接触界面实现 SIM 功能，非接触界面实现支付功能，兼容多个智能卡应用规范。利用 SIMpass 技术，可在无线通信网络及相应的手机支付业务服务平台的支持下，开展各种基于手机的现场移动支付服务。使用 SIMpass 的用户只需在相应的消费终端前挥一下，即可安全、轻松地完成支付过程。SIMpass 卡除支持 GSM 或 CDMA 规范外，与低成本非接触 CPU 卡也能兼容，这为 SIMpass 卡片的广泛应用提供了基础应用环境。

SIMpass 的优势在于将安全模块、支付模块、电信模块以及应用模块都集成在一张 SIM 卡上，能够实现高安全、低成本、多兼容、易推广的一卡多用。用户不需要更换手机，运营商项目启动的成本小。而其劣势在于采用 SIMpass 技术进行移动支付时，业务将占用用于 OTA 业务的 C4/C8 接口，这将对运营商的网络将会造成一定的压力，而且 SIMpass 卡只具备被动通信模式，不具有点对点通信功能，且产业链相对单薄。

RF-SIM 是一种实现中近距离无线通信功能的手机智能卡，也叫 RF-SIM/RFSIM 卡。它通过将射频技术集成到手机 SIM 卡里，使手机使用者仅需要把 SIM 更换一张 RF-SIM，便可以使现有的手机变成类 NFC 手机。它不但拥有普通 SIM 卡的所有功能，还拥有一个可代替钱包、钥匙和身份证的全方位服务平台，能实现大部分的非接触应用，并支持全制式的无线网络和各种型号手机。RF-SIM 的主要功能包括支持标准 SIM 功能（GSM 11.11，11.14）、电子钱包功能（模拟 Mifare 数据逻辑结构并符合 BOC2.0 以及 EMV 电子信用卡的规范要求，支持空中开卡和充值）、远程支付功能、超级 VIP 卡功能（CRM、积分、打折、交易）等。

RF-SIM 的优势是其更容易让运营商控制产业链，且用户使用门槛低。而其劣势是 RF-SIM 技术采用 2.4GHz 通信频率，而对于银行机构来说，他们更青睐于基于 13.56MHz 的 SIMpass 或 NFC 标准，而对于注重产业链协同的移动支付业务来说，在初期，运营商推广的难度会较大。

该协议目前已通过欧洲电信标准协会 ETSI、中国移动等的认可，所有的 SIM 卡厂商也支持该协议。它的主要应用是在小额支付，例如在法国巴黎地铁运营商就把公交票、地铁票下载到 SIM 卡上，手机在读卡器上轻轻一晃就可以坐地铁。

关于移动支付应用方案是多种多样的，有基于 13. 56MHz 非接触技术的双界面卡方案，有 NFC 的方案，还有银联的 SD 卡的方案，另外还有自主研发的 2. 4GHz 的 RF－SIM 的方案，这些商业模式都不能忽视，并且需要一个符合实际的移动支付的标准方案。

国内业界移动支付自主研发和产业化的进展首先是关于双界面 SIM 卡方案，这个方案简单易行，性价比高，已在 20 个省份使用，有超过 500 万的发行量。它是 13. 56MHz 的全卡方案，也是自主知识产权，同时支持 NFC 各种标准和应用，将成为国际化的规范标准。

还有一个新的基于 QSIM 的手机钱包方案，其目标是在任何时间、任何地点、对任何物体提供的创新有效的 RFID 硬件解决方案。它既支持 13. 56MHz 符合金融 PBOC2. 0 标准及受理环境，又要解决芯片、外设和读写机的国产化问题，它具备 RFID 标签芯片设计、射频电路和天线设计、电路测试、质量管理和企业管理多种优势。它使用国际上成熟的频率，符合银行系统的标准，也符合智能卡协议。该芯片自主产权，物美价廉，具有安全性，又跟银联的要求相符，手机只需要更换 SIM 卡，对运营商的好处是就一个芯片，更换成本很低，对企业和用户来讲没有任何负担，对所有的手机都没有限制。

现在银行卡正在抓芯片化，很多读写机具和专用外设需要改造，产业部门为此应做好充分的技术准备。在制定改造方案时不仅要加上 IC 卡的功能，还要同时考虑并兼顾 RFID 的 13. 56MHz 和 2. 4GHz 双频应用的需要，最好两者一同考虑，避免今后二次改造。今后可以根据不同的需求选择，追求整体效益最大化。

7. 5. 6　中国银联的移动支付

1. 卡基移动支付

发卡量近 30 亿张的中国银联希望在手机支付领域抢占更多的市场。2012 年 4 月 24 日，中国银联与 UC 浏览器共同宣布，银联手机支付服务在 UC 手机浏览器上线。银联卡持卡人使用该浏览器的缴费易，可通过内嵌的银联手机支付直接付款，不需要注册任何第三方账号。银联在移动支付领域的创新其实从 2003 年就开始了，以后陆续还会有一些新产品推出。手机移动支付已经经历了短信支付、WAP 支付等几代的技术发展，之前由于流程繁琐以及网络条件等原因，移动支付的接受程度并不算高，完成大额支付也有困难。在过去十年中，更多的是电信运营商在主导手机移动支付市场，而现在正是银联发展新一代移动支付的正确时机，因为用户群体日渐成熟、网络环境进入 3G、移动电商的发展都到了一个恰当的阶段。现在银联已经开始在移动支付涉及的各个领域，包括浏览器、客户端以及近场支付方面进行全面布局。

中国银联于 2002 年 3 月正式成立。银联成立之初就看到了移动支付的趋势，但是直到十年之后的今天才推出手机浏览器支付的产品，是因为对技术以及用户支付行为改变的综合考虑。前几年用手机上网的时候，在上面做电子商务是很难想象的。现在已经具备这个条件，相应配套产品推出和整个大环境密切相关。从用户群来看，在银行卡用户方面，全球银联卡发卡量超过29亿张。而在手机用户方面，今年年初的统计数据是中国手机用户已经突破10亿。目前国内手机的普及率大大高于PC，银联卡的普及率也大大高于其他网上支付账户。在银联和UC双方看来，这是促成他们达成合作的大背景。银联之所以选择UC作为第一家合作伙伴，是因为浏览器平台应用最多的是UC。双方的合作并不排他，这也意味着，未来银联可以和更多的移动互联网公司签署合作，把自己的支付方案接入其中。银联本来就是一个开放的组织，现在在运营方面也是开放的，欢迎各个不同层面的产品和银联合作。在手机支付领域，银联除了与UC这样的浏览器厂商合作，在客户端以及近场支付方面都在加速扩张。比如在手机客户端方面，京东商城、麦包包、欧飞数码等商户都已经上线银联支付服务。银联手机支付是银联全力打造的移动支付综合解决方案，面向不同的应用平台形态，发展出基于智能卡的银联手机客户端、安全控件等系列产品，全面支持移动互联网商户的接入。该业务正逐步覆盖Android、iOS、Symbian、Windows Phone等主流手机操作系统，支持超过100家银行发行的银联借记卡或银联信用卡。中国银联为了吸引更多的商户支持银联手机支付通道，在费率方面也有不同程度的优惠。

2. 现场支付标准

无论是通过浏览器还是手机客户端，都是移动支付的其中的一个领域，即“远程支付”。事实上，广义的移动支付包括远程支付和现场支付两部分。在远程支付领域，银联的主要竞争者是比较成熟的第三方支付公司。比如支付宝在去年就和UC达成了在手机浏览器方面的支付合作。在这一领域，银联希望通过银行卡覆盖的广泛性以及便捷性来赢回市场。

而在现场支付模式中（即通过NFC等手段刷手机完成支付），电信运营商、银行、终端厂商、芯片厂商和软件厂商等都会参与其中。在过去的几年中，具有主导能力的电信运营商在现场支付方面的投入更大。早在2009年，三大运营商的手机支付业务就进入了试点商用阶段。比如中国移动在2009年11月就正式推出了RFID－SIM卡，消费者可以在星巴克等店铺以及世博场馆内刷手机消费；联通则宣布与复旦微电子合作，通过定制机或者贴卡等方式实现手机消费。但是，标准无法统一一度是现场支付不能大规模推进的难点。之前中移动主推2.4GHz标准，其在上海、湖南等地的试点中都是采用2.4GHz标准。而银联则力挺13.56MHz的标准，在POS机改造中都是采用这一频率。目前虽然最终的现场支付国标尚未出台，但业界普遍认为银联标准会最终胜出。事实上，银联也正在加快POS机的改造进度以全面支持刷手机功能。但中国银联相关人士透露，目前移动现场支付的瓶颈还是在于支持的手机终端太少。现场支付与远程支付相比，还是后者的比例更大，他希望NFC功能手机的普及能带动现场支付的发展。

3. 中国银联携手UC开启全民移动支付时代

抛弃繁琐的网银验证又能够确保安全享受移动支付由于UC与中国银联的合作而变成了可能。2012年4月24日，中国银联与手机浏览器提供商UC优视签署战略合作协议，推出基于UC浏览器的银联移动安全支付解决方案，为电商、阅读、游戏、团购等各类网站及其用户提供安全、便捷的移动安全支付服务。这意味着使用UC浏览器8.3版本的用户，可以彻底摆脱繁琐、成功率低的手机网银支付流程，直接在UC浏览器内使用银联信用卡或借记卡完成移动支付，过程与PC支付一样简单易用。

当前国内由于在国内手机的普及率大大高于PC，银联卡的普及率也大大高于其他网上支付账户，这一战略合作不仅将快速推进移动支付的全民化进程，也疏通了阻碍众多移动互联网企业盈利的移动支付渠道。银联与UC的合作，标志着银联在移动支付领域的积极创新，不仅让银联拥有了更广泛的支付用户群体，也使UC浏览器成为全球第一款具有银联支付功能的手机浏览器。基于超过29亿张银联卡及UC浏览器超过3亿的全球用户，本次合作覆盖了绝大部分的国内手机上网用户，双方庞大的手机浏览器市场占有率与银行卡数量无疑将成为推动全民移动支付实现的决定性力量。UC优视公司表示：我们给自己制定的目标是到2013年，有超过1 000万用户使用银联－UC移动安全支付解决方案。

基于银联及UC共同推出的全民移动安全支付解决方案，用户的支付过程发生了三大变化。第一，用户不需要有计算机，只需要拥有一部安装UC浏览器的手机就能完成银联移动支付；第二，用户不需要第三方支付账户，只需要一张银联卡，输入卡号密码就能完成银联移动支付；第三，支付流程不再像之前的手机网银支付那样繁琐，而是非常轻松简便。

针对广大用户最关心的移动支付安全问题，银联－UC全民移动安全支付解决方案与银联的PC支付解决方案有同等安全等级，甚至更高。采取了浏览与支付分离的技术架构，浏览网页的安全交给UC浏览器，UC浏览器会对假冒网页和假冒支付插件进行提醒，支付的安全则交给银联安全支付插件。同时，由于手机不存在公用现象以及手机病毒相比PC要少，所以相比PC支付，移动支付其实更加安全。除了为手机用户带来更方便、快捷的支付体验，银联－UC移动安全支付解决方案同时也为广大的移动互联网商户提供了一个便捷的收款渠道。过去，移动支付一直备受繁琐的支付流程和安全问题困扰，缺乏便捷、安全的收款渠道成为制约游戏、阅读、电商等移动互联网企业自身造血和实现赢利的瓶颈。

银联手机支付面向不同的应用平台，并由此发展出银联手机支付客户端、银联手机安全支付控件、互联网订单支付等系列产品，全面支持移动互联网商户的高效接入。本次与UC联合发布的基于UC浏览器的移动安全支付解决方案更是一举解决了商户销售难、收款慢、支持难的三大问题。首先，UC浏览器作为国内最流行的手机浏览器，为商户带来了大量的用户，并为他们提供了与PC一致的移动消费场景；其次，银联为支持该移动安全支付方案的商户提供快捷的结算服务；最后，商户只要在网站脚本中加入一段代码便可实现对该移动安全支付解决方案的支持，因此相当方便。

移动支付是金融、通信、互联网、电子商务、数字娱乐等产业融合的汇聚点，单凭任何一方的力量均不足以推动移动支付产业的快速发展。中国银联与UC优视的合作是对传统支付与移动互联网平台合作模式的积极探索，并将极大地推动移动支付的普及和应用。

本章小结

本章主要介绍了SMS、WAP、i-mode等移动支付技术模式的优缺点与推广情况，以及这些移动支付技术模式在我国的发展情况。

本章习题

1. 简述移动支付产业链的结构。
2. 移动支付的业务模式有哪些？各有什么特点？
3. 试简述我国的移动支付方案。

第 8 章

移动支付与电子银行

内容提要

本章介绍了移动支付和电子银行业务。通过对电子银行与电子支付、手机银行和移动支付业务的分析介绍了两者之间的关系，同时介绍了移动支付工具和移动支付方式。

随着中国国民经济建设的持续高速发展，中国的移动通信业和银行业都获得了飞速发展，从而为银行业移动支付这一现代信息技术和金融服务创新的产物的发展创造了良好的市场环境。而物质文明极大丰富和人民生活水平不断提高使银行业移动支付具有了非常广泛的市场需求。据 Norson Teleeom Consulting 数据显示，截至 2006 年底，全国银行业移动支付业务用户数约 2 700 万。全国银行业移动支付用户数分别与 4. 43 亿的移动用户数和 10. 8 亿的借记卡发卡量相比，客户群总量有限，市场发展空间潜力非常大。因此，可以预见的是未来银行业移动支付市场将有很大的发展空间。

电子银行作为信息技术与金融创新结合的产物，正对人们的经济生活产生重大影响。和传统银行相比，电子银行具有数字化服务、运行环境开放、模糊的业务时空界限、业务实时处理、交易费用与物理地点非相关性的特点。与其他传统金融机构相比，电子银行具有网路银行的产品与服务销售边际收益递增、业务非人格化、明显的服务价值差异性和较强的拓展性的特点。根据有关研究数据，电子银行的开办成本只有传统分支机构的 1/2 到 2/3，而完成业务的交易费用则仅是传统金融交易工具的 1% 到 5% 。同时，基于电子银行平台，银行可以更好地搜集客户信息，开展差异化服务，提高赢利水平。在这样的背景下，传统银行正逐步地转向电子银行的基本经营形态。在发达国家，2/3 的银行业务已经可以通过电子银行客户平台实现，而国内的电子银行业也正迅猛发展，银监会数据显示，2008 年国内网上银行交易总额已达 300 万亿元，占整个银行业务总额的 30% 。电子银行已经不仅仅是一个新渠道，更是一种服务方式，它增加了新的功能，扩大服务范围，以满足客户多样化的金融需求。网上炒汇、买国债、炒黄金的客户越来越多，对于银行电子化的需求也越来越迫切。可以说，电子银行将与综合经营、衍生品交易、个人理财业务有机结合，以勾勒出未来金融机构的经营蓝图。

8.1 电子银行与电子支付特点

8.1.1 电子银行及其特点

所谓电子银行，简称 e－Bank，简单讲就是电子化和信息化了的高效率、低运行成本的银行。具体来说，电子银行借助各种电子业务系统，通过网上电子传输的方法，向顾客提供全方位、全天候、高品质的银行服务。它不仅提供综合支付结算服务，还提供与之相关的金融信息增值服务；它不仅使业务处理电子化，还使银行的经营管理和安全监控实现信息化。可以说，电子银行从根本上改变传统银行的业务模式、管理模式和管理体制，建立了以信息为基础的自动化业务处理和以客户关系管理为核心的科学管理新模式。

与传统银行形态组织形态相比较，电子银行表现出鲜明的特色，具体如表 8－1 所示：

表 8－1　传统银行与电子银行的比较

	传统银行	电子银行
从货币角度	纸币、支票	电子货币、数字现金等
从交易角度	面对面物理实体银行、人为操纵	虚拟数字网络、数字签名、机器自动操作
经营理念	以物资、营业点为资本	以人为本，人性化、个性化、人际化服务
获取经济效益方式	投入大量资本，多设营业点，获取规模经济效益，高成本	技术的重复使用和不断创新，降低经营管理成本，获取规模经济效益
商业银行的销售渠道	大量分支机构和营业点	计算机网络系统或网络代理商制度
商业银行业务范围	只能完成交易、信贷、投资、保险、财务计划五项中的一至二项	同时完成以上五项并提供全方位一条龙服务
人力资源管理战略	单纯的业务技能培训	既熟悉银行业务又精通信息技术的复合型人才
从客户角度	受时间、地域限制，业务范围狭窄	随时随地享受综合化网络金融服务
从安全角度	人为操纵，如内部偷窃、抢劫	人为偷窃交易资料、机械故障、黑客攻击、密码转账等

银行在将信息网络技术系统应用到银行业务中时，最初仅仅把其作为银行一种新的营销渠道。但正如纸币代替金属货币所引起银行经营形态发生深刻变革一样，电子银行的引入对银行来说，也并不仅仅意味着增加了一种营销渠道，而是为银行深入开展金融创新创造了一个平台，它带给银行的变化可能是全方位的、革命性的。

目前电子银行的模式主要包括：第一种是完全建立在互联网上的电子银行；第二种

是原有的银行建立一个独立的机构经营网上业务；第三种是将现有的银行业务扩展到互联网上，建立一个不独立的网上机构，配有最强的人力和财力资源，拥有特别的授权以突破原有体制开展业务。

抛开形态各异的电子银行形式的差异，电子银行的基本特点可归纳为下几方面：

① 数字化服务方式。服务数字化是电子银行与传统银行最明显的区别，数字化服务就意味着金融交易数据的输入、输出和处理都由计算机自动完成。

② 运行环境开放。电子银行是利用开放型的电子网络作为其业务实施的环境，而开放型网络意味着任何人只要拥有必要的设备，支付一定的费用，即可进入电子银行的服务场所，接受银行服务。

③ 模糊的业务时空界限。开放的环境和数字化的服务方式扩展了电子银行的活动空间。随着互联网的延伸，地界和国界对银行业务的制约作用日益淡化。利用互联网，客户可以在世界上任何地方、任何时间获得同银行本地客户同质的服务，银行在技术上也获得了将其业务自然延伸到世界各个角落的能力，不再受地域的局限。

④ 业务实时处理。实时处理业务，是电子银行同银行的其他电子化、信息化形式的一个重要区别。电子银行在大部分情况下不需要人工介入就可使客户指令得到立即执行。

⑤ 交易费用与物理地点的非相关性。传统银行的客户交易成本随距离的增加而增加，电子银行的交易边际成本不依赖于客户和业务发生的地点。

8.1.2　电子支付及其特点

8.1.2.1　电子支付定义

所谓电子支付，是指从事电子商务交易的当事人，包括消费者、厂商和金融机构，通过信息网络，使用安全的信息传输手段，采用数字化方式进行的货币支付或资金流转。

电子支付方式的出现要早于互联网，电子支付的五种形式分别代表着电子支付的不同发展阶段，如下图 8－1 所示。

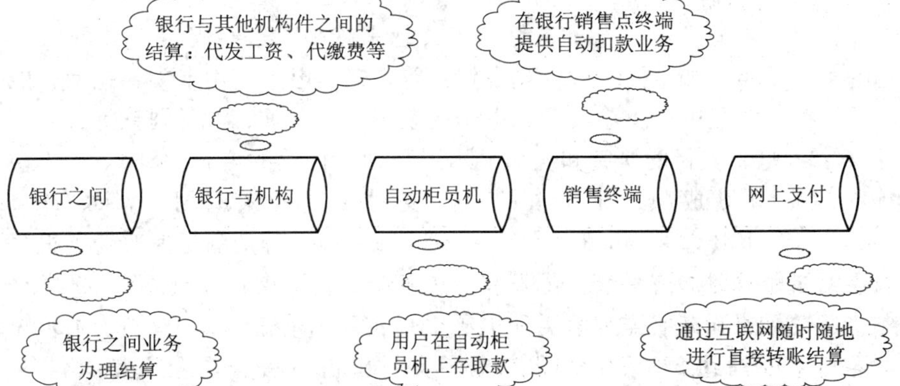

图 8－1　电子支付的发展阶段

与传统的支付方式相比，电子支付具有以下特点：

① 电子支付是采用先进的技术通过数字流转来完成信息传输的，其各种支付方式都是采用数字化的方式进行款项支付的。而传统的支付方式则是通过现金的流转、票据的转让及银行的汇兑等物理实体使流转来完成款项支付的。

② 电子支付的工作环境是基于一个开放的系统平台之中，而传统支付则是在较为封闭的系统中运作。

③ 电子支付使用的是最先进的通信手段，如互联网，而传统支付使用的则是传统的通信媒介。电子支付对软、硬件设施的要求很高，一般要求有联网的微机、相关的软件及其他一些配套设施，而传统支付则没有这么高的要求。

④ 电子支付具有方便、快捷、高效、经济的优势。用户只要拥有一台可以上网的PC机，便可足不出户，在很短的时间内完成整个支付过程，而支付费用仅相当于传统支付的几十分之一，甚至几百分之一。

8.1.2.1 电子支付类型和工具

1. 电子支付的类型

电子支付的业务类型按电子支付指令发起方式分为网上支付、电话支付、移动支付、销售点终端交易、自动柜员机交易和其他电子支付。

(1) 网上支付

网上支付是电子支付的一种形式。广义地讲，网上支付是以互联网为基础，利用银行所支持的某种数字金融工具，发生在购买者和销售者之间的金融交换，而实现从买者到金融机构或商家之间的在线货币支付、现金流转、资金清算、查询统计等过程。

(2) 电话支付

电话支付是电子支付的一种线下实现形式，是指消费者使用电话（固定电话、手机、小灵通）或其他类似电话的终端设备，通过银行系统就能从个人银行账户里直接完成付款的方式。

(3) 移动支付

移动支付是使用移动设备通过无线方式完成支付行为的一种新型的支付方式。移动支付所使用的移动终端可以是手机、PDA、移动PC等。

2. 电子支付的工具

随着计算机技术的发展，电子支付的工具越来越多。这些支付工具可以分为三大类：一是电子货币类，如电子现金、电子钱包等；二是电子信用卡类，包括智能卡、借记卡、电话卡等；三是电子支票类，如电子支票、电子汇款、电子划款等。

20多年来，电子支付的研究和应用显示出强劲且持续的增长。SET、PKI、CA、数字签名等技术的逐渐成熟，让大量的电子支付工具投入应用。Visa、MasterCard、American Express、JCB以及Mondex、Cybercash、e－Cash等产品迅速改变了很多人的支付习惯。在美国和欧洲，信用卡、转账卡、储值卡等电子支付工具逐渐取代传统支票，美国联邦储备银行的调查数据显示美国电子支付占到所有非现金支付的约50%，支票使用率平均每年降幅约3%左右；欧洲电子支付已占所有非现金交易支付的比例达77%。2004年，仅万事达卡持卡人全球的交易笔数就达到16.7亿笔，总交易价值约1.5万亿美元。图8－2是典型的信用卡购物流程。

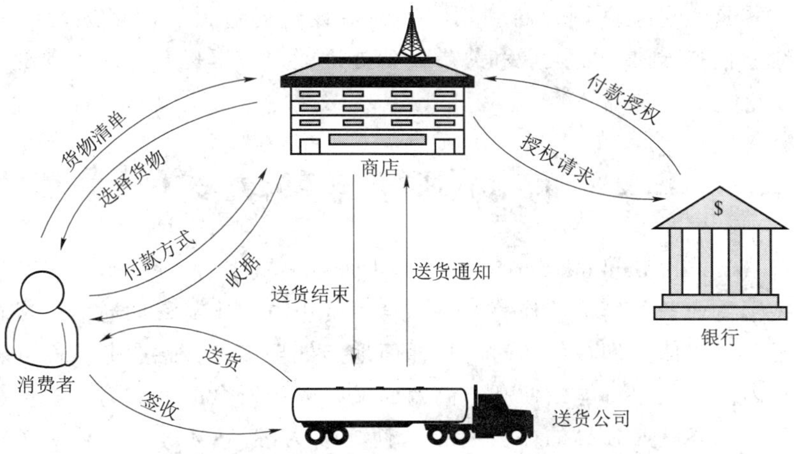

图8－2　信用卡购物流程

通过对电子支付的使用，零售商和付款人不断追求生产力增加和交易费用的降低，而支付的便捷和安全吸引越来越多的使用人群。同时，随着时间的推移，大部分年龄段和收入区间的家庭已经开始采用基本的电子支付手段。各国政府正在积极的推进新技术和新服务并通过立法以增加支付和收集领域的电子化。

金银等金属货币让整个人类社会完成了从自然经济到商品经济的转变；纸币等信用货币极大地降低了交易成本，使得人类社会空前地繁荣；电子货币将促使银行革命，动摇现行的通货制度，使全球化变为现实，完成人类文明的第三次飞越。

电子支付的模式按照不同标准可以有很多的分类，而其中最重要的一种分类是按照货币价值的转移方式来划分，可以把电子支付的模式分为记号系统（Notational System or Account-based System）和基于代金券系统（Token-based system），或者叫做电子转账（Electronic Virement）和电子货币（Electronic Money）。

网上支付与结算可以理解为电子支付的高级方式，它以电子商务为商业基础，以商业银行为主体，使用安全的互联网平台，通过网络进行的，为交易的客户间提供货币支付或资金流转等的现代化支付结算手段。图8－3是网上购物的一般流程图。访问网上

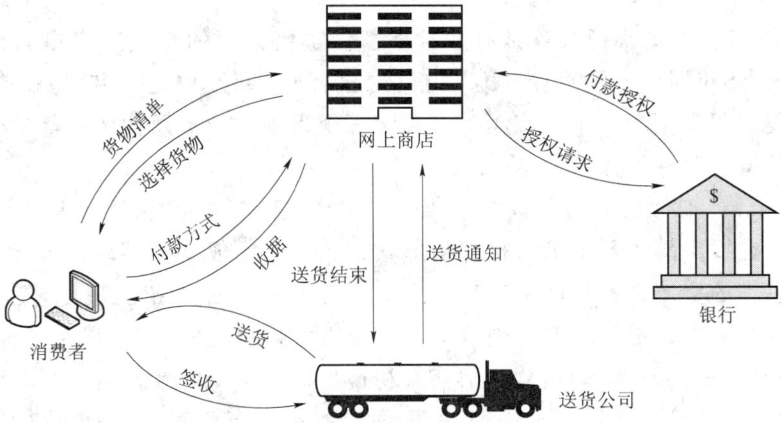

图8－3　网上购物流程

商店的常用方式是通过互联网，而利用移动终端设备通过无线网络进行网上支付和结算，则是无线通信技术进一步发展和终端设备处理能力大幅提升之后出现的，也就是通常所说的移动支付。

8.2 移动银行与移动支付

移动银行（Mobile Banking Service），也可称为手机银行，是利用移动通信网络及终端办理相关银行业务的简称。作为一种结合了货币电子化与移动通信的崭新服务，移动银行业务不仅可以使人们在任何时间、任何地点处理多种金融业务，而且极大地丰富了银行服务的内涵，使银行能以便利、高效而又以较为安全的方式为客户提供传统和创新的服务，而移动终端所独具的贴身特性，使之成为继 ATM、互联网、POS 之后银行开展业务的强有力工具，越来越受到国际银行业者的关注。

移动银行的工作原理是在移动通信提供的全球通 SIM 卡中注入银行提供的功能服务菜单和银行的密钥后，全球通 SIM 卡即成为能提供银行服务的专用 STK 卡。利用 STK 卡提供的智能菜单进行操作，将移动银行服务的信息通过移动电话网的短消息系统送到银行。银行接到信息，对信息进行处理后将其结果返回 SIM 卡，完成移动银行服务的项目。

移动银行服务是无线通信技术与银行业务结合的产物，它将无线通信技术的 3A（任何时间、任何地点、任何方式）优势应用到金融业务中，为客户提供在线的、实时的服务。其主要技术模式是以银行服务器作为虚拟的金融服务柜台，客户利用移动支付终端通过移动通信网络与银行建立连接，在银行提供的交互界面上进行操作，完成各种金融交易。

移动银行的优势具体表现为以下几点：

① “3A” 特性。客户只需具备简单、便捷的移动通信设备便可以随时随地、自由自在地进行移动银行交易。移动通信网 GSM 网覆盖广泛，移动银行凡是在 GSM 网覆盖到的地方都可为客户以提供服务，客户将真正做到不受时间及地点的限制随时获得服务。

② 业务丰富。移动银行服务具有业务丰富、实用方便的特性。客户的移动通信终端只要能接入 GSM 网络，便可获得移动银行提供的查询账户记录和汇率等金融信息，各种转账、委托买卖证券、个人实盘外汇买卖等个人理财业务及代缴费等除现金交易外的银行传统及增值服务。

③ 节约成本。移动银行与传统银行及网络银行相比，能更大程度地降低费用和成本。移动银行在线交易主要借助手机短信形式，相当于完成一笔移动银行金融交易的费用只需一条短信的费用，在目前来说只需 0.1 元。显而易见，相对其他金融交易来说能很大程度地节约成本，更易形成规模效应，使银行获得更大的利润。

移动银行能使银行和移动运营商都获得利益，达到双赢的效果。银行方面能节约大量的业务成本，据统计，银行办理业务所需的成本是银行面对面办理业务成本的 1/5。而对于运营商来说，移动银行用户必须每月向运营商支付一定的服务费用，与银行合作获得许多潜在移动通信客户，银行的许多网点还能成为其相关业务的销售点，从而大大获得经济效益。

④ 个性化服务。客户不仅可以获得对账户的基础金融服务，还能享受到移动银行特有的个性服务。通过移动银行，客户可以选择由银行邮寄单据或由银行利用短信发送简易单据，或客户确认后不发送单据。这些单据都具有一定的法律效用。移动银行利用短信的方式，即使客户关机，再次开机后同样可以收到银行发送的请求，可以在任何时间对消费进行确认，实现再次交易。

这种结合了货币电子化与移动通信的崭新服务，丰富了银行服务内涵，它意味着人们不仅可以在固定场所享受银行服务，更可以在客户时间、空间不允许的情况下高效便利地处理各种金融理财业务。通过移动银行服务，消费者能够在任何时间、任何地点，通过移动通讯终端以安全的方式访问银行，而不需亲自前往银行柜台。现有的可选服务从查询账户节余、审核最新交易情况，到在账户间进行转账、支付账单，甚至可以通过双槽手机重新加载电子钱夹。订购者可以直接从他们的 GSM 手机使用特定的密码及客户友好选单完成相关支付操作。

移动银行在全球范围内也迅速的发展，主要的发展情况表现为以下几方面：

① 日韩领先。日本高度注重手机银行的安全管理，终端可以直接使用 Java 和 SSL，交易的信号经过了多重加密，安全保障技术近于完美，再加上各银行间使用专线网，因此，消费者对这一业务的信赖程度十分高。同时，NTT DoCoMo 等移动运营商把移动支付作为重点业务予以积极推进，目前手机银行在日本已经成为主流支付方式。在韩国，消费者也已经把手机作为信用卡使用，目前几乎所有韩国的零售银行都能提供手机银行业务，每个月有超过 30 万人在购买新手机时，会选择具备特殊记忆卡的插槽用以储存银行交易资料，并进行交易时的信息加密。在韩国有几万家餐馆和商店拥有能从手机通过红外线读取信用卡信息的终端，使顾客能够通过手机进行消费。

② 欧美迅速跟进。美国电信业巨头 AT&T 通过 Cingular Wireless 商业模式，联合四家银行引入了手机银行业务，这也是美国最大的手机银行业务。通过这项业务，AT&T 的用户将可以使用手机进行基本的银行业务，例如核算收支平衡、交易明细等，而且使用这些业务没有附加费用，完全是免费的，这也使移动电话变成了一张信用卡。

③ 中国发展迅速。经过五年多的发展，尽管国内的手机用户目前已经达到了近 10 亿户的庞大规模，但是手机银行和支付业务却没有迅速发展起来，而且使用该项业务的用户并不算多。到 2006 年 6 月，中国移动手机钱包业务的用户数才突破了 1 000 万人。早期的推广主要有两个瓶颈：一是国家政策限制，手机银行和支付意味着移动运营商入侵了金融行业的领地；二是安全风险制约了该业务的发展。调查显示，中国八成以上的消费者希望将公交卡、银行卡等支付工具集成到手机上，手机银行和支付业务势必成为移动增值业务的一个快速增长点，市场潜在规模将超过 1 000 亿元。

目前，我国的银行移动支付业务可以分为四类主要产品。

① SMS - Banking：SMS - Banking 的主要功能可分为面向手机客户的服务功能和面向银行内部管理的服务功能两大类。同时以快捷命令和菜单交互两种操作方式提供面向手机客户的服务功能，除即时提醒、定时通知、银行信息通知、账户设置、账务查询、

信息查询、服务设置及帮助等基本功能外，还包括支付类功能和其他信息服务功能如缴费、转账、外汇买卖以及国债、基金、股票信息的实时查询等，并可根据客户需求定制新的功能（如彩票购买与中奖通知等）。而面向银行内部管理的服务功能包括客户管理、信息发布、公告管理、黑名单管理、过滤信息管理、系统状态监控、报表统计、计费处理、部门及操作员管理等。

② USSD – Banking：USSD – Banking 与 SMS – Banking 功能相似，也分为面向手机客户的服务功能和面向银行内部管理的服务功能两大类。USSD 通讯方式具有更高的传输速度与更好的性能，在所有功能的展示上，因大量使用方便的菜单操作，USSD – Banking 具有更友好的界面和易用性。USSD – Banking 与 SMS – Banking 能够很好的结合，银行可以针对不同的客户群体结合两种产品为客户提供更广泛的增值服务。

③ Java – Banking：Java – Banking 提供更丰富的业务功能，客户可在手机上办理查询业务（如账户信息、金融信息等）、转账业务（包括卡内转账、卡间转账等）、缴费、支付（小额账单）、汇款、银证转账和外汇买卖业务，还可以在手机上使用账户设置、更改密码等服务功能。

④ WAP – Banking：WAP – Banking 提供与 Java – Banking 相似的业务功能，客户可通过手机上网办理各种账户信息与金融信息的查询，进行转账操作，选定项目进行缴费，并可以直接为网上购物进行支付。当然，还可以在手机上进行账户设置、更改密码等操作。

话费缴纳、公共事业缴费、彩票投注、电子票务、手机保险、数字点卡（游戏点卡、Tencent、263 邮箱等）是现阶段银行业移动支付的主要业务。

目前已经开展的银行业移动支付业务列举如表 8 – 2 所示。

表 8 – 2　　银行支付业务

业务分类	业务功能	业务功能描述	目前实现方式
手机缴费	话费余额查询		短信、语音、USSD
	话费缴纳	由绑定的银行账号支付本手机话费	短信、语音、音信互动
手机消费	手机购卡	购买游戏卡、上网卡、IP 电话卡和充值卡等数字卡终端	短信、USSD
	手机订报等	订购签约合作商户的报刊杂志	短信、USSD
手机理财	银行卡余额查询、消费提醒	查询手机钱包绑定的银行卡的余额和每笔消费的短信提醒	短信、语音、音信互动
手机钱包管理	修改手机钱包密码		短信、语音
	找回手机钱包密码		短信、语音
	系统帮助信息		短信

图 8 – 4 是以银行为主体的移动支付框架图。银行自身的结算系统与移动通信网络实现互联，将银行账户与手机账户绑定。银行为用户提供交易平台和付款途径，移动运

营商不参与支付过程，只为银行和用户提供信息通道，而用户则通过银行卡账户进行移动支付。当前我国大部分提供手机银行业务的银行都拥有自己的支付网关。

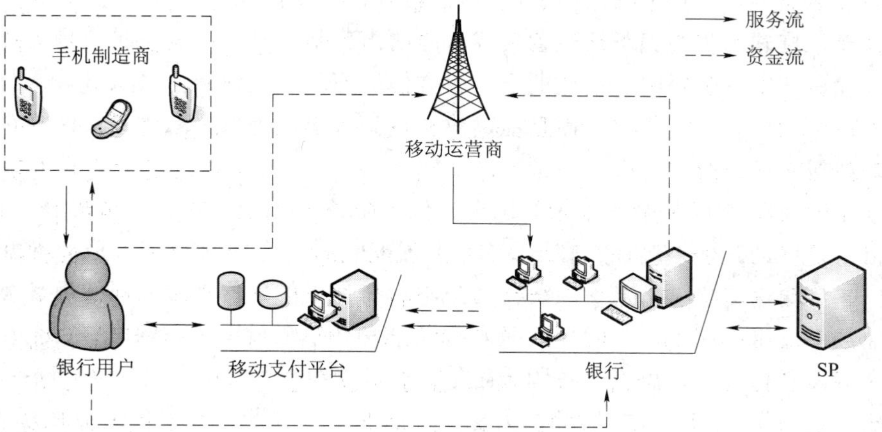

图 8－4　以银行为主体的移动支付模式

单纯依赖银行的移动支付方式也有一些不足之处，具体表现在以下几方面。

① 用户只能接受一个开户行的移动支付服务，而无法享受其他银行的服务。银行之间不能互连互通，限制了银行业移动支付业务的推广。

② 各银行单独购置设备和开发系统，浪费资源。

③ 对终端设备的安全要求很高，用户需要更换手机或 STK 卡。

④ 给 SP 带来很大不便，SP 要与多家银行进行连接。

⑤ 银行，尤其是银联，作为金融秩序的规范者如果参与到平台运营当中来就可能会形成一种“既当裁判又当球员”的不公平竞争局面，会引起其他参与方的不满。

8.3　网络银行

8.3.1　网络银行的概念和特征

网络银行是电子银行发展的核心，也是电子银行的主要发展方向。

网络银行是将因特网系统应用于银行业上的产物，有著作称其为网上银行、在线银行、虚拟银行等。它不同于传统的以物理媒介形式存在的银行，是立足于数字空间的一种虚拟化和网络化的金融服务银行。

对于网络银行，从不同的角度有不同的理解。一般说来，网络银行是指银行借助用户的各种智能设备，例如个人电脑、掌上电脑、普通电话、移动电话等数字终端设备，通过银行专用计算机网络、因特网及其他公共通讯网络，向用户提供金融服务及金融产品的方式。它不同于传统的以物理媒介形式存在的实体银行，主要包括网上银行、电话银行、移动银行等。

网络银行服务不仅仅局限于互联网，还包括银行内部计算机网络，专用通讯网络和其他公用信息网络，既可以借助计算机等智能设备，又可以利用电话、手机等一般通讯工具。其业务范围不仅包括传统的存、贷、汇业务，还包括因新技术而衍生的新兴业务，如网络证券买卖，网上信用证、电子账单、网上支付等。

网络银行打破了传统银行的经营模式，它的出现是金融业的一场具有历史意义的重大变革。客户可以不受时间、地域的限制，方便快捷地享受银行金融服务。银行不但可以减少建立分支机构所需开支，而且能高收益、高效率地提供金融服务。网络银行的特征主要表现在以下方面。

1. 突破时间、空间限制，全天候、全方位的服务

网络银行借助其网络属性，在全天 24 小时不间断地为客户提供服务。网络信息的覆盖面广、传输速度快、信息量大，使客户不论在世界的任何地方，只要有计算机及网线或其他数字通讯终端设备，在任何时间都能享受网络银行服务。网络银行客户可以随时追踪金融市场行情，了解世界各国金融形势，随时进行股票外汇的转让与买卖。网络银行集成网上银行的“三 A”特性，为客户提供全天候、开放、多样化的服务。

全天候指无时限，不受时间约束，摆脱上下班时间及全球时间制约。开放指全球化，突破地域束缚。网络将整个世界缩小为一个小村庄。网络银行的地域问题已显得微不足道。方式多样化指客户可以通过电脑、电话、手机等通讯终端，享受传统的存、贷、汇及新兴的网络证券、网络保险、网络信托等金融服务。

2. 标准化、综合化、个性化、无限化服务

网络银行既包含传统银行标准化业务，又开发了理财咨询、业务设计等个性化业化业务，从客户角度考虑为客户提供综合化服务，将存贷、现金管理、结算、投资等小批量业务及资讯信息、个性化服务等综合在一起，提供全方位的综合服务。

网络银行交易、业务和办公都体现为无纸化，所有传统银行使用的票据和单据都实现电子化，如电子收据、电子汇票等。传统银行使用的纸币也全部实现电子化，以电子货币、电子钱包、电子信用卡、电子现金、网络货币等形式存在。银行办公采用电子化文件、电子化证件，传统的手工签名也改为数字签名，提高了金融业的安全系数。银行与客户间数据结算也由传统的书面形式改为电子数据交换形式，付账也采用电子方式。

网络银行无纸化大大提高了银行的交易效率，大幅度降低服务成本，提高了服务的准确性和质量，集中体现了网络银行及时、准确、便捷、安全的高水平服务。

3. 速度型、效益型、虚拟型银行

随着计算机处理能力的日益加快，网络银行业务处理节奏也大大加快。网络传播速度快和信息流动速度空前提高更使网络银行业之间竞争转化为时间上的竞争和速度上的竞争。

网络银行是效率型银行。在美国，组建一个网络银行的成本仅需 100 万美元。传统银行机构处理一笔业务成本为 1.07 美元，而电话银行为 0.54 美元，网络银行仅为 0.01 美元。

网络银行处在虚拟世界中，银行不一定是以宏伟体面的高楼大厦出现，客户面对的也不是光滑的大理石柜台，而是纯网络的虚拟形式。例如全球第一个网络银行——美国安全第一网络银行（SFNB）总行设在亚特兰大，最初只有 10 名员工。客户可以足不出

户，手拿鼠标在个人电脑屏幕上进行各项金融交易。

4. 网络银行相对传统银行具有显著经济特征

传统的银行经营理论往往着重地理位置，分行数量等，而网络银行的宗旨是提供个性化服务与人际化服务，积极与客户联系，处理不同客户的不同要求。以客户为银行经营中心，充分体现金融业“以人为本”的主旨。

网络银行的兴起及发展是社会进步的必然。网络银行最早在美国诞生，其后蔓延到世界各个国家。网络银行如雨后春笋般覆盖了除现金外的所有零售银行业务和部分投资业务。

8.3.2　网络银行兴起的原因

1. 信息技术的日渐成熟促进了网络银行的兴起

计算机技术信息技术及网络技术的迅猛发展以及网络安全保密技术的不断完善为网络银行的发展打下了坚实的技术基础，牢靠的安全保障及完备的市场需求条件同时给金融业带来异常激烈的竞争。

信息处理技术自 1945 年在马萨诸塞理工学院的“旅风”计算机问世以来，在半个世纪的时间里得到突飞猛进的发展，它为银行业务处理自动化提供了坚实的基础。早在 20 世纪 60 年代，银行就已将计算机引入其业务领域，开发研制了一系列银行应用软件，使得数据输入、输出、审核、确认及账务处理效率大大提高。20 世纪 80 年代，银行内部网络开始兴起，客户可以用专线连接上银行专用内部网络，用家中或公司的 PC 机便可传输和交换相关数据，ATM、POS 机也开始普及使用。

信息处理技术的巨大发展带来信息传输技术的革命，数码技术——将任何形式信息转化为二进制数字信息的发展更是将有线电视、电话和电脑互相联网，而光纤光缆的大规模普及大大加宽了信息传输的带宽度。

20 世纪 80 年代初，互联网技术在美国诞生，而 20 世纪 90 年代中期的互联网技术以不可抵挡的发展势头迅速成为人们获取信息必不可少的重要工具。瑞典、芬兰，挪威等北欧发达国家的上联网普及率都已超过 50%。互联网在金融、远程医疗、远程教育、计算机配件销售、旅游、网上商店、网上书店及网络游戏等众多领域中都得到了广泛的应用。

互联网给金融服务业带来机遇的同时，也衍生了更为激烈的竞争，国内外银行及金融机构纷纷推出网络银行业务以在竞争中求得立足之地和更大的发展空间。网络银行的出现是银行为适应竞争作出的被动却必然的战略决策。在消费者需求变化迅速的年代，跟不上信息技术及网络技术的发展，银行金融服务公司就面临着淘汰出局的悲惨下场。

2. 电子商务技术发展促进网络银行的兴起

电子商务是经济发展的一次新浪潮，它给世界各国经济带来新的机遇和挑战，尤其是对金融业产生了巨大的冲击。依据世贸组织的定义，电子商务是以现代信息技术，尤其是网络互联网技术为基础进行的生产、营销、销售和流通等活动。它不单单限于网上交易，还包括利用电子信息技术来解决问题、降低成本、增加价值和创造商机的一切活动。电子商务标志着企业与企业间、企业与消费者间，企业或消费者与政府间的信息流、物质流和资金流为核心的商务活动的各个环节都实现电子化、数字化，并且相互促进。

根据国际电信联盟2001年统计，2001年全球电子商务营业额为3 000亿美元，公司及居民在旅游、金融服务和电脑销售等方面的电子交易数额是1997年的6~24倍。据Jupiter统计显示，美国上网家庭中的12.5%以上每年通过因特网进行7次采购。

电子商务中重要的环节是电子支付电子化，即支付过程和支付手段都电子化。而银行作为支付和结算的关键中枢机构，能否提供高安全、高效率的资金支付手段关系到电子商务交易的发展前景。由此，电子商务对银行业的发展提出了新的挑战，即适应电子商务的发展要求，建立相应的支付、信用体系。

电子商务的支付体系必须借助四通八达的网络将银行支付系统端口接到政府、企业、家庭和个人电脑终端。电子商务交易具有即时性，要求银行提供高效的在线服务，实现零时差的资金清算。电子商务交易将没有国界和距离概念，网络银行的“三A”特性正好适应了电子商务的这种发展趋势。

8.3.3 网络银行的两种发展模式

网络银行自其成立起就得到了迅速的发展，据《在线银行报告》2000年11月资料显示，美国最大的100家银行已开展网络银行业务的就有83家。其他银行均有自己的主页和服务器。据统计，发达国家有八成半银行已经开展网络金融业务。纵观网络银行发展，有纯网络银行发展模式和与传统银行相结合的子网络银行发展模式。

1. 纯网络银行发展模式

纯网络银行是指没有分支机构、营业场所或自动柜员机，而提供网上支票账户，网上货币数据传输、网上异地结算、网上个人信贷和网上互动服务中至少一种在线服务的银行模式，它纯粹借助因特网开展各种金融业务。纯网络银行管理成本比传统银行低很多，并将节省的费用回报给客户，如给存款用户支付更高的利息，贷款客户仅需支付更低的利息和手续费等。在纯网络银行中，具有代表性的是美国安全第一网络银行（SFNB）、美国印第安那第一网络银行（First Internet Bank Of Indiana，FIBI）、WingspanBank和休斯顿康普银行（CompuBank）等。

SFNB一直致力于开发新的电子金融服务，给客户提供一种全新的金融服务支持模式。SFNB自始至终将系统安全问题放在第一位，它收购了Secure Ware（安全解决方案开发公司），并与Five Paces合并组建了安全第一技术公司（SI），为客户提供了多层次和军事级的安全网络系统。此外，SFNB还获得美国存款机构监管办公室颁发的开业证明，获得美国联邦存款保险公司（FDIC）的存款保险。SFNB在前三年的经营中很成功，抢占了不少市场份额，但一直赢利不大，最后被加拿大皇家银行（Royal Bank Of Canada，RBC）以2 000万美元收购并成为其金融门户网站。

FIBI对网络银行提出了创新的概念，突破了网络银行不开设营业网点的局限，并在全面开展传统银行业务的同时，不断致力于开发新的金融服务，其“中小企业贷款服务”改变了网络银行没有企业贷款服务的历史。

WingspanBank是美国第一银行分部创立的纯数字化服务的新兴纯网络银行，其经营理念是将纯网络银行发展为一个大型的，包含广泛、真实且有大量不同产品的金融服务网站，从而让客户获得所有的金融服务，例如网络证券抵押、投资、信用卡、账单、贷款、存款、个人理财等一系列金融服务。此外，WingspanBank 还和微软、IBM 及美国在线等大型公司合作，建立统一的关系网，以获得有关互联网经营的宝贵经验。

休斯顿的 CompuBank 的经营理念正好与 WingspanBank 相反。它认为纯网络银行具有局限性，例如无法为中小企业提供现金管理服务，不能为客户提供安全保险箱。其高级管理层认为，纯网络银行若要在竞争中不败，必须提供具有特色化的服务，并且具有核心竞争力的业务。因此，康普银行将业务重点侧重在在线存款业务，并借助这一核心业务使银行不断快速地发展壮大。

2. 子网络银行

子网络银行指与传统银行相结合的网络银行发展模式，指在原有的母银行基础上投资兴建的网络银行业务。其主要动机是巩固现有客户，提高经营效率，适应现代化市场经济的发展需要以及银行金融服务发展的需要。其业务模式可以沿用原有银行的品牌优势业务，通过网络渠道扩大知名度，吸引更多潜在客户，稳固产品的市场占有率，以实现子网络银行与传统银行的协调发展。传统银行在发展网络银行业务时一般会采用两种模式，一是收购模式，二是自建模式。

① 收购模式。即收购现有的网络银行，其典型代表是 1998 年 10 月加拿大皇家银行以 2 000 万美元收购世界上第一个网络银行——美国安全第一网络银行，以扩大其在美国金融市场的业务范围和市场占有率，同时将其银行业迅速扩展到一个新的局面。当时 SFNB 只有 1 万多在线客户，其经营也出现了很大的困难。在被收购后，SFNB 发展有所停滞，但 RBC 却达到其在美国金融市场蓬勃发展和以低成本、高效率实现兼并的战略目的。通过这次收购，RBC 在美国金融市场中站稳了脚根，其业务份额也迅速上升。RBC 利用 SFNB 吸收的存款投资于加拿大的中小企业，获得了更大的收益，资金实力更加雄厚，也使其网络银行站在了时代发展的最前沿。

② 自建模式。即传统银行凭借其雄厚的资金实力投资建立由自己经营管理的网络银行模式。越来越多的传统银行采取这种方式建立其网络银行业务。传统银行一般采用本行 IT 部门或与 IT 厂商合作开发网络银行核心技术软件。

目前我国还没有一家纯网络银行，我国的网络银行都采用自建模式，通过建立网上银行业务部门成立子网络银行模式，在互联上开展传统业务。

世界上具有代表性的自建模式网络银行是美国最著名的商业银行之一——Wells Fargo。该行位于加利福尼亚州，管理着上千亿美元的资产。1995 年，它与微软货币（Microsoft Money）、直觉（Intnit）和快讯（Qicken）建立战略联盟，利用后者的软件包提供的服务，迅速建立了其网络银行的发展模式，并在以后的八年中获得了很高的效益。

8.3.4 网络银行服务种类

网络银行服务大体上包括两类，一是传统银行业务网络化，即借助传统银行业务的品牌优势，迅速将这些业务搬上因特网及其他公用网络。这种类型在网络银行建设初期占据主导地位，目前我国网络银行业务即为这种类型。二是完全以网络的多媒体信息互动性设计提供的新兴业务。这类业务充分利用 IT 技术的优势，以客户为中心，为客户量身定做所需业务。网络银行服务一般可以分为以下几个类型：

1. 信息发布

网络银行信息借助银行主页虚拟柜台发布公共信息，为客户提供综合、安全、实时、统一的银行服务，改变传统银行的信息发布方式。发布信息包括银行经营范围、网点分布、机构设置、经营状况、存贷款利率及外汇利率、金融法规、国内外金融市场最新动态及行情和最新经济信息等。

信息发布由一个独立于银行内部网络的隔离服务器提供，客户与银行间信息的真实性和及时性因此得到保障。银行通过发布信息，向客户提供方便、有价值的金融信息。同时，信息发布是银行宣传企业的最佳途径。客户在深入了解网络银行业务的同时，又可获得各方面的金融行情，可谓一举多得。

2. 账户与信息查询

查询服务是客户与银行交流的重要方式。网络银行充分利用因特网及时、快捷、信息量大等特性，向个人及企业单位提供账户查询及信用查询服务。

账户查询包括账户余额查询、账户状况、账户历史交易明细单及付款方信息的详细查询。账户查询对集团企事业公司客户尤其具有使用价值。为使集团企业总部及时了解及掌握总公司及下属各分公司的财务和经营状况，集团企业可通过网络银行查询下属各分公司的账户交易、余额和历史交易明细单等内部机密信息，使集团企业总部及时控制可能存在的经营风险，调整集团内部闲置资金，提高资金运转率，加大管理的力度。信用查询包括客户与银行的信用查询，包括信用的结构、信用余额、当前和历史记录等各方面的信用实况查询。

3. 账户申请及挂失

网络银行提供各种账户的在线申请，如存款账户、信用卡账户、信用证开证、各种贷款、预约服务、电子现金、空白支票、国际收支申报报送、企业财务报表等业务表单的申请。网络银行还提供各种账户的在线挂失。客户只需在线直接填写、提交相关网络银行表格便可便捷地办理申请和挂失业务，并通过这种方式可以使客户清楚明白地了解有关业务。

4. 决策咨询

客户在接受网络银行业务时往往会遇到许多疑难问题，在享受网络银行方便快捷的服务时难免会遇上些小差错。针对这些客户将遇到的问题，网络银行充分利用网络的互动性，借助 Email、BBS、手机短信等手段，向客户提供疑难解答咨询及投诉服务。

网络银行通过收集、整理、分析客户地各种问题及意见和投诉，建立动态分析反馈系统，及时了解客户关注的焦点问题及市场需求走向和趋势，为管理层的决策提供可靠的依据，而银行则依据反馈的结果及时调整或研究创新业务品种和经营模式。

5. 金融创新

因特网多媒体信息传递的全面性、迅速性和互动性使网络银行可以针对不同需求的客户采取不同的方式，提供传统银行当前业务模式下难以实现却是客户急需的服务功能。如针对企业集团客户，为集团总部提供查询各子公司的账户余额及交易明细清单等信息，同时在签订多边协议基础上实现集团内部资金的调度与划拨，以提高集团整体的资金使用效率。

6. 网上支付

银行的实质是资金实时结算功能。网上支付就是网络银行为在线客户提供的资金结算功能。网上支付的安全性是电子商务正常发展的关键性基础因素，也是网络银行的一个标志性功能。

网上支付系统指消费者、交易商和金融机构间使用安全电子交易手段交易商品和服务的新型支付手段。如各类电子货币、信用卡、借记卡、智能卡等的支付信息通过网络银行安全传送到银行相应处理网关，实现电子支付。

网上支付引起的金融机构间的清算和结算是通过专用支付网关实现的，这又与电子支付系统有了联系。以电子信用卡支付为例，客户使用电子信用卡后，其支付指令经过支付网关、银行信用卡交换网络中心送往电子信用卡发卡中心处理授权、扣账、并将信息反馈给客户，实现网上交易。这过程中银行卡授权、扣账信息最终需通过银行电子汇兑、电子联行、同城结算等电子支付系统完成。网上支付与网上交易紧密相关。没有网上支付，就没有网上交易。网上交易不进行，网上支付也无用武之地。

网上支付体现了网络银行的“3A”特性，为个人、家庭、企业等开通了连接银行的直接渠道。客户不再受银行的地理环境和上下班时间限制，同时突破了时间和物理媒介的限制，足不出户便可完成网上支付结算。

7. 信息增值

网络银行不仅提供在线咨询服务，还通过资金托管、账户托管等手段，为客户的资金使用提供周到及时的专业化理财建议。在信用体制不尽合理的情况下，采用信用证等业务操作方式，从为客户商品间的交易提供信用支付的中介服务，促进商贸的正常开展。在客户存款期限到期的前提下，向客户提前发送转存、还贷或还清信用卡透支金额等提示信息服务，并为建立健全企业及个人的信用等级评定机制提供多方面的增值服务。

综上七点业务，网络银行业务总体来说侧重于格式化和劳动密集型的业务，如账户查询、转账、挂失、代收代缴、金融信息咨询、投资理财等给银行带来风险较小的业务。而对于一些大风险业务，如国际信贷业务、企业并购服务、金融工程等知识密集型业务，网络银行还存在一定的难度。

8.4　移动支付工具

从前面各章节对移动支付产业链的分析可以知道，移动支付可以依托成熟的GSM、GPRS、CDMA等无线网络，利用信用卡、电子钱包等各种现有网络支付结算渠道实现。这些环节是整个移动支付中最成熟、最稳定的部分，我们也可以称之为移动支付产业链的后端。而移动支付的前端，即靠近或者直接面向消费者的环节，则是目前移动支付发展最快，新技术、新工具、新手段应用最多的环节。各种移动终端是移动支付的发起载体，终端设备中的各种相关软件是移动支付的登陆门户，不同的无线信道是信息传播的媒介。这三个部分往往是集成在一起，我们把这种集成称为移动支付工具。

8.4.1 移动终端

移动支付中的移动终端也称为移动通信终端机，一般是指供客户使用移动通信服务的手机、传呼机，另外还包括无线上网的电脑（含掌上电脑）、卫星定位、资讯查询设备等。其主要作用就是，使用者可以通过该终端实现移动通信服务。但是我们最经常使用的移动终端是移动电话。移动电话，也称为手机。我们可以简单地把手机分成智能手机和普通手机两类。从前面章节对 SMS、WAP、BREW、K－Java、NFC 等不同移动支付模式的分析可以看出，只要手机具备了 SMS、WAP、BREW、K－Java、NFC 等功能，就可以作为相应的移动支付终端工具。目前最普通的手机都具备语音服务和 SMS 服务功能，因此可以说，手机都可以作为移动支付终端工具使用。

与普通手机相比，智能手机的最大优势便在于它的可扩展性，智能手机只需进行相关手机应用软件的安装或升级，便可随时搭载运营商新推出的增值应用，成为移动支付的重要机型。通常，智能手机必须具备四个特征。一是具备普通手机的全部功能，能够进行正常的通话，发短信等手机应用。二是具备无线接入互联网的能力，即需要支持 GSM 网络下的 GPRS 或者 CDMA 网络下的 CDMA 1X 或者 3G 网络。三是具备 PDA 的功能，包括 PIM（个人信息管理）、日程记事、任务安排、多媒体应用、浏览网页等功能。四是具备一个具有开放性的操作系统，在这个操作系统平台上，可以安装更多的应用程序，从而使智能手机的功能可以得到无限的扩充。

目前比较著名的智能手机包括 iPhone、Android、黑莓手机等。全球著名手机制造商基本都推出了自己的智能手机产品。笔记本电脑使用的是常见的 Windows、Unix 等操作系统，而目前应用在智能手机、PDA 等移动终端上的操作系统主要有 PalmOS、Symbian、Windows CE、Linux 四种。除了上述四种经典的手机操作系统，Google 开发的基于 Linux 平台的开源手机操作系统 Android 也被部分专家作为 Linux 平台一个变种手机操作系统，具备极大的市场潜力。

除了使用智能手机以便支持更多更新的移动支付途径，一些移动支付解决方案中还需要对手机的硬件进行改进，通常包括使用特制的 SIM 卡（如图 8－5 所示）、定制的手机（例如 NTT DoCoMo 手机），在手机中集成或者粘贴 RFID/NFC 等类型芯片（例如

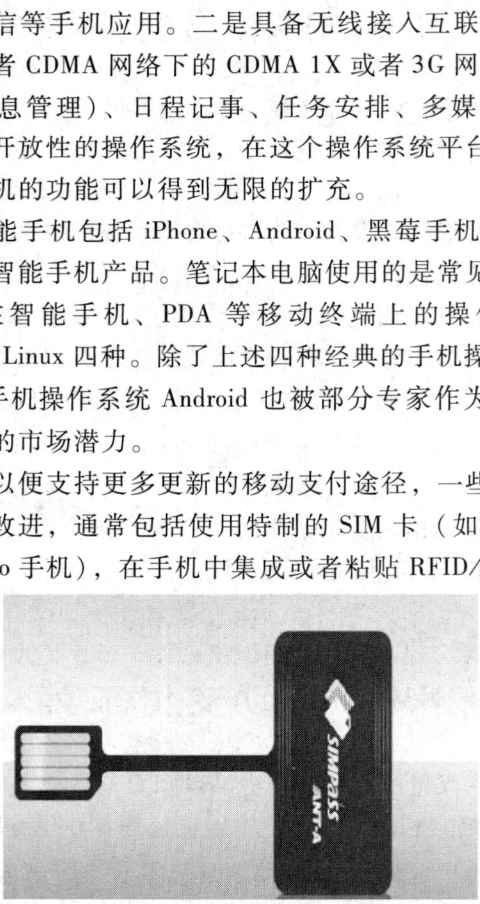

图 8－5　SIMpass 产品形态

中国电信直接在POS机上刷手机消费的非接触式手机刷卡支付，只要在定制的天翼手机上插入一个加密的SD卡，用户就能移动支付)。

8.4.2 移动支付门户

移动支付的门户网站主要指使用WAP或者K-Java技术实现的手机支付登陆网站。这些网站提供移动商务、移动办公、信息点播领域的股票、外汇、地址簿、日历、文件管理、天气预报等功能，使得消费者可以利用手机随时随地进行交流，实现高效办公和个性化定制商务，享受生活和工作中的娱乐信息。随着WAP、K-Java等技术的不断完善与发展，发展商们将对具有K-Java功能的手机用户提供更全面的服务，如互动游戏、互动新闻、增强手机连接到无线网络后进行数据交换的安全性、载以Java语言写成的内容、遥控家用电器等。

但是随着3G网络的逐渐建设，无线网络带宽大大增加，iPhone、黑莓等新型移动终端的出现，尤其是RFID等非接触式移动支付技术的逐渐成熟，作为第二代移动支付代表的WAP手机支付网站也面临挑战。

8.5 移动支付方式

1. 手机钱包

手机钱包又可称为“小额移动支付”，它是以手机为交易工具，将用户在银行的账户和用户的手机号码相绑定，通过手机短信、WAP等方式，用户可以对绑定账户进行操作，实现购物消费、转账、账户余额查询，并通过短信等方式得到交易结果和账户变化的通知。

该方式实施较容易，是目前国外较普遍采用的方式。手机钱包的特点是以客户的话费账户或是关联客户的银行卡账户进行消费购物。例如用户可以通过拨打可口可乐机或地铁售票机上的特定号码，根据提示信息，按键选货，自动购买所需商品，购货成功后，用户可收到一条确认信息，所购货款会自动从话费中扣除。

2. 手机银行

手机银行是通过移动通信网络将客户的手机连接至银行，通过手机界面直接完成各种金融理财业务。手机银行可以说是移动通信网上的一项电子商务业务。客户使用装有银行密钥的大容量SIM卡，即STM卡，通过移动电话的短消息系统进行操作。有关银行账户、个人密码、业务代理、交易金额等信息被送至相关银行，由银行处理后将结果返回至手机，从而完成手机银行的服务。手机银行使用户足不出户通过手机就能完成由银行代收的电话费、水电费、煤气费、有线电视费等，并可查询账户余额和股票、外汇信息，完成转账、股票交易、外汇交易以及其他银行业务。

手机银行与手机钱包的区别是：

① 手机钱包由移动运营商与银行合资推出，以规避金融政策风险。手机银行由银行联合移动运营商推出，移动运营商和银行提供信息通道，不存在合资关系。

② 手机钱包需建立一个额外的移动支付账户，手机银行只需原有的银行卡账户。

③ 手机钱包主要用于支付，特别是小额支付。手机银行是银行服务方式的升级，除了支付外，还可以查询账户余额和股票、外汇等银行业务。

④ 手机银行需更换特定银行接口的 STK 卡，受银行的影响较大，跨行受限。

3. 第三方手机支付

第三方手机支付是在移动运营商和商业银行间加入了第三方，例如中国银联。这种通过第三方构筑的转接平台和上述两种点对点的业务模式不同，它可以实施“一点接入，多点服务”的功能。第三方手机支付具有查询、交费、消费、转账等主要业务项目。由于有第三方的介入，银行和电信运营商间在技术、业务等方面更易协调。因此，第三方手机支付被认为比前两种方式更具有发展前途。

本章小结

通过本章的学习，应重点掌握移动支付和电子银行业务。此外，还要掌握手机银行和移动支付业务及其两者之间的关系，并熟悉移动支付工具和移动支付方式。

本章习题

1. 何谓电子银行？试比较传统银行与电子银行的区别。
2. 简述电子支付的特点。
3. 试述网络银行的服务种类。
4. 简述移动支付方式的种类。

第9章

移动支付服务市场分析

内容提要

本章就移动支付服务市场进行探索性阐述，首先介绍了国内外移动支付市场的发展总体情况；其次以银行业为例介绍移动支付市场的发展状况和规模，对影响该市场发展的消费者心理因素进行分析并提出解决途径；最后从营销角度分析了移动支付服务市场发展的对策。

9.1 移动支付市场发展现状分析

9.1.1 国外移动支付市场发展现状

1. 日本移动支付市场发展状况

移动支付的发展取决与移动互联网的发展状况以及移动手机用户的数量以及体验的程度。

（1）日本移动支付的基础

日本是移动互联网业务发展最好的国家之一，其移动数据业务收入约占全球40%的份额，接近1/3的日本人使用移动互联网业务，其中80%在3G终端上使用移动互联网业务。

根据Wireless Watch Japan报告，日本移动运营商提供的主要移动互联网业务包括移动搜索、移动音乐、移动社交网及UGC、移动商务与NFC应用、移动电视、基于位置的服务和移动广告等。

（2）日本移动支付发展

日本是移动支付业务推广最好的国家之一。该国的三家移动运营商NTT DoCoMo、KDDI、软银分别于2004年7月、2005年7月、2005年11月推出了移动支付业务，他们均采用索尼公司开发的FeliCa技术。为了实现读卡设备的互操作，2006年6月底，NTT DoCoMo联合JREast、JCB以及BitWallet开始实施NFC项目，共同推进Felica技术成为共同标准。在日本，非接触式手机支付定位于60万亿日元的小额支付市场，4万家便利店是主要消费场所。目前，日本非接触式移动支付受理点约11万个，在使用FeliCa手机的用户中，大约60%的用户每周至少会使用一次支付功能。经过几年的推广与发展，移动支付业务在日本有了相当的规模，用户可以使用手机现场购买自动售货机或者便利店的产品，还可以购买电影票。

由于日本主要采取移动运营商主导模式，因此，该国移动运营商普遍采取注资金融机构的方式主导整个产业链的发展。NTT DoCoMo于2005年4月注资1 000亿日元获得三井住友信用卡公司34%的股份，2006年3月又注资10亿日元获得瑞穗关联企业UCCard18%的股权。这些整合产业链的举措是NTT DoCoMo成功推广手机支付业务的关键。

NTT DoCoMo采用FeliCaIC技术的移动支付业务品牌为Osaifu - Keitai，该品牌下又分三类子业务：

① Osaifu - Keitai手机钱包业务。该业务是最普通的手机钱包业务，没有银行的介入。用户在NTT DoCoMo申请一个手机钱包账号，并预存一部分金额就可以使用。用户使用该服务购买商品所付的款项直接从在手机钱包中预存的账号里扣除，使用该业务无需输入密码。

② ID借记卡业务。NTT DoCoMo和三井住友银行合作推出ID借记卡，借记卡信息被储存在FeliCa芯片中。用户需事先在借记卡中预存一些金额才能消费。ID借记卡能与三井住友银行的普通信用卡相连，用户可以从三井住友的普通信用卡向ID借记卡转账。一般情况下，使用ID借记卡业务无需输入密码，但如果用户购买商品金额超过借记卡中的余额，则需要输入密码。NTT DoCoMo通过ID借记卡业务搭建了一个移动信用卡平台，以吸引金融机构加入。目前，加入到此移动信用卡平台的金融机构有三井住友银行和瑞穗银行。

③ DCMX信用卡业务。该业务真正将移动支付业务渗透到消费信贷领域。用户使用该业务无需在信用卡中预存金额就可以透支消费。DCMX分两种透支额度：一种是DCMXmini，可透支1万日元，用户消费时无需输入验证密码；另一种是DCMX，透支额度为20万日元，单笔消费1万日元以上需输入验证密码。

早在2007年底，NTT DoCoMo移动支付业务用户就已达到3 000万户，占其第三代移动电话服务（FOMA）用户的60%。

KDDI于2006年4月宣布与东京三菱UFJ共同出资筹建首家以移动电话作为主渠道的金融机构Shinginko。同时，KDDI在2005年底开通了名为EZ Shopping Mall的移动购物站点，并以每月2万日元出租给在线的零售商，KDDI自身也运营一些移动商务站点，如CD店、书店等。2006年，KDDI又开通了一个旅游商务网站，用户在订购旅游产品时可以同时获得EZ NaviWalk服务。除了商务网站，KDDI还开通了拍卖网站EZauction，迄今已发展了50多万用户。成功的商务和支付业务充分体现了KDDI的固定融合策略，所有的商务和支付业务都可以通过互联网接入。统计表明，接近70%的用户通过手机支付对物品和拍卖品进行付费。

日本顶级信用卡公司JCB从2007年夏季开始推广一项崭新的无接触支付服务，并同时宣布，由数家日本信用卡公司组成联盟共同制定的信用卡支付标准生效。按照该联盟的目标，手机钱包将最终取代现金、信用卡、身份证和电子飞机票或火车票。同时，信用卡公司希望手机钱包带来的便利可以增加用信用卡支付的数量。目前，该联盟已拥有45家成员公司。如今，日本已拥有6 000万手机钱包用户，其中1 500万已经升级到使用非接触技术，即无论购物或就餐，只需将手机在距特制终端几十厘米内划过，即可轻松完成付费过程。

（3）日本移动支付的特征

① 先进的技术保障。日本的手机用户总是率先享受最先进的移动增值服务，例如移动支付。用户可以利用自己的手机在虚拟商场和网上商店中购物，并通过手机进行几乎任何类型的付款，如信用卡、现金、预付费以及后付费型用户计费等。在移动支付市场，由于相关技术、优异的个性化设备以及数据终端很久以前就已在日本出现，因此，随着大家对移动支付兴趣的增长，该项服务自然会在日本流行。

② 高需求保障。日本市场的当地用户对质量的要求高过世界上其他任何地方。NTT DoCoMo在与Valista合作提供移动支付服务的过程中发现，如果过多地专注于技术，就会让用户失去对于服务本身的兴趣。移动支付本来就只是其他付款方式的补充，因此，如果用户发现服务不吸引人或者用起来不方便，他们就会采取新的方式。

在日本市场，日本运营商不断创新，而且对向新服务和基础设施的投资抱有极高的热情。移动支付服务的下一个挑战是寻找更多内容以及为用户提供访问内容的更多渠道，而不是创造出更多为这些内容支付的方式。

2. 韩国移动支付市场发展状况

（1）韩国移动支付业务市场发展现状

韩国的手机用户占全国人口的82%，宽带普及率为世界最高，电子商务基础设施被公认为世界级水平，这些都为韩国移动支付的发展提供了良好的基础。

自从2002年韩国移动运营商把CDMA网络全面升级到CDMA 2000 1x EVDO以来，移动互联网的发展更是突飞猛进，SKT和KTF分别推出了包括一系列高端移动多媒体应用和下载服务在内的移动互联网业务。双向高速网络进一步带动了具备移动Web2.0特征的移动互联网业务的发展。用户市场对移动互联网业务的需求从铃声下载、新闻服务等逐渐向移动多媒体、移动社区、移动UGC等新型移动互联网业务转移。

（2）韩国移动支付发展历程

韩国的三大移动运营商SKT、KTF、LGT分别于2004年3月、2004年8月和2003年9月联合金融机构采用红外线技术开通移动支付业务，后因移动运营商与金融机构相互之间的不信任而合作破裂。2007年，SKT联合Visa，KTF联合Master Card重新推出移动支付业务。该业务的应用程序将被存储在运营商为3G网络而发行的USIM卡上，并可与近场通讯技术兼容。这些业务在2008年3G推广后均得到广泛的应用。

在韩国，使用移动支付业务不仅可以在商场用手机进行结算，还可以在内置有红外线端口的ATM机上提取现金、在自动售货机上购买饮料。2007年6月底，该国三家移动运营商都把由韩国智能卡有限公司发行的T－money（交通客票应用程序）放到他们的非接触手机上。三家运营商的用户可以使用手机支付地铁等交通费用，无须携带专门的信用卡，且同样可以得到发票。在韩国，有几万家餐馆和商店拥有能够从手机通过红外线读取信用卡信息的终端，使顾客能够通过手机进行消费。

首尔是世界上最大的非接触交通卡试点场所，有大约 1 400 万张卡在流通，许多都是带有非接触芯片的信用卡。目前，几乎所有的韩国零售银行都能提供手机银行业务，每个月有超过 30 万人在购买新手机时会选择具备特殊记忆卡的插槽用以储存银行交易资料，并进行交易时的信息加密。移动用户只需将具有信用卡功能的手机智能卡安装到手机上就可以进行手机支付了。韩国 70% 的电子支付（即超过 10 亿美元的交易额）都是由手机支付完成的。

韩国移动运营商对移动支付进行了整合，建立了清晰的移动支付业务体系，并针对每个发展阶段制定了非常明确的发展目标。如 SKT 的移动支付总业务品牌为 MONETA，其名下又分为 MONETA card（红外线近距离非接触支付）、MONETA pass（乘车卡）、MONETA bank（金融机构信息查询、转账等）、MONETA stocktrading（股票交易）、MONETA sign（身份认证）、MONETA bill（在线购物）等。SKT 将自身的移动支付业务分为几个发展阶段，每个阶段都有不同的发展目标，第一步是初步建立移动支付系统，第二步是成功开展移动支付业务，第三步是向其他金融业务领域扩展，第四步是向移动商务领域扩展。

3. 欧美移动支付业务市场发展现状

目前，美国、法国、德国、瑞典、芬兰、奥地利、西班牙、英国等国家已经开始全面的手机支付应用。欧洲主要采用多国运营商联合运作的模式，即金融机构是合作者而不是参与者。其业务模式是通过 WAP、SMS、IVR 等方式接入来验证身份，操作较为繁琐，不适于时间性要求很高的支付行为，因此多用于 WAP 业务、电子票务等。随着现场支付技术 NFC 日趋成熟，2007 年 10 月，欧洲电信标准协会指出，基于 NFC 的手机支付功能被集成到手机 SIM 卡内而成为新的标准。

（1）英国移动支付发展现状

2007 年 11 月 29 日，英国的移动运营商、手机厂商、金融机构等联合推出现场支付服务，用户可用手机购买报纸、地铁票、公共汽车票等。他们将获得一个包含信用卡信息的手机，在消费时只要刷手机就可以完成支付过程，其交易的最大支付额度被设定为 10 英镑。

同期，英国拥有用户数最多的移动运营商 O2 公司透露了一项名为“O2Wallet”的手机钱包业务计划。该业务支持用户在伦敦乘坐公共交通出行和进行小额支付时使用手机支付代替旅行通票和现金。

（2）法国移动支付发展现状

2007 年底，法国 6 大银行和 4 大移动运营商与威士欧洲公司（Visa Europe）和万事达公司（Mastercard Worldwide）共同在法国推出用手机“无接触”付费试用活动，由斯特拉斯堡和卡昂两座城市的 200 多个商家首先推出现场支付服务。

法国家乐福正在与法国电信服务商 Orange 合作推出移动付款服务。通过这项服务，持有家乐福 Pass 卡的消费者可以更加轻松安全地使用电邮、互联网和电话进行采购支付。Pass 卡含有卡号、签发日、过期日以及持卡人密码，但不涉及持卡人的任何信用卡信息。

（3）美国移动支付发展现状

如今美国支持Visa非接触式支付方式的销售点已超过两万家。此外，更多的快餐店、便利店、电影院以及加油站都期望市场上能够涌现出更多款非接触式支付终端，并期望通过安装接收设备扩大无接触支付的市场规模。

在美国，支付领域的新贵PayPal的应用是人们关注的焦点。PayPal原是一个电子支付业务提供商，其提供的移动支付业务通过短信方式不仅能购买数字产品，还能购买真实的商品，并提供货到付款服务。2006年4月7日，在线支付服务公司PayPal正式推出了基于短信服务的手机支付服务，使美国和加拿大的用户可以随时随地通过自己的手机进行支付。用户可以利用移动通讯设备进行支付、购物或慈善捐赠。借助PayPal手机支付的“短信购买”服务，用户只需以短信形式发送商品代码，即可购买CD、DVD、鞋、服装等商品。目前，20世纪福克斯家庭娱乐频道、Bravo娱乐频道、MTV电视台、NBA、环球唱片等商户都推出了可用PayPal手机支付的娱乐产品。PayPal手机支付还使用户可以通过“短信捐款”服务向国际特赦组织、Starlight Starbright及UNICEF等机构进行慈善捐助。

2007年11月13日，全球12家移动运营商在澳大利亚、法国、爱尔兰、韩国、马来西亚、挪威、菲律宾、新加坡、中国台湾、土耳其以及美国进行非接触式移动支付服务实验，为这项服务的商业化做准备。这些实验是GSM协会Pay-Buy-Mobile计划的一部分，该计划旨在提供一种通过使用手机实现非接触式支付的单一全球通用方法。消费者可以利用他们的手机，快速、方便且安全地支付其在商店、餐馆和火车站所购买的商品和服务。

Pay-Buy-Mobile计划支持使用单线协议来连接手机中包含的通用集成电路卡与嵌入在手机中的近距离通信芯片，该协议已于2007年10月被ETSI（欧洲电信标准协会）接纳为一个标准。NFC芯片能够与现有的非接触式系统一同提供广泛、安全和透明的服务，诸如信用和借记支付。目前，已有35家运营商的13亿用户参与了该计划。

9.1.2 国内移动支付市场发展现状

1. 用户规模

近年来国内电信增值业务飞速发展，用户数和市场规模急剧扩大，在运营商的总营收中所占比重越来越大。然而，不同于其他移动增值业务，作为后起的新型业务，中国移动支付用户数量经历了相对温和的增长。

（1）起步期

国内移动支付市场于2001年开始起步，发展初期，由于消费者的安全理念、消费习惯还没有转换，用户增长缓慢，用户数量在整个移动用户群中所占比例可忽略不计。

（2）启动期

从2004年下半年开始，移动支付进入快速扩张的阶段。支付平台安全性的进一步完善以及支持移动支付业务的大量出现促使具有移动支付要求的潜在用户纷纷转变为实际用户。2004年，全国移动支付用户数达到666万人，较2003年增长190%。2005年，使用移动支付的用户以 134% 的增长率进一步增长，达到 1 560 万，占移动通信总用户数的 4% 。

(3) 发展期

进入 2006 年，移动支付用户数依旧保持了增长的势头，但在经历了 2004 年和 2005 年的爆发式增长后，用户数已经处于一个稳定发展期。随着用户基数不断扩大，增长速度在一个时期内逐渐放缓。但从整个行业的准备情况看，整个用户群体仍然表现出急速扩大的趋势，国内移动支付用户数处于第一次大发展的前夕。

2. 收入规模

国内的移动支付市场收入规模与用户数发展基本上保持了一致，表现出初期低迷、后起快速爆发的曲线发展模式，整体上处于快速增长阶段。虽然在移动支付发展的过程中，由于初期法规和监管的缺失，整个市场曾经出现过与上述发展曲线不一致的现象，即业务收入在短期内激增后又在短期内下挫，但是这种短时期收入的减缓或下降并不代表市场的衰退和萎缩，而是规范与监管加强的表现，是保证市场长期发展的必要振荡。

2002 年国内移动支付业务开始起步，初期以实验性的小额支付为主，重点放在完善技术和普及网络上，营业额增长缓慢。虽然中途由于法规和监管的缺失，也曾出现由于大批国家公务员使用此项业务为私人购买商品等非正常原因而造成其收入规模在短期内出现畸形增加的现象，但这种不健康的扩张方式并没有为移动支付业务带来长久的收入，在限制了此类消费后，移动支付的收入规模又出现短期内的大幅下跌。直到 2004 年，整个市场的收入还不到 2 000 万人民币。2005 年，用户数的大幅增长才真正带动了该业务收入的攀升，整个产业规模扩张至 3. 4 亿元，业务收入也较 2003 年增长 873% ，达到 1. 87 亿元。目前国内市场，在超过 9 亿的手机用户规模以及 3G 技术逐步成熟的背景下，伴随移动电子商务的蓬勃发展，移动支付也获得了快速发展。艾瑞咨询数据显示，2011 年中国移动支付市场交易规模达 481. 4 亿元，同比增长 149. 4% ；预计 2012 年移动支付市场规模将达 1209. 6 亿元，同比增长 151. 2% 。

3. 业务特点

移动支付基于用户手机操作，具有实时性、迅捷性的特点，因此采用移动支付完成的交易行为也具有相应的特点。

(1) 小额支付

手机承载的增值服务都具备小额特点（移动支付有承载各种类型业务的潜力，但随着电子商务的不断深化和其他支付方式的发展，预计移动支付今后的优势还是体现在小额的实时支付上，如公车票、自动售货机购物等），在移动支付发展初期，消费者也更容易接受小额的手机支付，这使得通过手机完成的支付具有额度小、次数频的特点。

(2) 实时消费

消费者在作出小额交易前往往不需太多考虑，很大一部分是冲动性的消费行为，因此要求移动支付能够在消费者的消费意愿消失前完成交易流程。

(3) 消费场所不定

手机的移动性使得支付能够在任何地方完成，而不必受到地点的限制。使用移动支付购买那些在日常生活中广泛使用的商品和服务能够凸现其便利性，而限定使用环境的产品通过移动支付购买的优势不明显。

（4）适用范围广

移动支付作为新型的电子商务解决方案，应用范围却不局限在互联网交易领域内，更多时候移动支付解决的是通过传统方式不方便完成的支付行为。

4. 中国移动支付市场成熟度评测

（1）总体成熟度评测

2012年6月20日，上海－万事达卡国际组织发布移动支付成熟度指数报告（MasterCard Mobile Payment Readiness Index）。该指数调查了个人间转账、移动电子商务和柜台非接触式POS机支付三种移动支付方式在全球34个市场的发展程度。调查发现，全球移动支付应用仍处于初级阶段，而消费者成熟度是促进移动支付技术在全球应用推广的关键因素。中国大陆市场得分为36.5，全球排名第十位，这主要得益于其优秀的基础设施和消费者成熟度。

在移动支付成熟度指数报告中，中国大陆市场的主要发现包括：（1）中国消费者的移动支付使用情况高于全球市场平均值；（2）中国的移动通信基础设施水平优于金融服务基础设施水平；（3）中国消费者使用移动支付时，POS使用率（10%）低于移动电子商务使用率（19%）。

（2）移动运营商成熟度评测

国内两大移动运营商是移动支付业务最早的推广方，也是移动支付产业链上最成熟的环节之一，因此在技术和业务上已有一定程度的积累。国内运营商在技术层面已经完成了最重要的基础开发，在业务类型方面能够提供多方面支持，下一步的重点将是在现有平台上拓宽业务范围，扩大现有移动支付业务的影响力，并与其他移动增值业务结合，形成联动效用，互相促进。

运营商的支付平台经过多年的开发改进，目前在安全保障方面已经取得突破，其技术已经能够保证基于手机的交易安全进行，基本杜绝了欺诈等行为的发生。目前，技术的发展重点在于进一步完善流程的合理性，在技术层面简化用户的使用过程，为提升用户使用体验提供技术保障。中国移动和中国联通现在都已推出和银行卡结合的手机钱包、手机银行业务，支持手机缴费和理财等多项服务。但是由于消费者的接受程度和市场的业务成熟度还不高，目前，两大运营商的移动支付业务主要还集中在缴纳话费和少量移动购物业务上。

综上所述，国内两大移动运营商在技术和业务上已经比较成熟，但是还需要在业务范围的拓广、增强业务的影响力等方面做进一步的努力。

（3）用户成熟度评测

国内消费者对移动支付业务接受程度还不高，调查显示，50%的手机用户不愿使用移动支付业务，20%表示在安全得到保障的情况下可能尝试，只有10%的用户显示出愿意使用移动支付的意愿。目前，女性消费者显示出对移动支付的强烈兴趣。

移动支付本身属于电子商务的业务之一，国内电子商务整体成熟度不高，各类不规范行为的存在使消费者对安全交易产生顾虑，这是消费者对移动支付产生抵触情绪的主要原因。

在用户眼中，移动支付的不安全因素主要有：

① 手机丢失对账户安全的影响；

② 手机上网后的病毒攻击及恶意窃取；

③ 划账过程中的误差与错误；

④ SP 的不负责行为；

⑤ 发生纠纷的风险责任不清晰。

此外，国内目前主要的移动支付采取远程通信方式，需要用户通过短信等途径确认交易的发生，用户需要通过一定的学习才能熟练使用。同时，与传统消费习惯的差异也是阻碍消费者尝试的因素之一。

综上所述，用户对移动支付业务的接受度目前还停留在很低的水平。对安全性缺乏信任以及对使用流程的不熟悉是成熟度低下的主要原因，并成为阻碍业务发展的障碍。移动支付用户的市场培育还亟待更大的投入。

（4）第三方支付平台成熟度评测

国内第三方支付平台在2004 年开始兴起。这些第三方支付公司大多依靠风险投资进入市场，与移动运营商和银行等金融机构更多采取业务合作的方式。在投资方的压力下，大多数第三方平台提供商在进入初期就有明确的运营模式，与具体的营销业务挂钩，并且具有完善的技术平台规划。

目前，第三方支付平台在技术储备上已经有一定基础，但在客户资源方面受限于移动运营商，独立开展业务的能力不强。同时，业务开展不顺导致大多数第三方平台的赢利能力不强，一旦失去资金支持，将面临生存危机。

总之，国内的第三方平台在成熟度方面呈现出“重技术，弱业务”的特点，业务量偏小导致的经验不足和运营模式单一是第三方平台提供商的主要问题。

9.2　移动支付服务市场结构

In-Stat 于 2009 年 10 月发布了名为“Remote Payment Will Lead China's Mobile Payment Market, Local Payment Will Follow”的报告。该报告称，在中国，移动支付现在正处于启蒙阶段，主要还是用于移动话费或者移动程序应用程序的购买等，而另外一些移动支付，例如 NFC 手机支付和移动电子过程中的网上付费，还停留在政策模糊的试验阶段。但中国的手机终端产业和用户需求都开始对移动支付有越来越强劲的需求，而且中国的相关厂商已经意识到移动支付市场巨大的潜在商机，越来越多的力量开始参与其中。

移动运营商的远程支付业务已经形成成熟的商业模式，而本地移动支付和支持银行账户的远程支付还处于初级阶段，由于不同利益集团的角力，如金融系统、运营商系统、手机制造商阵营等，移动支付最终有可能形成多种模式。

下文以银行业为例对国内外移动支付市场的现状和规模进行分析。

9.2.1 管制政策

2006年2月6日，中国银监会颁布《电子银行业务管理办法》和《电子银行安全评估指引》，首次将移动支付业务纳入了监管体系。虽然从1999年开始，各大商业银行陆续推出了手机银行以及相关银行业移动支付业务，但是由于监管法律法规的不健全，不仅使得移动运营商一直无法介入相关银行业移动支付业务领域，而且使得金融机构与移动运营商在进行合作谈判时，缺乏足够的谈判能力，从而影响了整体市场的健康发展。

首先，此次《电子银行业务管理办法》的颁布有助于规范手机银行业务领域，确保金融机构在未来手机银行产业链上的核心地位，保障消费者的合法权益。

其次，此次《电子银行业务管理办法》的颁布能有效地减少金融风险。一般来说，银行业移动支付业务的风险既包括了传统意义上的金融风险，也包括了技术风险和由第三方支付平台产生的设备系统风险以及由于重大安全事故或者系统缺陷引起的公众对金融机构的信任危机。《电子银行业务管理办法》从政策法规角度有效地规避了这些金融风险。

最后，此次《电子银行业务管理办法》的颁布将增强金融机构在手机银行业务上的整体实力，协调银行间的业务分工。而移动运营商在产业链中的谈判能力会有一定程度的削弱，第三方支付平台运营商则会因此出现两极分化，部分依托银行和移动运营商双重背景的厂商将会通过门槛效应得到更大的发展，而其他实力较弱的企业将会被淘汰出局。

然而，我们不得不指出，目前旨在针对非金融机构性质的支付服务商从事支付结算业务活动进行规范管理和风险控制的法规一直在推迟颁布，其核心焦点就是银行业移动支付产业链的各环节主导权的争夺。无论是银行业还是移动运营商都将其视为未来的囊中之物，因此对于银行业移动支付业务的未来产业链主导权志在必得。不过，这一切在中国人民银行《支付清算组织管理办法》颁布之前，一切都尚不可知，还需产业链各环节静观其变。

9.2.2 国外银行业移动支付市场发展现状及规模

从国外银行业移动支付市场发展来看，现有银行业移动支付业务的实现技术各有侧重。就整体发展水平而言，日本、韩国的银行业移动支付产业发展较为成功，欧美国家则有待进一步推动。

日本在移动电子商务和银行业移动支付发展方面处于全球领先地位。日本银行业移动支付市场发展的首要推动者是NTT DoCoMo。早在1999年，NTT DoCoMo即推出i-mode手机互联网服务，并获得巨大成功。i-mode服务使得日本消费者逐渐转变观念，不再将手机仅仅作为一种通讯工具，而是一种生活方式工具。当消费者习惯了用手机来做通常在PC上所做的事情时，如收发电子邮件、浏览网页、下载音乐、玩电子游戏等，再让他们接受手机支付功能，自然相对容易得多。面对庞大的潜在消费人群，商户也乐于参与受理手机支付，NTT DoCoMo甚至为安装受理银行业移动支付POS终端的商户提供补贴。

2004 年，NTT DoCoMo 发布了 Felica 手机电子钱包业务。截至 2004 年 11 月，包括航空公司在内约有 46 家公司提供 Felica 业务，NTT DoCoMo 累计售出 78 万台 Felica 兼容终端，发展至 2005 年时，全日本共有 1.2 万家商场使用，至 2005 年 4 月时底用户就已经超过 300 多万。同时，NTT DoCoMo 与三井住友金融集团及其旗下的三井住友卡及三井住友银行公司结成战略联盟，并斥资 980 亿日元收购三井住友卡 34% 的股权。在联盟中，三井住友卡负责建立受理手机信用卡支付的基础设施，包括为签约商户安装 POS 终端，并将其现有信用卡业务同 NTT DoCoMo 的手机信用卡业务合并，推广手机信用卡，而三井住友银行公司则负责开发兼容手机支付功能的 ATM。

NTT DoCoMo 的手机信用卡系统主要基于索尼的 Felica 非接触式芯片技术，用户在购物付款时只需将手机靠近读取终端即可。

如果说日本模式的鲜明特色在于完全由移动运营商主导、传统金融机构至多扮演辅助性角色，那么韩国的特色则在于移动运营商同银行通力合作，共同促进银行业移动支付的发展。韩国的三大移动运营商 SK Telecom、KT 和 LG 电信均提供手机信用卡服务，以及同 Felica 类似的预付储值智能卡。移动运营商是驱动新系统发展的主要力量，但银行与信用卡公司也扮演着重要角色，负责信用卡业务的信贷和运营。在韩国，信用卡公司通常收取交易金额的 2.5%。但在运营手机信用卡业务时，在 2.5% 的商户折扣中，1% 用来补贴消费者购买手机的成本，0.3% 归无线运营商。这样，信用卡公司只剩下 1.2%，不足传统银行卡业务收入的一半。但至少到目前，包括信用卡公司在内的有关各方对这种分成比例都比较满意，商户也踊跃参与进来，受理银行业移动支付业务，使得银行业移动支付在韩国的渗透率甚至高过日本。

与日本和韩国银行业移动支付市场欣欣向荣相比，移动通信产业和银行业最为发达的欧美国家的银行业移动支付业务市场却仍处于萌芽状态。根据 Arthur D. Little《2005 年全球移动支付报告》，在美国，移动电子商务及银行业移动支付市场的发展仍处于萌芽期。分析美国移动电子商务与银行业移动支付业务领域，我们实在很难找到移动电子商务与银行业移动支付方面任何值得一提的技术、产品或商业模式创新。1999 年，贝宝支付成立之初时，本来计划开发用于手机支付的软件，但很快发现，eBay 拍卖（贝宝于 2002 年被 eBay 收购）的买家和卖家更喜欢使用基于互联网的支付方式进行结算，于是放弃了移动支付，直到 2006 年 3 月才推出贝宝移动（PayPal Mobile）手机短信支付服务。

贝宝移动的技术相当原始，客户在贝宝开立账号向个人付款时，需将收款人的姓名、账号、转账金额等通过短信或电话发送给贝宝；想要购买接受贝宝短信支付的商品时，须通过短信向贝宝发送订单，贝宝回电话确认后完成支付。贝宝计划大力推广这一服务，主要针对无力负担信用卡公司高昂商户折扣的小商户。这些小商户如果接受信用卡支付，往往需要付给信用卡公司高达交易金额 9% 的商户折扣，而贝宝只收取 2.9%。

除了贝宝移动之外，Master 和 Visa 也在将其非接触 IC 卡标准拓展到配置 NFC 芯片的手机中。业界普遍认为，在银行业移动支付领域，NFC 及类似的非接触式芯片技术远比短信技术更具发展前景。美国曾经进行过数次 NFC 手机支付现场实验，如 2005 年

12 月，美国最大移动通信运营商 Cingular 同诺基亚、大通银行、Visa 美国和亚特兰大的若干运动队和运动场等合作推出一个试点项目，但距离日本或韩国式的全国性大规模商业应用还很遥远。

阻碍美国银行业移动支付发展的因素主要有以下三个方面：

首先，移动运营商势力较弱。在移动通信领域，美国最大的移动通信运营商 Cingular 的市场份额只有 30% 多一点，同排名第二的 Verizon 相差无几，不像 NTT DoCoMo 或中国移动在本土市场拥有近乎垄断的强势地位，其影响力不足以使其主导银行业移动支付的发展。

其次，在金融服务领域，美国银行卡和个人支票高度普及，银行、消费者和商家对银行卡和支票形成路径依赖，缺乏转换支付方式的动力。

最后，就消费者行为而言，美国人至今还没有培育出一种手机文化，这也许同美国人的生活方式有关。美日两国上班族每天上下班的通勤时间都很长，但日本人多乘坐公共交通工具，需要一种东西来帮助消磨时间，并处理个人事务，因而各种移动通信增值服务，无论是游戏、音乐、电子邮件还是个人投资组合管理均很容易被消费者接受，而开着私家车的美国人显然没有什么机会享受这些服务。结果，美国手机的普及率、市场上可以见到的手机款式和功能、增值服务的种类等同中日国相比都要落后许多。

而在欧洲，移动支付业务主要针对交通和体育等领域的应用，德国的 RMV 交通公司从 2005 年 4 月起推出用以购买市内大巴票的 NFC 手机，荷兰足球俱乐部足球爱好者可使用 NFC 手机充当指定运动场的门禁卡和票务卡，也可实现在运动场附近的快餐店和纪念品商店的购物功能。

由此可见，在全球范围内，银行业移动支付业务在日本和韩国市场获得了很好的发展，经过近六年的实践已经进入了成熟发展期，而在欧美等经济发达国家，由于消费者消费习惯以及产业链各环节发展程度的问题，目前仍处于市场培育期。

9.2.3　国内银行业移动支付市场发展现状及规模

中国移动的银行业移动支付业务的发展大致分为两个阶段：从 2000 年开始的试点与 2003 年的大规模试商用，都集中在缴税、缴纳公共事业费用、彩票投注等业务；而到了 2006 年，中国移动开始陆续在浙江、辽宁等地推出了移动商城，着力于开创一种新的平台空间，这种基于手机的购物中心的整合，使用户在能够更方便体验银行业移动支付的特性。目前虽然银行业移动支付的发展也有近六年，但移动运营商仍然将其作为一种导入期的产品进行培养与拓展，未来随着移动商务的发展以及移动技术的完善，银行业移动支付必将成为移动运营商拳头增值业务之一。

结合银行业移动支付业务的发展历程并预测其发展趋势，我们可以把国内银行业移动支付发展历程分为四个阶段：

① 2002 ~ 2004 年。银行业移动支付一直发展平稳，由于技术上的安全问题尚未解决、产业链不成熟、用户使用习惯欠缺，处于缓慢的业务导入期。

② 2004 年下半年 ~ 2007 年。银行业移动支付领域若干业务（手机缴费充值、手机购买福彩、公用事业费支付等）商业模式成熟，用户使用习惯得到培养，其应用的地

区快速增多，已经进入地域快速扩展的快车道，但市场规模仍然有限，业务种类单一，处于地域扩展期。

③ 2007～2009 年。基于较好的用户使用习惯和产业链的逐渐成熟，银行业移动支付的业务种类迅速丰富，消费者使用的比例升高，进入市场规模快速增长的拐点，处于规模扩张期。

④ 2009 年以后。银行业移动支付业务渗透率（银行业移动支付用户与数移动通信用户数之比）达到24%，银行提供的业务种类丰富，用户使用习惯成熟稳定，进入产业成熟期。

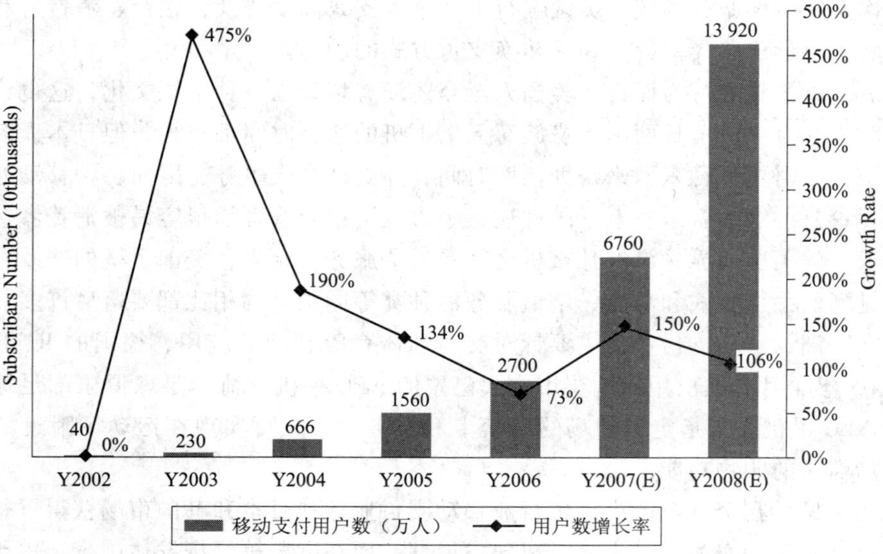

图 9－1　2002－2008 年中国银行业移动支付市场用户规模

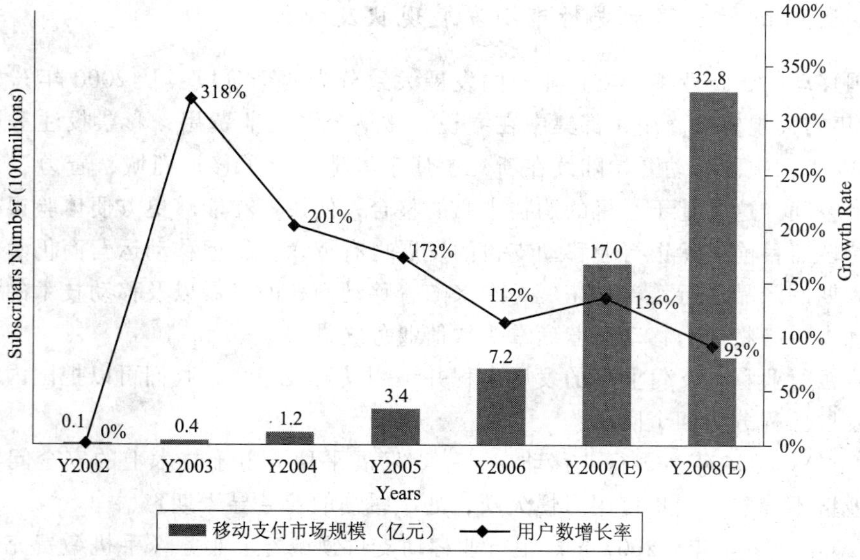

图 9－2　2002－2008 年中国银行业移动支付市场规模

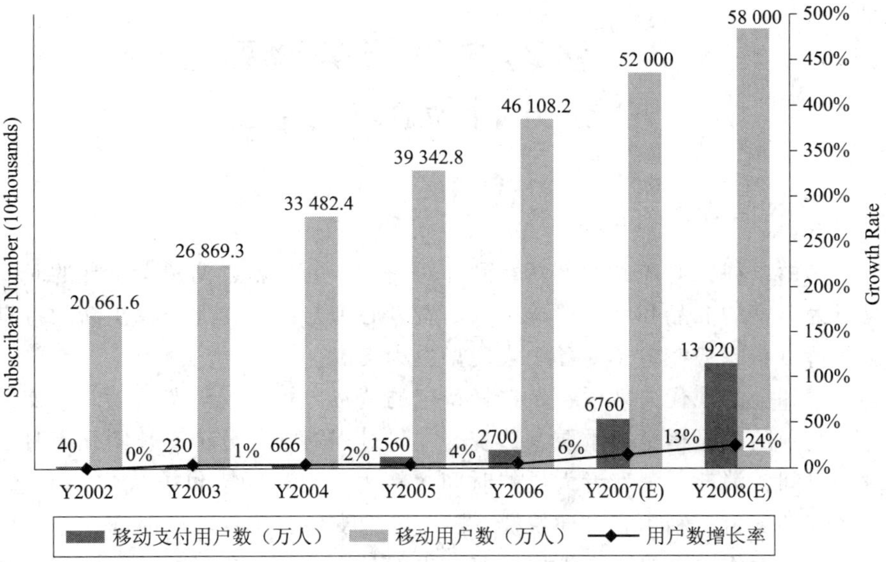

图 9 – 3　2002 – 2008 年中国银行业移动支付用户占移动用户比例

2007 年，中国银行业移动支付业务用户数增长率高达 150%，而中国银行业移动支付业务市场规模的增长率为 136%。我国银行业移动支付业务发展速度将在 2007 年到达顶峰。

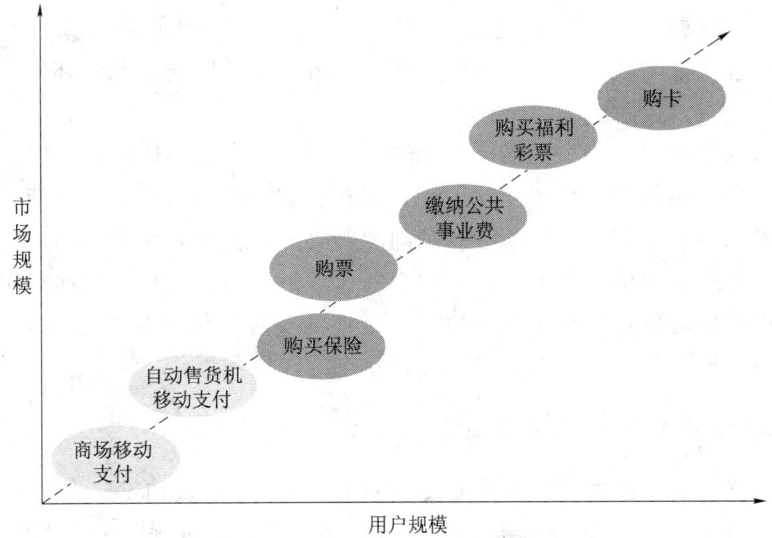

图 9 – 4　中国主要银行业移动支付业务市场规模和用户规模对比分析

目前，我国银行业移动支付业务主要集中应用在福利彩票购买、购卡和话费充值等领域。由于受到银行业移动支付交易安全和终端的瓶颈限制，目前商场银行业移动支付和自动售货机移动支付业务并没有真正开展起来，用银行业移动支付手段进行大宗商品的购买仍不能真正的实现。

9.3 移动支付服务消费者心理分析及解决途径

9.3.1 消费心理剖析

随着市场由以往针对产品的创新转到针对消费者的创新，消费者主导的时代已经来临，面对更为丰富的商品和服务的选择，消费者心理与以往相比呈现出新的特点和发展趋势，这些特点和趋势在电子商务中表现得更为突出。

对于惜时如金的现代人来说，在选择特定的消费方式进行消费活动时，支付过程中的即时、便利、随手显得更为重要。传统的支付过程短则几分钟，长则几小时，再加上往返路途的时间，消耗了消费者大量的时间、精力，而移动支付方式弥补了这个缺陷。消费者选择移动支付，利用它方便快捷、随时随地支付，不受经营时间、地理位置的限制的特点，在很大程度上提高了消费效率，也就是提高了消费者的消费效用，对消费行为有很大的促进作用。

消费者在选择特定消费方式过程中会比较新的支付方式能否比传统支付方式带来更大的效用，同时也在预期选择了该方式需要付出多大的代价和风险，权衡利弊后最终决定使用适合自己的方式。处在这一复杂环境下，消费者本身与其他消费者之间相互影响，尤其是对处在发展初期的新事物，大家都是持观望态度，谁都不愿做“第一个吃螃蟹的人”。一旦看到别人从中获益，立刻随波逐流投入到此行列中来。可见，消费者的消费心理对整个社会环境、消费群体、消费态势、商品因素、购物环境、营销沟通都产生很大的影响。

消费品市场发展到今天，消费者都能够以个人心愿去挑选和购买丰富的商品或服务，他们往往富于想象力、渴望变化、喜欢创新、有强烈的好奇心，对新技术敏感，独特的购物环境和与传统交易过程中截然不同的购买方式会引起消费者的好奇、超脱和个人情感变化，由此呈现出一种追求时尚和个性化的消费趋势。另外，在物质消费满足的条件下，现代消费者更加注重精神的愉悦、个性的实现、情感的满足等高层次的需要，希望在购物中能随便看、随便选，保持心理状态的轻松和满足。

9.3.2 制约移动支付市场发展的消费心理障碍分析

目前，消费者对移动支付存在的心理障碍大致表现为以下几点：

① 安全无保障。数据结果显示，安全问题是消费者最重视的问题。移动支付是虚拟支付，消费者感觉不到实实在在的资金流动，失去了对资金的控制能力，这种不安心理甚至导致消费者不愿去尝试，这是制约移动业务发展的很大一方面。另外，由于最近几年不法分子利用手机短信诈骗银行用户的案例屡屡出现，使消费者望而生畏，加重了他们对移动支付的抵触心理，使得他们不愿意通过移动网络发送手机或银行的账户信息。

② 受传统支付观念的束缚。在一种新事物的出现并且向人们的日常生活进一步渗透的过程中，人们总是习惯于把它与老事物进行比较。作为新兴的电子支付方式，必然

会有一个从不成熟到成熟、从不被认可到认可的过程。由于对传统的支付习惯和消费模式存在依赖性，消费者对使用手机进行移动支付的态度主要是：比较新，安全性缺乏信任；没有必要，其他方式好；不知如何使用；从未听说过。消费者，所得出的结果是，对于移动支付这种新的概念仍然需要更多的时间去认识、接受和习惯。

③ 不可接受的额外成本。使用移动支付是否需要额外的成本也是消费者普遍关心的问题。通过调查我们发现，对于移动支付的各项额外成本，消费者都表示出较高的不接受态度。由更换 SIM 卡或手机终端等产生的一次性费用，各有一半以上的消费者不能接受；男性消费者不接受额外付费的比例相比女性消费者要高一些；对于 30 岁以上的消费者，由于其对新生事物的接受程度有限，已经习惯现有的产品和消费模式，不愿轻易作出改变，导致这部分消费者比其他年龄段更不能接受各项移动支付成本。

④ 对运营机构的不信任心理。手机用户对垃圾短信和短信陷阱的熟悉程度恐怕是无以复加了。前两年，随着手机消费收入的扶摇直上，短信陷阱也几乎是无处不在，用户经常莫名其妙的被定制的服务扣了费。这种现象主要是由于 SP 运营商利用信息的模糊性和歧义性对消费者进行欺骗甚至强行使其消费而产生的，可见诚信问题影响了人们的消费心理，阻碍了移动支付的健康发展。

⑤ 对移动支付系统的可靠性心存疑虑。由于移动支付是完全虚拟的过程，通常情况下很难得到物理上的消费凭证，这对消费者的信任心理是一个考验。系统发生错误后，凭证的搜集是个麻烦问题。而任何系统的可靠性都达不到 100%，一旦发生错误，怎么保证消费者的资金也是消费者很关心的问题。

⑥ 个人隐私受到威胁。随着电子商务的发展，商家不仅要抢夺已有的客户，还要挖掘潜在的客户。而现有技术不能保障网上购物的安全性、保密性，这使许多消费者不愿用手机参与网上购物。特别是在移动支付中，订单、密码等信息都是以无线的方式发送，一旦信息被截取，那么消费者的隐私将得不到保障。

⑦ 对系统反应速度慢、操作便捷性的担忧。繁琐的操作流程和细节是用户放弃使用移动支付业务的一个重要原因，如无线 POS 机数据连接失败、多次登陆不上、手机支付短信发送后无短信反馈等。许多手机用户尤其是年轻用户，其购物消费心理属于冲动型心理，所以移动支付能否提供一个方便快捷的支付手段是消费者衡量是否选择和使用它的又一心理标准。

⑧ 相关法律体系不完善。目前国内社会整体诚信水平有待提高，与金融管理制度和商业信用体系有关的法律法规尚未完善，这使得移动运营商和银行机构都有所顾忌，从而影响了他们对移动支付业务的推广。另外，人们对某些新业务的消费心态就像买到假烟、假酒、毒大米，怕出现纠纷而付出巨大代价，这种心态也必然遏制了人们尝试移动支付业务的冲动。没有法律这层保护墙，个体消费者必然处于弱势地位，这种后顾之忧的心理使得消费者不能放心地使用移动支付。

⑨ 移动支付覆盖范围太小。目前，能够提供移动支付功能的业务还很少，能购买的商品也受到太多限制，移动业务与消费者生活结合不够紧密，这在很大程度上影响了手机用户使用移动支付业务。另外，地区差异较大，移动支付在东部和沿海城市发展较好，而西部和其他内地城市使用移动支付的用户很少，全国发展得很不平衡。

9.3.3 消除消费者心理障碍的解决途径

鉴于消费者对移动支付的心理障碍，我们对移动支付的改进提出如下几点解决途径：

① 打破传统观念束缚。移动支付的真正价值被肯定还要经历一段过程。研究表明，只要尝试过一次，消费者就会经常使用。传统的几种支付方式由于形式单一，已经无法满足出现紧急支付需求或者其他临时支付任务的特殊需要。移动支付的成功关键还在于消费者能否接受。通过公交移动或者网络社区的营销手段进行推广，使消费者认识到移动支付带来的好处，用增加更多的消费者数量的方式来消除移动支付所带来的心理障碍也可以从另外的角度促进销售额的增长。动员产业链的相关环节共同开拓市场，根据交易产品的类别和金额的大小，有针对性地对消费者愿意利用移动支付的场合开展业务，除了公共服务体系外，还可以考虑零售商，彩票发行商等，让商家了解移动支付可以给他们提供一种更快捷和更廉价的客户服务方式。

② 小额费用支付成为主流。按照支付交易金额，移动支付分为微支付和宏支付。国内的移动支付方式 1999 年才起步，现阶段还没有被广泛使用，在推广的过程中，大多数消费者更愿意利用移动支付完成购买车票，门票，交水电费等小额费用的支付。所以，移动支付业务提供者应该有针对性地推出业务，并且主要面向商户与消费者之间的小额交易，尽力满足消费者的需求，以推动移动支付的发展。国外移动支付业务已经进入宏支付阶段。宏支付对安全性要求较高，一般采用各交易角色移动终端绑定银行账号或信用卡账号的方式进行移动支付。

③ 技术风险亟待解决。技术风险主要包括以下五个方面：① 身份鉴别。由支付提供方（即发行方）对用户进行鉴定，确认其是否为已授权用户。② 数据保密性。保证未被授权者不能获取敏感支付数据，否则会给某些欺诈行为提供方便。③ 数据完整性。保证支付数据在用户同意交易处理之后不会被更改。④ 灾难恢复。一旦灾难发生，要保证支付数据能够恢复，避免因无支付凭证数据而产生纠纷。⑤ 不可否认性。避免交易完成后交易者不承担交易后果。

针对上述问题，业务提供者必须对敏感信息进行全程数据安全加密；在系统中配备适当的安全措施如防火墙、侵入窃密检测系统、监视控制系统等；对访问系统的用户进行身份鉴别；装备必要的恢复和后备系统；使用数字签名等。银行应注重交易数据的保管，为可能的纠纷或诉讼作必要准备。

④ 加强信用制度的完善。业内人士认为，移动支付发展的瓶颈不是技术问题，而是信用问题。信用问题导致了消费者的心理障碍，直接打击了消费者的消费欲望。在今年的一项调查中表明，手机由于携带的随身性，其丢失和损坏造成个人信息泄密的概率较高，国内 40% 的消费者对移动支付的安全性缺乏信任，只有低于 15% 的手机用户完全信任移动支付，而 65% 的手机用户拒绝通过移动网络发送自己的信用卡资料。

要普及移动支付，需要银行部门分担用户风险来激发用户使用移动支付的积极性，并且要大力推广手机实名制，建立手机用户的信用账户，这样才能有良好的信用保证。信用制度的建立并不是一朝一夕的事，这需要移动运营商与银行机构的支持和改革，还需要消费者在意识和观念上的转变。随着法律法规和管理机制的完善、商业模式的创新以及人们素质的提高，电子商务中的信用将会逐渐提升。

⑤ 3G时代推动移动支付。3G技术与传统的通信技术主要区别在于传输声音和数据的速度上的提升，它能够在全球范围内更好地实现无缝漫游，并能处理图像、音乐、视频流等多种媒体形式，并提供包括网页浏览、电话会议、电子商务等多种信息服务。随着3G时代的到来，移动支付平台要从现有网络向3G网络平滑过渡，运营商要积极完成3G移动支付平台的建设，根据其技术和应用特点，开发丰富和实用的增值业务，拓展移动支付的市场份额，促进移动支付的发展。

⑥ 人性化的便捷操作。消费者的消费往往是在一瞬间发生，如果支付的手段过于繁琐，那么消费者很有可能就失去耐心，从而对移动支付也产生了不良心理因素。这就要求移动支付系统应具有良好的用户界面，可以创建不间歇服务模式（每周7天、每天24小时为顾客服务），注重培养顾客的安全感与信任感，以含蓄的方式建立网上社团，并在社团内推广移动业务的优势。

⑦ 加强消费者隐私保护。隐私的保护不仅涉及技术安全性，还涉及到抢夺和挖掘客户资源的各竞争商家。由于移动电话具有内置的手机号码，并要求实名制，在增加交易安全性的同时，也增加了消费者对隐私保护问题的关注。运营商在进行各种业务宣传活动的同时，必须强调保护消费者的隐私，并且要有配套的、详尽的自愿选择加入邮件列表计划。同时，为了发送定制化的信息，商家需要收集数据，这也会涉及到消费者的隐私问题。因此，商家要在实现个性化和尊重消费者隐私之间进行权衡，以最大的限度的保护消费者的隐私。

⑧ 降低移动支付使用成本。使用移动支付，可能需要一次性更换手机或SIM卡，这些额外成本是消费者不愿接受的。但是，这些成本可随无线上网方式的多样化发展而分散，随着业务的规模化，成本必将大幅度下降。另外，运营商可以降低移动支付的费用，让它比传统支付的费用上更加便宜，人们会因价格因素转而选择移动支付方式。

⑨ 完善移动支付法律法规。严格的法律制度是消费者使用移动支付这种虚拟化的消费方式的心理保障。要充分利用我国现行法律来拟定移动支付相关协议，如《合同法》、《会计法》、《票据法》、《支付结算办法》等。在技术安全方面充分利用信息技术安全方面的行政法规，如《中华人民共和国计算机信息系统安全保护条例》等。由于电子商务发展十分迅猛，移动电子商务又属于前沿新技术，相关的法律法规在该领域非常缺乏，这使得我国立法机构必须及时研究并建立相应的法律法规。

9.4 移动支付服务的市场营销

9.4.1 营销和商务模式决定移动支付的未来

电子/网上支付近年来有了很大发展，2011年交易规模已近万亿。以支付宝统计的数据为例，目前用户数过亿，日交易量高达4.5亿人民币。发展速度之快，令人震惊！移动支付作为电子支付的一种形式，近年来在国外（特别是日、韩等国）有很大发展，但在国内却一直是叫好不叫座，长期处于一种不温不火的状况，这一切亟待突破和发展。

移动通信及终端设备除了具有网络双向、互动等优点外，还具备人人都有、无处不在、时时开机等特点，以及操作上随时、随地、随意等一般网络所不具备的特点。移动支付服务正以其独特的优势成为在线支付的一种重要补充，未来发展前景广阔。但它也有一定的局限性，目前更适合于小额、移动环境下的支付以及与传统支付相关的各类活动。而且移动支付的未来发展一定要与网络营销、移动商务模式相结合，如果完全固守于一种简单的支付工具，很难发挥其优势。只有与网络营销、移动商务模式紧密结合，才能更好地发挥其自身的特点。

目前，移动支付的应用非常广泛，主要集中在以下多方面。各种证照的管理，如身份证、驾照以及安全认证等，都可以集成到手机里。电子门票，包括其购买、转让/转付、验证、管理等过程，可通过移动支付方式来完成。差旅服务，包括内部、签约、普通客户等的身份识别，从目前来看，也将成为移动商务的重要应用。此外，还有它在电子商务、移动购物等方面的应用。

此外，不仅传统业务可以通过手机互联网支付来实现，而且还可以因此衍生出许多新型业务，例如基于二维码手机识别的互动营销传播与移动购物的应用。在韩国，一些依托于手机移动技术和互联网平台的应用搞活了传统的平面媒体，使商务活动更加活跃，从而使移动支付在传统电子支付领域衍生出更大的空间。

移动支付作为一种重要的电子支付手段，目前不温不火的主要原因是，很多企业单纯地将移动支付视为一种支付手段，使其与营销和商务模式脱节，最终导致移动支付的优势难以体现。

正因为如此，移动支付更适合于小额、移动环境下的支付以及与传统支付相关的各类活动。移动支付必须与网络营销、移动商务发展模式结合，才会有更大的发展空间。如果不能结合，则只会从其他电子支付中分一小杯羹，而且范围仅限于小额移动支付，难有大的发展。如果今后各种银行卡都集中到手机中，给客户带来的好处则是使用越来越方便、广泛，但随之也会带来资金流动过于便捷的问题，因此要对监管部门提出了更高的要求，监管将变得更加重要。因此移动支付不能作为一种单纯的支付手段来单独发展，它只能与网络营销、移动商务模式协调发展，才能使得移动支付在传统的网络支付领域衍生出新的业务。因此，营销和商务模式决定移动支付的成败与未来。

9.4.2 营销建议

巨大的手机用户、日益先进的终端载体以及无处不在的移动网络使得移动支付市场发展潜力巨大。移动支付业务的发展能给移动运营商、金融机构等移动支付产业链条上的诸多环节带来效率和效益双方面的提升。但是，目前我国移动支付业务的发展情况还不尽人意。

消费者需求是移动支付业务发展的最终驱动力，他们决定了移动支付业务的成败。那么，如何提升消费者对移动支付业务的兴趣是目前迫切需要解决的一个问题。

1. 识别高创新性人群，进行重点营销

实践结果表明，个人创新性对移动支付使用意向的影响最大，创新性高的消费者，移动支付使用意向也强，这跟施华康、Donthu 和 Garcia 的研究结论一致。因此，在移动支付业务的推广期，具有高创新性的人群应该是推广的主要目标群体，因为这个人群更容易接受新科技，更愿意承担风险，他们将成为移动支付业务的早期采用者。移动支付服务提供商在对该部分人群进行有效识别后，应该根据他们的媒体偏好投放广告，向他们宣传移动支付新奇、独特的特性及功能，同时增加他们对新业务的体验机会。在该部分人群逐渐采用了移动支付服务后，再将营销的重心逐渐转移至尚未采用的早期及晚期大众。

2. 加强舆论宣传，扩大社会影响力

社会影响通过感知有用性对使用意向产生很强的正向影响，相关群体的有用性感知会促进个人相信系统的有用，从而增强其使用意向。对移动支付服务提供商来说，这个结果表明社会网络、人际传播对移动支付的扩散有重要作用，周围朋友和同事的看法对个人使用移动支付有重要影响。因此，移动支付服务提供商要善于利用口碑效应，同时多方面、多渠道地营造移动支付使用的社会环境。

3. 降低移动支付认知风险，提高消费者使用意向

相对于有线网络，无线网络的带宽较窄、连接不够稳定、缺乏标准协议、数据传输容易被监听，这些都增加了用户的感知风险，成为消费者接受移动支付的主要障碍。据此，移动支付服务提供商要致力于提高支付系统的安全性、稳定性，加强用户安全、业务安全和系统安全建设。除此之外，Bauer 在引入感知风险概念时，特别强调消费者只关心主观风险（即感知风险），而不关心真实世界的风险（客观风险）。消费者在购买商品的过程中也会面临各种各样的客观风险，这些风险有的会被消费者感知到，有的则不被感知到，有的会被缩小，有的被夸大。个体只对其感知到的风险加以反映和处理，其没有感知到的风险，不论发生的概率有多高，危险性有多大，都不会影响消费者的购买决策。也就是说，感知风险与客观风险可能并不一致，而影响消费者决策的在更大程度上是感知风险，而不是现实风险。据此，移动支付相关服务提供商除了提高安全技术水平外，还要采取有效措施打消消费者的不实风险感知。

4. 刺激消费者需求以提高其对移动支付的感知有用性

移动支付服务提供商要从业务设计和营销两方面着手，提高消费者对移动支付有用性的感知。一是以顾客需求为导向，不断推出消费者附加值高的业务类型；二是加强对现有业务的宣传和推广工作，加深消费者对移动支付便利性的认知和了解，同时增加消费者的体验机会以刺激消费者需求，提高其对移动支付业务有用性的感知。

5. 简化移动支付业务的操作流程，提高消费者的感知易用性

我国目前开通的移动支付业务主要为远程支付方式，交易过程大多通过发送短消息和手机上网完成，操作过程较为繁琐，且速度受限，这在一定程度上影响了消费者的使用意向。因此，移动支付服务提供商要注重简化移动支付业务的操作流程，降低操作的复杂度，并利用先进的技术提高操作速度，在保证安全的前提下，使交易能快速完成，提高消费者的易用性感知。

本章小结

本章对国外和国内的移动支付市场的发展进行了具体的分析，重点介绍了移动支付服务消费者的心理分析和移动支付服务的市场营销。

本章习题

1. 请根据本章的学习分析国内移动支付的市场结构。
2. 分析移动支付消费者心理因素的形成原因及对营销工作的启示。

第 10 章

移动支付的安全

内容提要

本章主要探讨移动电子支付安全与风险防范，其中涉及安全技术与标准、安全认证与管理以及移动电子支付的风险防范。

10.1 移动支付安全的问题

移动支付的首要问题是安全保障、身份识别和隐私。无线信道是一个开放性的信道，它带来了诸多不安全因素，如通信内容被窃听、通信双方的身份容易被假冒以及通信内容被篡改等。无线网路中的攻击者不需要寻找攻击目标，攻击目标会漫游到攻击者所在的小区，在终端用户不知情的情况下，信息可能被窃取和篡改。

1. 无线信息易被窃取

无线通信网络可以不像有线网络那样受地理环境和通信电缆的限制就可以实现开放性的通信。无线信道是一个开放性的信道，它给无线用户带来通信自由和灵活性的同时也带来了诸多不安全因素，如通信内容容易被窃听、通信双方的身份容易被假冒以及通信内容容易被篡改等。无线窃听可以导致通信信息和数据的泄漏，而移动用户身份和位置信息的泄漏可以导致移动用户被无线追踪，这对于无线用户的信息安全、个人安全和个人隐私都构成了潜在的威胁。

2. 无线网络易受干扰

无线装置可以组成 Ad hoc 网路。Ad hoc 网络和传统的移动网络有着许多不同，其中一个主要的区别就是 Ad Hoc 网络不依赖于任何固定的网络设施，而是通过移动节点间的相互协作来进行网络互联。Ad Hoc 网络也正在逐步应用于商业环境中，比如传感器网络、虚拟会议和家庭网络。由于其网络的结构特点，使得 Ad Hoc 网络的安全问题尤为突出。A 通信由一个小区切换到另一个小区时，恶意的或被侵害的域可以通过恶意下载、恶意消息和拒绝服务来侵害无线装置。

3. 无线网络易被攻击

无线网路中的攻击者不需要寻找攻击目标，攻击目标会漫游到攻击者所在的小区，在终端用户不知情的情况下，信息可能被窃取和篡改，服务也可被经意或不经意地被拒绝，交易也会中途打断而没有重新认证的机制。无线媒体为恶意用户提供了很好的藏匿机会。由于无线设备没有固定的地理位置，它们可以在不同区域间进行漫游，可以随时上线或下线，因此它们很难被追踪。因此，对无线网路发起攻击会是敌手对固定网路发起攻击的首选，尤其随着这些设备数量的增长。

4. 手机病毒威胁很大

有线网络杀毒安全技术还不完全适用于无线设备，由于无线设备的内存和计算能力有限而不能安装大部分的病毒扫描和检测入侵的程序，目前还没有有效抵制手机病毒的防护软件。

5. 移动交易尚欠安全

安全问题在手机支付中是极其重要的一个问题。需要银行对用户的交易密码做加密处理，对于一些重要数据做硬件加密处理，所有文件不能以明文形式存在，对于系统的访问有安全日志，对于所有应用系统发生的错误都要记录在错误日志中。对于通信运营商来说，需加强信号传播中的安全问题，如防止信号被截获等。一项新业务存在业务风险是很正常的，关键是如何正确处理安全与正常业务运营的关系以及把安全系数设定在一个什么样的状态下。如果强调百分之百的安全，不仅很难做到，而且势必会舍弃许多利益。既照顾到安全问题，又兼顾业务发展，是一项值得研究的课题。另外，从法规建设上看，因通过无线工具查询银行账户以及电子支付等操作造成的银行或个人隐私暴露，责任方需要承担什么样的责任也需要具体予以明确。当然，这是一个与技术相关的业务问题。

10.2 移动支付安全技术与标准

移动电子商务相对于电子商务环境具有以下一些特点：

一是移动性。移动是无线链路最明显的优势之一，它可以不受定点上网限制，允许随时随地收发信息，不受时间、地域的限制。

二是安全性。无线设备所使用的 SIM 卡可以提供较高的设备拥有者的安全身份认证。

三是定位性。通过电信业的电信网络可以随时追踪和定位移动用户所在区域位置。

四是个性化。目前人手一机已成为普遍现象，这使得手持设备成为人们生活中必备的工具，它相比于个人电脑更具有个性化特点。

移动电子商务中的安全应确保交易双方的合法权益所涉及的内容不受非法入侵者的侵害。通常，它主要涉及数据的机密性、数据的完整性、数据的鉴别以及数据的不可否认性方面的内容。

移动支付系统按照交易额的数量分为宏支付和微支付。现存的移动支付系统大部分都是微支付。在微支付系统中，交易的费用是从用户的话单中扣除的，不涉及到银行的直接参与。而在宏支付系统中，用户用手持设备购物时，银行是直接参与者之一，用户的交易费用是从与用户手持设备绑定的银行账户中扣除的。由于交易数额较大，宏支付对安全性要求较高。

1. 安全技术

（1）加密技术

加密技术是电子商务最基本的安全措施。以整个密码系统来分，有对称式密码系统、非对称密码系统、对称式与非对称式混合的密码系统。对称式密码系统是加解密用同一把密钥，优点是运算速度快，缺点是密钥在分配上存在问题。非对称密码系统加解密的过程使用两种不同的密钥，即公钥与私钥，不但解决了密钥分配上的问题，而且还能用私钥来达到数字签名的功能，使数据的传输有不可否认性。但是公钥密码系统最大的缺点就是数据加解密的速度慢。因此，通常在使用密码系统时会结合两种密码系统的特色以实现加解密速度快，同时又能解决密钥分配的问题。

（2）安全认证技术

目前，仅有加密技术不足以保证移动电子商务中的交易安全，身份认证技术是保证移动电子商务安全的又一重要技术手段。移动电子商务中的身份认证可以将手机的 SIM 卡的唯一识别结合起来，实现对移动终端用户的认证，还可以结合数字签名技术和数字证书技术实现用户认证。

（3）消息认证

消息认证是检验数据的完整性及数据是否被篡改的技术，它是通过杂凑函数来实现的，单项杂凑函数还可按其是否有密钥控制分为两大类，一类是有密钥控制以 h（k，M）表示，为密码杂凑函数；另一类是无密钥控制为一般杂凑函数，不具有身份认证的功能，只用于检测接收数据的完整性，它一般与数字签名结合应用，而密码杂凑函数的杂凑值不仅于输入有关，而且与密钥有关，因而它具有身份验证功能。

（4）数字签名

数字签名是非对称密码中的一种技术，其主要过程是发送方将报文生成一个固定长度的散列值（或报文摘要），并用自己的私钥对这个散列值进行加密形成发送方的数字签名。然后，这个数字签名将作为报文的附件和报文一起发送给报文的接收方。报文接收方首先从接收到的原始报文中计算出散列值，接着再用发送方的公开密钥来对报文附加的数字签名进行解密。如果两个散列值相同，那么接收方就能确认该数字签名是发送方的，通过数字签名能够实现对原始报文的鉴别和不可否认性。

（5）双重数字签名

在实际商务活动中经常出现这种情形，即持卡人给商家发送订购信息和自己的付款账户信息，但不愿让商家看到自己的付款账户信息，也不愿让处理商家付款信息的第三方看到订货信息。在移动电子商务中要能做到这点，需使用双重签名技术，持卡人将发给商家的信息（报文 1）和发给第三方的信息（报文 2）分别生成报文摘要 1 和报文摘要 2，再合在一起生成报文摘要 3 并签名；然后，将报文 1、报文摘要 2 和报文摘要 3 发送给商家，将报文 2、报文摘要 1 和报文摘要 3 发送给第三方；接收者根据收到的报文生成报文摘要，再与收到的报文摘要合在一起，比较结合后的报文摘要和收到的报文摘要 3，确定持卡人的身份和信息是否被修改过。双重签名解决了三方参加电子贸易过程中的安全通信问题。

(6) 数字证书

数字签名是基于非对称加密技术的，因此存在两个明显的问题，一是如何保证公开密钥的持有者是真实的，二是在大规模网络环境下公开密钥的产生、分发和管理。由此，证书签发机构（Certificate Authority，CA）应运而生，它是提供身份验证的第三方机构，由一个或多个用户信任的组织实体构成。CA 核实某个用户的真实身份以后，签发一份报文给该用户，以此作为网上证明身份的依据。这个报文称为数字证书，包括唯一标识证书所有者（即贸易方）的名称、证书所有者的公开密钥、证书签发者的数字签名、证书的有效期级证书的序列号等。

(7) 数字信封

为解决每次传送、更换密钥的问题，结合对称密码技术和公开密钥加密技术的优点，我们提出了数字信封的概念，其具体操作过程如下：发送者自动生成对称密钥，用它加密原文得到密文；对原文进行杂凑函数，再用自身的私钥加密得到签名；将对称密钥本身用公开密钥加密保护；将运算得到的三项结果一同发送给收信者。收信者用自己的私钥解密得到对称密钥，用以解密密文得到明文并验证签名。这样可以保证每次传送都可由发送方选定不同密钥进行。

(8) 数字时间戳

同传统商务一样，日期和时间是商务文件中的重要内容之一，需要加以确认与保护。同样，在移动电子商务中，也需对交易数据的日期和时间信息采取安全措施，而数字时间戳服务（DTS）专用于为电子文档发表时间提供安全保护。数字时间戳服务由专门机构提供。所谓的时间戳是一个经加密后形成的凭证文档，共包括三个部分：需要加盖时间戳的文件的摘要、DTS 收到文件的日期和时间、DTS 的数字签名。

2. 安全标准

安全技术的目标是保证在安全方案执行完毕时能实现其安全性质。安全方案的安全性质主要有以下几个方面。

(1) 可认证性

认证是最重要的安全性质之一，所有其他安全性质的实现都依赖于此性质的实现。认证是分布式系统中的主体进行身份识别的过程，主要有有三种认证方法。

① 主体使用只有验证者与其共享的密钥加密消息，验证者使用同一密钥解密消息验证主体的身份。

② 主体使用其私钥对消息签名，验证者使用主体的公钥验证签名以验证主体的身份。

③ 主体通过可信的第三方来证明自己的身份。

(2) 秘密性

秘密性是指保护协议消息不被泄漏给未被授权的人，即使是攻击者了解消息的格式，他也无法从消息内容中得到有用的信息。保证秘密性最直接的办法是对消息进行加密，将消息从明文变成密文，没有密钥的人是无法解密消息的。

(3) 完整性

完整性是指保护协议消息不被非法篡改、删除或替代。最常用的方法是封装和签名，即用加密或杂凑函数产生一个摘要附在传送消息后，作为验证消息完整性的依据。用户收到消息后用同样的杂凑函数产生一个摘要和收到的摘要进行对比来判断消息在传输过程中是否保证了完整性。

（4）不可否认性

不可否认性又称不可抵赖性，是指通信主体能通过提供给对方参与协议交换的证据来保护自身合法利益，即协议主体必须对自己的行为负责，不能也无法事后抵赖。不可否认性又分以下两种：

① 消息源不可否认，亦即不可否认协议向接收方提供不可抵赖的证据，证明收到消息的来源的可靠性；

② 消息宿的不可否认，亦即不可否认协议向发送方提供不可抵赖的证据，证明接收方已收到了两种消息。主体提供的证据通常以签名消息的形式出现，从而将消息与消息的发送者进行了绑定。

10.3　移动支付安全认证与管理

移动电子支付认证消息是在商家与支付网关之间交换的信息。支付认证包括支付授权和支付资金清算。

1. 支付授权

支付授权确保这笔交易是经银行确认的，保证商家能收到钱，据此可向持卡人提供商品或服务。商家首先向支付网关发送授权请求消息。请求消息由三部分组成。

① 与购买有关的信息，主要来自于客户，包括 PI、双签名、OIMD 和数字信封；

② 与授权有关的信息由商家生成，包括交易标识号、由商家签名并加密的授权数据块以及数字信封；

③ 数字证书，包含持卡人签名证书、商家的签名证书及密钥交换证书。

支付网关接收到授权请求后，需要进行以下步骤：

① 验证有关的数字证书；

② 解开相关数字信封；

③ 验证有关的数字签名、双签名；

④ 验证交易标识号；

⑤ 向发卡银行提交授权请求。

得到发卡银行的授权确认后，支付网关向商家返回授权响应消息。授权响应消息由三部分组成。

① 与授权有关的信息，包括由支付网关签名及加密的授权数据块和数字信封；

② 资金清算令牌，这一消息将用于清算支付资金；

③ 数字证书，包含支付网关的签名证书。得到支付网关的授权确认后，商家即可发送货物或提供服务。

2. 支付资金清算

商家向支付网关发送清算请求消息，包括经商家签名和加密的清算请求数据块，该数据块包含了支付总额和交易标识号，此外还有资金清算令牌。支付网关收到清算请求后，解开有关加密的数据块，进行相关的有效性、一致性的检验，然后通过银行内部的资金清算网络把款项从持卡人账号划到商家的账号上。接着，支付网关向商家返回清算响应消息以通知商家转账的结果。商家须保留该响应消息以备日后核对之用。

在认证过程中，身份认证是至关重要的环节。CA 认证中心颁发数字证书，同时还要履行用户身份认证的责任，CA 认证中心在安全责任分散、运行安全管理、系统安全、物理安全、数据库安全、人员安全、密钥管理等方面需要十分严格的政策和规程，而且还要有完善的安全管理机制。

1. 产生、验证和分发密钥

主体的密钥对管理必须确保高度的机密性，防止其他方伪造证书，主体密钥的产生方式有两种，即用户自己产生或者 CA 产生，具体由移动电子支付系统的策略决定。

① 用户自己产生密钥对。在这种方式下，用户自己选择产生密钥的方法，自己负责私钥的存放，用户还向 CA 提交自己的公钥和身份证明，CA 对用户进行身份认证，对密钥强度和密钥持有者进行审查，在审查通过的情况下对用户的公钥产生证书，然后通过面对面、信件或者电子方式将证书安全地发放给用户，最后将证书发布到相应的目录服务器。

② CA 为用户产生。在这种方式下，用户应到 CA 中心产生并获得密钥对，产生之后，CA 中心应自动销毁本地的用户密钥对拷贝。用户获得密钥对后，保存好自己的私钥，将公钥送至 CA，接着申请证书。

2. 签名和验证

在移动电子支付体系中，对信息和文件的签名以及对数字签名的认证是很普遍的工作，成员对数字签名和验证是使用多种算法的，有 RSA 和 DES。这些算法可以由硬件、软件或者软硬结合的加密模块来完成，密钥和证书存放的介质有内存、手机 SIM 卡、IC 卡、UsbKey、光盘等。

3. 数字证书的获取

在验证信息的数字签名时，用户必须事先获取信息发送者的公钥证书来对信息进行解密验证，同时还需要 CA 对发送者所发送的证书进行验证，以确定发送者身份的有效性。数字证书的获取有如下方式：

① 发送者发送签名信息时，附加自己的证书。

② 单独发送证书信息的通道。

③ 访问发布数字证书的目录服务器。

4. 数字证书的验证

验证证书的过程就是迭代寻找证书链中下一个证书和上级 CA 的证书。在使用每一个证书前，必须检查相应的证书列表。用户检查证书的路径，是从最后一个证书所签发的证书有效性开始，检查每一个证书，一旦验证后，就提取该证书的公钥，用于检验下一个证书，直到验证完发送者的签名证书，并将该证书中包括的公钥用于验证签名。

10.4　移动支付的风险

电子支付系统作为电子货币与交易信息传输的系统，既涉及到国家金融和个人的经济利益，又涉及交易秘密的安全，支付电子化还增加了国际金融风险传导、扩散的危险。能否有效防范电子支付过程中的风险是电子支付健康发展的关键。

10.4.1　移动支付的基本风险

支付电子化的同时，既给消费者带来便利，也为银行业带来新的机遇，同时也对相关主体提出了挑战。电子支付面临多种风险，主要包括经济波动及电子支付本身的技术风险，也包括交易风险、信用风险等。金融系统中传统意义上的风险在电子支付中表现得尤为突出。

1. 经济波动的风险

移动电子支付系统面临着与传统金融活动同样的经济周期性波动的风险。同时由于它具有信息化、国际化、网络化、无形化的特点，电子支付所面临的风险扩散更快、危害性更大。一旦金融机构出现风险，很容易通过网络迅速在整个金融体系中引起连锁反应，引发全局性、系统性的金融风险，从而导致经济秩序的混乱，甚至引发严重的经济危机。

2. 移动电子支付系统的风险

首先是软硬件系统风险。从整体看，移动电子支付的业务操作和大量的风险控制工作均由电脑软件系统完成。全球电子信息系统的技术和管理中的缺陷或问题成为电子支付运行的最为重要的系统风险。在与客户的信息传输中，如果该系统与客户终端的软件互不兼容或出现故障，就存在传输中断或速度降低的可能。此外，系统停机、磁盘列阵破坏等不确定性因素也会形成系统风险。根据对发达国家不同行业的调查，电脑系统停机等因素对不同行业造成的损失各不相同。其中，对金融业的影响最大。发达国家零售和金融业的经营服务已在相当程度上依赖于信息系统的运行。信息系统的平衡、可靠和安全运行成为电子支付各系统安全的重要保障。

其次是外部支持风险。由于网络技术的高度知识化和专业性，又出于对降低运营成本的考虑，金融机构往往要依赖外部市场的服务支持来解决内部的技术或管理难题，如聘请金融机构之外的专家来支持或直接操作各种网上业务活动。这种做法适应了电子支付发展的要求，但也使自身暴露在可能出现的操作风险之中，外部的技术支持者可能并不具备满足金融机构要求的足够能力，也可能因为自身的财务困难而终止提供服务，这些都可能对金融机构造成威胁。在所有的系统风险中，最具有技术性的系统风险是电子支付信息技术选择的失误。当各种网上业务的解决方案层出不穷，不同的信息技术公司大力推举各自的方案，在系统兼容性可能出现问题的情况下，选择错误将不利于系统与网络的有效连接，同时还会造成巨大的技术机会损失，甚至蒙受巨大的商业机会损失。

3. 交易风险

移动电子支付主要是服务于电子商务的需要，而电子商务在网络上的交易由于交易制度设计的缺陷、技术路线设计的缺陷、技术安全缺陷等因素，可能导致交易中的风险。这种风险是电子商务活动及其相关电子支付独有的风险，它不仅可能局限于交易各方和支付各方，而且可能导致整个支付系统的系统性风险。

10.4.2　移动支付的操作风险

银行的业务风险由来已久，巴塞尔银行监管委员会就曾经组织各国监管机构较系统地归纳出几种常见风险，如操作风险、声誉风险、法律风险等。在传统业务中，这些风险表现形式有所不同。在操作风险中，可能是信贷员没有对借款人进行认真细致的资信调查，或者是没有要求借款人提供合格担保，没有认真审查就盲目提供担保，等等。这些风险可以通过现有的一系列管理措施加以防范，比如双人临柜，比如制定和严格执行一整套贷款操作的规程，等等。传统业务中的风险大多跟技术没有直接的联系，某个环节存在的风险虽然对其他环节有影响，但影响被限定在一定范围内。

电子支付加大了风险，也使得其影响范围也扩大了，某个环节存在的风险对整个机构，甚至金融系统都可能存在潜在的影响。互联网和其他信息技术领域的进步所带来的潜在损失已经远远超过了受害的个体所能承受的范围，已经影响到经济安全。这种情况与技术有着直接的关系，其中表现最为突出的是操作风险。电子货币的许多风险都可以归纳为操作风险。一些从事电子货币业务的犯罪分子伪造电子货币，给银行带来直接的经济损失。这些罪犯不仅来自银行外部，有时还来自银行内部，后者对银行造成的威胁更大。

1. 电子扒手

一些被称为电子扒手的银行偷窃者专门窃取别人的网络地址，这类窃案近年呈迅速上升趋势。一些窃贼或因商业利益，或因对所在银行或企业不满，甚至因好奇而盗取银行和企业密码，浏览企业核心机密，甚至将盗取的秘密卖给竞争对手。美国的银行每年在网络上被偷窃的资金达6 000万美元，持枪抢劫银行的平均作案值是7 500美元，而电子扒手平均作案值是25万美元。电子扒手多数为解读密码的高手，作案手段隐蔽，不易被抓获。

2. 网上诈骗

网上诈骗包括市场操纵、知情人交易、无照经纪人、投资顾问活动、具有欺骗性或不正当的销售活动、误导他人进行高科技投资等互联网诈骗。据北美证券管理者协会调查，网上诈骗每年使投资者损失100亿美元。

3. 网上黑客攻击

黑客即所谓非法入侵电脑系统者。网上黑客攻击对国家金融安全的潜在风险极大。目前，黑客行动几乎涉及了所有的操作系统，包括Unix与Windows NT。因为许多网络系统都有着各种各样的安全漏洞，其中某些是操作系统本身的，有些是管理员配置错误引起的。黑客利用网上的任何漏洞和缺陷修改网页，非法进入主机，进入银行盗取和转移资金、窃取信息、发送假冒的电子邮件等。

4. 电脑病毒破坏

电脑网络病毒破坏性极强。以NOVELL网为例，一旦文件服务器的硬盘被病毒感染，就可能造成 NetWare 分区中的某些区域上内容的损坏，使网络服务器无法启动，从而导致整个网络瘫痪，这对电子支付系统来说无疑是灭顶之灾。电脑网络病毒普遍具有较强的再生功能，一旦接触就可通过网络进行扩散与传染。一旦某个程序被感染了，很快整台机器、整个网络也会被感染的。据有关资料介绍，在在网络上病毒传播的速度是单机的几十倍，这对于电子支付的威胁同样也是致命的。鉴于电脑网络病毒破坏性极强、再生机制十分发达、扩散面非常广的特点，如何解决电脑网络病毒是当前电子支付监管要解决的首要问题之一。

5. 信息污染

正如在工业革命时期存在工业污染，信息时代也有信息污染和信息爆炸问题。大量与问题无关的或失真的信息不是资源而是灾难。美国在线公司每天处理的 3 000 万份电子函件中，最多时有三分之一是网络垃圾，这些网络垃圾占据了很多宝贵的网络资源，加重了互联网的负担，影响了电子支付发送和接收网络信息的效率，更严重的是信息堵塞及其他附带风险也随之增加。

此外，由于技术更新很快，内部雇员和管理人员可能不熟悉电子货币的新技术，不能很有效地使用电子支付业务系统，有时，甚至客户操作不当也会给银行带来风险。如客户没有遵守操作规程，在不安全的环境下使用一些个人信息，罪犯可以由此获得客户的信息，从而使用这些信息从事有关的犯罪活动，银行可能就要对所造成的损失承担赔偿责任。此外，有的客户虽然已经完成了某一交易，但事后反悔否认，而银行的技术措施可能无法证明客户已经完成过该交易，由此造成的损失也可能需由银行承担。

这些风险都可归纳为操作风险，跟技术有着直接或间接的关系。所以，巴塞尔委员会认为，操作风险来源于“系统在可靠性和完整性方面的重大缺陷带来的潜在损失”，电子支付机构操作风险包括电子货币犯罪带来的安全风险，内部雇员欺诈带来的风险，系统设计、实施和维护带来的风险以及客户操作不当带来的风险。其他组织如欧洲中央银行、美国通货管制局、联邦存款委员会等对电子支付机构的操作风险也作出了类似或相近的描述。

10.4.3 移动支付的法律风险

移动电子支付业务常涉及银行法、证券法、消费者权益保护法、财务披露制度、隐私保护法、知识产权法和货币银行制度等。目前，全球对于电子支付立法相对滞后，现行许多法律都是适用于传统金融业务形式的。在电子支付业务中出现了许多新的问题，如发行电子货币的主体资格、电子货币发行量的控制、电子支付业务资格的确定、电子支付活动的监管、客户应负的义务与银行应承担的责任，等等，对这些问题各国都还缺乏相应的法律法规加以规范。以网上贷款为例，就连网上贷款业务发展较早的台湾金融监管部门也没有相关法令规范这一新兴业务，其监管机构目前能做的只是对银行提交的契约范本进行核准。缺乏法律规范调整的后果表现在两个方面，要么司法者或仲裁者必须用传统的法律规则和法律工具来分析网上业务产生的争议，要么法官或仲裁者不得不放弃受理这类纠纷。由于网络纠纷的特殊性，用传统法律规则来解决是一个非常吃力的问题，但是，消极地拒绝受理有关争议同样无助于问题的解决。法律规定的欠缺使得金融机构面临巨大的法律风险。

目前在移动电子支付业务的许多方面，没有任何法律法规可用于规范业务及各方关系，而在电子支付业务的有些方面，虽然已有一些传统的法律法规，但其是否应该适用，适用程度如何，当事人都不太清楚。有的时候，甚至监管机构也未必明白。在这种情况下，当事人一方面可能不愿意从事这样的活动，一方面也可能在出现争执以后，谁也说服不了谁，解决不了问题。比如，在处理银行与客户的关系方面，现有的法律总是更倾向于保护客户，为银行规定了更严格的义务，美国 1978 年《电子资金转移法》规定银行在向客户提供 ATM 卡等借记卡服务的时候，必须向客户披露一系列信息，否则，银行要面临潜在的风险。而电子货币，特别是智能卡出现以后，智能卡是否需要披露同样的信息，即便是监管机构也无法立刻作出决定。因为两种卡的性能完全不一样，要求借记卡业务披露的信息可能对于智能卡来讲没有任何意义，而且，有的时候，要求过于严格，造成发卡银行成本过大，又会阻碍业务的发展。在这种情况下，开展此项业务的银行就会处于两难的境地，以后一旦出现争议或诉讼，谁也无法预料会出现什么样的后果。

类似的情况在电子支付的其他许多新业务中也同样存在，如有的银行在互联网上建立自己的主页，并作了许多链接点，把自己的网址链接到其他机构的网址上。如果黑客利用这些链接点来欺诈银行的客户，客户有可能会提起诉讼，要求银行赔偿损失。又比如，一些银行可能会承担认证机构的职能，并以此作为自己的一项新的业务，通过提供认证服务收取相应的服务费用。那么，作为认证机构的银行和申请认证的机构或个人以及接受认证证书的机构之间就可能存在潜在的争议，一旦出现争执，银行的权力义务如何，尤其是在没有相关立法调整数字签名和认证机构的国家，银行面临的风险将更大。

此外，移动电子支付还面临洗钱、客户隐私权、网络交易等其他方面的法律风险，这就要求银行在从事新的电子支付业务时必须对其面临的法律风险认真地进行分析与研究。

10.4.4 移动支付的其他风险

除了基本风险、操作风险和法律风险以外，移动电子支付还面临着市场风险、信用风险、流动性风险、声誉风险和结算风险等。

1. 市场风险

电子支付机构的各个资产项目因市场价格波动而蒙受损失的可能性，外汇汇率变动带来的汇率风险即是市场风险的一种。此外，国际市场主要商品价格的变动及主要国际结算货币银行国家的经济状况等因素也会间接引发市场波动，构成电子支付的市场风险。

2. 信用风险

交易方在到期日不完全履行其义务的风险。电子支付拓展金融服务业务的方式与传统金融不同，其虚拟化服务业务形成了突破地理、国界限制的无边界金融服务特征，其对金融交易的信用结构要求更高并更趋合理，金融机构可能会面临更大的信用风险。以网上银行为例，网上银行通过远程通信手段，借助信用确认程序对借款者的信用等级进行评估，这样的评估有可能增加网上银行的信用风险，因为借款人很可能不履行对电子货币借贷承担应有的义务，或者由于借贷人网络上运行的金融信用评估系统不健全造成信用评估失误。此外，从电子货币发行者处购买电子货币并用于转卖的国际银行，也会由于发行者不兑现电子货币而承担信用风险。有时，电子货币发行机构将出售电子货币所获得的资金进行投资，如果被投资方不履行业务，就可能为发行人带来信用风险。总之，只要同电子支付机构交易的另外一方不履行义务，都会给电子支付机构带来信用风险。因信用保障体系的不健全，目前网上出现了种种交易问题，开玩笑的、恶性交易的，甚至于专门在网上进行诈骗的都有发生。市场经济不能没有信用，信用可以减少市场交易费用。只有交易双方有足够的信用度，交易才有可能完成，否则任何交易都需要面对面、以货易货地进行，缺乏信用最典型的交易案例便是物物交易。面对面交易或者物物交易不仅增加交易费用，而且将交易的规模限制在一个很小的范围内。社会信用体系的不健全是信用风险存在的根本原因，也是制约电子支付业务甚至电子商务发展的重要因素。

3. 流动性风险

当电子支付机构没有足够的资金满足客户兑现电子货币或结算需求时，就会面临流动性风险。一般情况下，电子支付机构常常会因为流动性风险而恶性循环地陷入声誉风险中，只要电子支付机构某一时刻无法以合理的成本迅速增加负债或变现资产以获得足够的资金来偿还债务就存在流动性风险，这种风险主要发生在电子货币的发行人身上。发行人将出售电子货币的资金进行投资，当客户要求赎回电子货币的时候，投资的资产可能无法迅速变现，或者会造成重大损失，从而使发行人遭受流动性风险，同时引发声誉风险。流动性风险与声誉风险往往联在一起，成为相互关联的风险共同体。电子货币的流动性风险同电子货币的发行规模和余额有关，发行规模越大，用于结算的余额越大，发行者不能等值赎回其发行的电子货币或缺乏足够的清算资金等流动性问题就越严重。

由于电子货币的流动性强，电子支付机构面临比传统金融机构更大的流动性风险。

4. 声誉风险

与传统风险比较，电子支付机构面临的声誉风险显得更为严重。以网上银行为例，在传统业务中，最常见的声誉风险表现为一家银行出了财务问题以后会导致大量的储户挤兑。网上银行产生声誉风险的原因与传统业务有时候一样，有时候也不一样。不一样的是，网上银行可能由于技术设备的故障和系统的缺陷，导致客户失去对该银行的信任。重大的安全事故等也会引起电子支付机构产生声誉风险，如新闻媒体报道某家银行被黑客入侵，尽管可能没有造成任何损失，但是客户会立刻对该银行的安全性能产生怀疑。网上银行的业务处在发展初期，声誉风险的出现对网上银行业务的影响尤其大。

5. 结算风险

清算系统的国际化大大提高了国际结算风险。基于电子化支付清算系统的各类金融交易在发达国家国内每日汇划的日处理件数可以达到几百甚至上千万件。

10.5 移动支付风险的防范

安全无疑是移动支付的最大障碍。现在的安全措施简单易行，主要通过用户的PIN进行识别。但是更高级的安全问题需要从四个方面着手：首先确定身份，即由支付提供方（即发行方）对用户进行鉴定，确认其是否为授权用户。其次是保密性，即保证未被授权者不能获取敏感支付数据，因为这些数据会给某些欺诈行为提供方便。三是数据完整性，这个特性可以保证支付数据在用户同意交易处理之后不会被更改。四是不可否认性，它可以避免交易完成后交易者不承担交易后果。

10.5.1 移动支付风险管理步骤

移动电子支付与传统金融风险管理的基本步骤和原理几乎是一样的，但是，不同的国家、不同的监管机构可能会根据不同的情况制定出不同的电子支付风险管理要求。目前，最为常见、最为通俗易懂的是巴塞尔委员会采用的风险管理步骤。以网上银行为例，巴塞尔委员会把电子支付风险管理分为三个步骤：评估风险、管理和控制风险以及监控风险。评估风险实际包含了风险识别过程，不过，识别风险只是最基本的步骤，识别之后，还需要将风险尽可能地量化；经过量化以后，银行的管理层就能够知道银行所面临的风险究竟有多大，对银行会有什么样的影响，这些风险发生的概率有多大。等等。在此基础上，银行的管理层要作出决定，确定本银行究竟能够忍受多大程度的风险。换句话讲，如果出现这些风险。造成了相应的损失。银行的管理层能不能接受。到了这一步风险的评估才算完成。管理和控制风险的过程比较复杂，简单地说就是各种各样相应的控制措施、制度的采用。最后一个步骤即风险的监控是建立在前两个步骤基础上的，实际上是在系统投入运行、各种措施相继采用之后，通过机器设备的监控和通过人员的内部或者外部稽核来检测、监控上述措施是否有效，并及时发现潜在的问题，从而加以解决。

许多国家都接受巴塞尔委员会电子支付风险管理的步骤，并加以本土化，针对本国银行的特点制定出本国电子支付风险管理的基本程序。比如美国通货监管局负责监管美国的国民银行，随着大量国民银行采用各种各样的电子技术向客户提供电子支付的服务，国民银行将与技术有关的风险管理也分成三个步骤：计划、实施、检测和监控。计划阶段在一定程度上包括风险的识别、量化等，但主要是针对某一个具体项目的采用而言。而实施实际上类似于巴塞尔委员会的管理和控制风险这一步骤，即将各种相应风险控制和防范措施加以实际运用，以控制项目运行后造成的风险。检测和监控阶段则同巴塞尔委员会的风险监控大同小异。

因此，简单地说，风险的管理过程是技术措施同管理控制措施相结合而形成的一系列制度、措施的总和。整个过程同传统银行业务的风险管理差别并不是很大，但电子支付采用的新的风险管理措施需要同银行原有的内控制度相配合，并同传统业务的风险管理措施相融合。

10.5.2 移动支付风险防范的技术措施

① 建立网络安全防护体系，防范系统风险与操作风险。不断采用新的安全技术来确保电子支付的信息流通和操作安全，如防火墙、滤波和加密技术等，同时还要加快发展更安全的信息安全技术，包括更强的加密技术、网络使用记录检查评定技术、人体特征识别技术等，使正确的信息及时准确地在客户和银行之间传递，同时又防止非授权用户如黑客对电子支付所存储的信息进行非法访问和干扰。

② 发展数据库及数据仓库技术，建立大型电子支付数据仓库或决策支持系统，防范信用风险、市场风险等金融风险。通过数据库技术或数据仓库技术存储和处理信息来支持银行决策，以决策的科学化及正确性来防范各类可能的金融风险。

③ 加速金融工程学科的研究、开发和利用。金融工程是在金融创新和金融高科技基础上产生的，是指运用各种有关理论和知识，设计和开发金融创新工具或技术，以期在一定风险度内获得最佳收益。目前，急需加强电子技术创新对新的电子支付模式和技术的影响，以及由此引起的法制、监管的调整。

④ 通过管理、培训手段来防止金融风险的发生。《中华人民共和国电脑系统安全保护条例》、《中华人民共和国电脑信息网络国际联网管理暂行规定》对电脑信息系统的安全和电脑信息网络的管理使用作出了规定，严格要求电子支付等金融业从业人员依照国家法律规定操作和管理，提高安全防范意识和责任感，确保电子支付业务的安全操作和良好运行。

为此，要完善各类人员管理和技术培训工作。要通过各种方法加强对各级工作人员的培训教育，使其从根本上认识到金融网络系统安全的重要性，并要加强对各有关人员的安全保密教育，提高他们的电子支付安全防护意识。

此外，还有许多其他的技术防范措施，比如，防病毒的技术措施和对于主服务器的管理，等等。这些措施技术成分比较大，需要银行管理部门加以格外的注意。同时，光有技术措施也是不够的，同样需要辅以相应的管理和内控措施，比如，对银行内部职员进行严格审查，特别是系统管理员、程序设计人员、后勤人员以及其他可以获得机密信息的人员都要进行严格的审查，审查的内容包括聘请专家审查其专业技能、家庭背景、有无犯罪前科、有无债务历史，等等。而一些重要人物，比如，系统的管理员，由于他们可以毫无障碍地进入任何电脑和数据库，也可能产生潜在的风险，对于这样的人则必须采用类似于双人临柜式的责任分离、相互监督等手段来进行控制。

客户在交易过程中，银行会采用多种方式有效保障客户资金安全：一是手机银行的信息传输及处理都采用高强度的加密传输方式，实现移动通信公司与银行之间的数据安全传输和处理，防止数据被窃取或破坏；二是手机银行对客户对外转账的金额有严格限制；三是将客户指定手机号码与银行账户绑定，并设置专用支付密码。

为了防范移动电子支付的潜在风险，就必须建立起完善的技术安全机制：

(1) 手机端软件下载分发的安全

① 开发商开发的手机应用程序首先要提交给运营商指定的第三方测试公司进行兼容性测试，保证软件没有病毒和有害代码。

② 测试通过后的软件包经过运营商代理签名，提交到应用下载服务器。用户从下载服务器下载的软件包是经过签名的，保证了软件包在分发过程中是不会被更改的。

③ 开发商可以指定软件包中二进制执行文件等关键的数据文件不可更改，如果更改的话则无法启动软件，从而防止了文件被从外部改动而带来的风险。

④ 软件被下载到手机上后会生成一个跟卡号相关的签名文件，在每次启动程序的时候，首先要检查当前卡跟签名文件授权的卡是否一致，只有一致才能正常启动程序。

(2) WAP 应用使用安全

① 手机的 WAP 业务只能通过联通的统一门户对外提供，所有的门户上面的业务都必须是运营商的正式服务商开发的，并且是经过审核的，这在一定程度上保证了用户访问的 WAP 应用是由正规服务商提供的，避免了类似目前互联网上假冒网银的现象。

② 开发商开发的 WAP 应用程序首先要提交给联通指定的测试公司进行测试。

③ WAP 支持 HTTPS 协议，实现了真正的端到端的安全。

(3) 手机端软件下载分发安全

① 开发商开发的手机应用程序首先要提交给指定的测试公司进行兼容性测试，保证软件没有病毒和有害代码。

② 采用数字版权技术，保证程序在下载/分发过程中的正确和完整性。

(4) 手机与商户之间的安全通信

① 数据特性。用户通过手机到商户的网站上浏览商品信息，查找需要的商品，向商户网站提交商品购买请求供商户网站生成订单。这一过程中传输的数据没有密码等关键数据信息，所以可以采用明文传输。

② 安全措施。由于这一过程没有需要保密的敏感信息，所以采用 HTTP 协议进行传输。

(5) 商户与平台之间的安全通信

① 数据特性。用户在商户网站上提交了商品购买请求后，商户网站向 SP 平台传送用户的订单信息；SP 平台在商户的订单处理完毕或者支付失败后，向商户网站传递订单支付状态信息。这两个过程都要保证所传递的信息的准确和完整，要防止被篡改。

② 安全措施。提供的两种安全措施，商户可以自由选择。商户网站和 SP 平台都配置有由 CA 中心签发的私钥证书，双方使用 HTTPS 协议进行数据通信，保证了通信双方的身份认证和信息的安全。商户在注册成为手机支付的商户的时候，由 SP 平台分配一个秘钥给商户，在商户与 SP 平台通信的时候使用秘钥进行加密处理，同时结合摘要技术，保证了数据传输的准确和完整。

(6) 手机与 SP 平台之间的安全通信

① 数据特性。用户登录到 SP 平台，处理余额查询、转账、支付等业务。在这过程当中需要用户输入用户的卡号和密码等关键信息，要保证这些信息不被窃听和篡改。

② 安全措施。SP 平台配置有 CFCA 签发的服务器证书，手机端程序包中包含 CFCA 的根证书。在手机和 SP 平台之间采用 HTTPS 协议，手机端通过证书对服务端进行身份认证，在传输过程中使用 HTTPS 协议进行加密传输，保证了数据不会被窃听和篡改。

（7）手机与银行系统之间的安全通信

① 数据特性。手机与银行公共支付平台之间并不建立直接的数据连接，但是在手机和银行联系统之间要保证用户密码是端到端安全的，中间的 SP 平台不能得到用户的密码明文信息。

② 基于 SMS 支付方式的安全措施。银联系统生成一对 RSA1024 秘钥，其中公钥随客户端程序分发到手机上。用户在手机上输入密码后，先用公钥对密码进行加密处理，然后把加密后的密文随同其他信息一起通过 HTTPS 协议传送给 SP 平台。SP 平台再通过银行公共支付平台的接口把支付请求数据发给公共支付平台，其中密码仍然是密文的形式。由于 SP 平台没有对应的 RSA 私钥，所以不能通过密文得到用户的密码，保证了密码在手机和银联公共支付平台之间是端到端安全的。

③ 基于 WAP 支付方式的安全措施。由于 WAP 与后台之间的通信采用 B/S 方式，不能够在客户端对用户密码先进行加密处理，再通过 HTTPS 传输。为了保证用户密码的安全，在银行系统内部署一台代理加密服务器，用来代理客户端进行用户密码的加密工作。由代理加密服务器使用 RSA 公钥对密码进行加密处理，然后把密码的密文以及其他信息通过重定向命令发给手机，通知手机把密码密文和其他信息重新定向到 SP 平台。这样，SP 平台只能收到密码的密文信息，保证了密码在手机和银联公共支付平台之间是端到端安全的。

（8）平台与银联公共支付平台之间的安全通信

① 数据特性。SP 平台按照公共支付平台的接口规范传输支付的报文，其中有卡号、密码、密文等关键信息。

② 安全方式。首先在 SP 平台与银行公共支付平台之间采用专线进行连接，在物理层保证了数据不被窃听；其次，通过公共支付平台接口采用加密算法对数据进行加密传输，并且加密秘钥能随时更换。

10.5.3 加强移动支付立法建设

电子支付业务的迅速发展导致了许多新的问题与矛盾，也使得立法相对滞后，同时，电子支付涉及的范围相当广泛，也给立法工作带来了一定的难度。在电子支付的发展过程中，为了防范各种可能的风险，不但要提高技术措施，健全管理制度，还要加强立法建设。

针对目前电子支付活动中出现的问题应建立相关的法律，以规范电子支付参与者的行为。对电子支付业务操作、电子资金划拨的风险责任进行规范，制定电子支付的犯罪案件管辖、仲裁等规则。对电子商务的安全保密也必须有法律保障，对电脑犯罪、电脑泄密、窃取商业和金融机密等也都要有相应的法律制裁，以逐步形成有法律许可、法律保障和法律约束的电子支付环境。

10.5.4 移动支付风险的综合控制

移动电子支付的风险管理并不仅仅限于技术安全措施的采用，而是一系列风险管理控制措施的总和。

① 管理外部资源。目前电子支付的一个趋势是，越来越多的外部技术厂商参与到银行的电子化业务中来，可能是一次性的提供机器设备，也可能是长期的提供技术支持。外部厂商的参与使银行能够减少成本、提高技术水平，但这加重了银行所承担的风险。为此，银行应该采用有关措施对外部资源进行有效的管理。比如，要求有权对外部厂商的运作和财务状况进行检查和监控，通过合同明确双方的权力和义务，包括出现技术故障或消费者不满意的时候，技术厂商应该承担的责任。同时，还要考虑并准备一旦某一技术厂商出现问题时的其他可替代资源。作为监管机构，也需要保持对与银行有联系的技术厂商的监管。

② 建立健全金融网络内部管理体系。要确保网络系统的安全与保密，除了对工作环境建立一系列的安全保密措施外，还要建立健全金融网络的各项内部管理制度。

建立健全电脑机房的各项管理制度并加以严格执行是目前保障金融网络系统安全的有效手段。机房管理制度不仅包括机房工作人员的管理，而且还包括对机房内数据信息的管理、电脑系统运行的管理等，要求操作人员按照规定的流程进行操作，保证信息资料的保密性和安全性达到要求。

③ 建立应急计划。电子支付给客户带来了便利，但可能会在瞬间内出现故障，让银行和客户无所适从。因此，建立相应的应急计划和容错系统显得非常重要。应急计划包括一系列措施和安排，比如资料的恢复措施、替代的业务处理设备、负责应急措施的人员安排、支援客户的措施等等。这些应急的设施必须定期加以检测，保证一旦出事之后确实能够运作。

10.6 移动支付信用体系的构建

用户在考虑是否使用移动支付业务时首先考虑的是交易的安全性，因此，要普及移动支付，首先需要金融机构分担用户风险，使用户能够放心使用。如美国联邦政府《消费者信用保护法》规定，用户不必为被盗用的信用卡负任何责任，当发卡金融机构与信用卡用户因为一项交易是否系他人盗用而发生纠纷时，金融机构负有证明是否是信用卡用户自己消费的举证责任，而信用卡用户无需证明自己的清白。这一规定将极大地提高用户使用移动支付的积极性。其次，要继续推广手机实名制，建立手机用户的信用账户，这样才能有良好的信用保证。

10.6.1 我国移动支付需要规范发展

移动支付业务最早出现于20世纪90年代初的美国，随后在韩国和日本出现并迅速发展。中国的移动支付最早出现在1999年，由中国移动与中国工商银行、招商银行等金融部门合作，在广东等一些省市开始进行移动支付业务试点。经过近10年的发展，中国的移动支付市场应该说初具规模，无论是从业机构、市场占有情况，还是用户数量、业务规模方面都取得了较好的发展。但移动支付的发展也受到运营环境、安全技术、政策法规等因素的制约，与蓬勃发展的电子商务、网络购物市场相比，中国的移动支付行业表现出一种不温不火的状态。

移动支付按照不同的标准可以划分为不同的业务模式。例如，按用户办理支付业务的方式划分，有短信模式、移动网银模式、移动 POS 模式和电子钱包模式四种模式；按照运营主体来划分，有移动通信运营商、商业银行、非银行支付服务组织三种主导模式；按照结算方式划分，有通过银行结算账户、虚拟账户和手机话费结算三种模式；按照支付指令的传输渠道划分，有通过移动通信网络传输和专用交易网络传输两种模式。另外，在业界可能还有许多其他不同标准的分类，在此就不一一列举了。之所以举出这些分类方式，是想说明经过这些年的发展，移动支付有许多具体的应用模式，而不同模式间在影响力度、便利程度、安全程度和赢利能力等方面也各有千秋。究竟什么才是推动移动支付发展的关键，是技术还是市场环境？这是需要我们大家思考的一个问题。其实技术也好，市场环境也罢，都是其中一个环节的影响因素，只有把各方因素都积极调动起来，才能实现移动支付产业的繁荣发展。

一般来说，在移动支付产业的价值链上主要包括五大类主体。第一类是商业银行，它的职责是管理客户的银行账户，为移动支付平台提供资金转账服务。银行系统拥有较完善的支付服务基础设施，在支付领域具有天然的用户信任。第二类是移动运营商，它的职责是为移动支付提供安全的通信渠道，是移动支付实现的基础性物理平台。由于移动运营商拥有大量的移动用户，其规模甚至超过传统互联网用户。这一规模的用户资源是运营商进行业务创新的根本基础。第三类是移动支付服务提供商，也称第三方支付组织，这是近年来从电子商务发展中获得快速发展的一支重要力量。特别是一些第三方支付组织已经具备一定规模的用户基础，为了拓展用户和强化业务创新，一些第三方支付服务商在无线领域开拓业务，成为移动支付的第三方服务商。第四类主体是商家，作为移动支付的对象，它是移动支付产业能否兴盛发展的一个关键因素。只有把向用户提供丰富的服务和产品作为支付对象，才能吸引用户去选择移动支付。第五类主体是用户，就是那些愿意并且能够使用移动支付来购买产品和服务的组织和个人。用户是整个移动产业链中的发起者，用户的认可是移动支付的发展动力。

目前，我国移动支付产业已形成了较完备的价值链。广大商业银行、各主要移动通信运营商以及众多的第三方支付服务组织都积极参与进来，有力地促进了我国移动支付产业的发展。移动支付的应用范围已经涉及转账汇款、网上购物、公共缴费、手机话费、公共交通、商场购物、个人理财等很多领域。但受诸多因素的影响，移动支付主要应用于小额支付；同时，由于业务收益分成所涉及的环节较多，同时需要负担前期建设的基础费用，在目前业务发展未达到预期规模的情况下，整个行业仍处于非赢利状态。

从移动支付发展的外部环境来看，在政策法律方面，我国关于电子商务的法律法规体系逐步成熟，但在电子支付相关政策法律方面还不够完善，第三方电子支付组织的合法性尚未得到认可；在经济环境方面，近年来我国经济保持连续快速增长，居民消费水平不断提高，网络经济发展迅速，信息化得到较广泛的应用；在社会文化环境方面，我国手机用户群体不断增加，刷卡消费习惯逐渐形成，社会信用体系也在逐步完善；在技术环境方面，移动通信网络已经非常成熟，中国银联的 POS 跨行网络体系也覆盖各商业银行。我们可以通过一组具体的数字来了解我国移动支付的发展情况。根据中国银联公布的数据，截至 2011 年底，中国移动支付用户数为 1.45 亿户，全年发生业务 2.47

亿笔，人均1年交易次数不到2次。交易金额接近1万亿元，平均每笔交易额3 000多元。再来看移动支付的潜在市场——网络购物市场的发展情况，知名研究咨询机构IDC（国际数据公司）的数据显示，2011年中国网民在线购物交易额达到7 849.3亿元，比2010年增长了66%，远远超过同期中国社会消费品零售总额实际增长率11.6%，这说明移动支付的市场规模还有很大发展潜力。最后再看移动支付用户的基础数量，CNNIC的数据显示，截至2012年6月底，我国网民规模为5.38亿，其中手机上网用户为3.88亿，手机成为我国网民的第一大上网终端，这为移动支付提供了巨大的市场空间。总的来看，我国移动支付发展处于非常有利的发展时机。

从国外移动支付的发展情况来看，在亚洲，日本和韩国的移动支付产业发展较为成熟。其中，日本的移动支付业务是移动通讯运营商主导模式，现已具备相当的规模，截至2012年6月，日本手机支付用户数突破5 000万，占手机用户的58%，占总人口超四成；在韩国，移动支付业务是移动通讯运营商与银行合作主导模式，其手机支付渗透率已接近60%；在欧美，尽管移动支付发展的历史比较长，但业务发展不及日本和韩国，其原因一方面在于信用卡、个人支票的高度普及，另一方面是受文化背景的影响，日常生活中手机文化淡泊也是一个因素。在非洲，一些国家如赞比亚、南非、肯尼亚、尼日利亚、刚果等都推出了移动支付业务。非洲移动支付业务之所以能够发展起来，甚至比一些发达国家发展得还好，主要是因为在非洲移动支付业务对传统银行业务的补充作用明显。在一些没有传统银行分支机构的地方，消费者可以通过移动支付的方式购买商品。

10.6.2 移动支付发展的环境因素

在传统支付方式发展历程中，市场需求一直是推动其发展的主要因素。相比之下，由于移动支付蕴含着巨大商机，吸引了众多的商业银行、移动运营商和非银行支付服务组织积极参与，来自于供给方的因素也推动了移动支付业务的快速发展，例如商业银行、移动运营商和非银行支付服务组织都可能对移动支付业务的发展产生影响。在移动支付发展较早的日本和韩国，几乎所有的零售银行都能提供手机银行业务，有相当多的用户在购买新手机时关注手机是否具有支付功能，越来越多的手机用户通过手机进行购买地铁车票等零星支付活动，移动支付日渐风行。移动支付的出现，对于在贫困地区普及金融服务产生了革命性的推动作用。例如在印度、拉美和非洲，那些生活在银行网点覆盖不到的地区的居民长期以来无法直接享受银行机构提供的金融服务，现在可以直接通过手机进行货物买卖、借贷款以及其他支付活动。从移动支付在各国的发展情况来看，影响其发展主要有下列因素：

一是赢利性。对于一种通过市场化方式推广的服务品种，赢利性是吸引各方积极参与的重要因素，也是保持这一产业可持续发展的重要保障。由于移动支付产业价值链涉及众多主体并产生了许多具体应用模式，有的是移动运营商主导，有的是商业银行主导，还有的是第三方支付组织联合有关机构进行主导。但无论谁来主导，均要发挥各类主体的竞争优势，寻求良好的赢利模式，实现多方共赢。因此，赢利性的问题实质上是产业价值链如何协调发展的问题。

二是安全性。移动支付作为新兴产业，其发展前景是非常可观的，然而对广大用户来说，大家在接受移动支付带来的方便、快捷等好处之前，也非常关注支付的安全性问题。安全性包括技术安全和资金安全两个方面。技术安全是指使用移动支付是否对手机等设备有特殊的要求，是否更换现有的手机，是否要更换 SIM 卡，用户的银行账户和个人身份等敏感信息通过手机和商家的网站、支付网络等进行传输和存储，它的安全性怎样？资金安全是指移动支付通过第三方支付组织处理时通常会存在资金沉淀问题。这些资金的所有权依法属于客户，但实际上由第三方支付企业进行支配，如何保障沉淀资金的安全也是广大客户关心的问题。因此，有关各方要通力合作，不断创新，提供更多手段和方法，使得我们的移动支付解决方案更加安全和保险。

三是便利性。便利性是移动支付的灵魂和生命。移动支付便利性的提高，一方面在于手机和新兴技术的有机结合，另一方面在于从用户的角度出发对传统支付业务处理模式和处理流程进行重组或创新。出于对便利性的追求催生了移动支付众多的业务处理模式，但每一种业务模式的发展必须要以安全性为前提。

四是公信力。社会公众的接受程度决定了移动支付的市场份额。检验社会公众的接受程度，首先要看社会公众能否方便地获得移动支付服务，例如手机的普及程度如何？使用移动支付是否有门槛限制？其次要看社会公众是否认可移动支付的优点，是否愿意使用手机办理支付业务。第三，其他支付方式的普及情况以及社会公众的支付习惯也影响人们对移动支付的接受程度。例如在美国，尽管手机普及程度很高，但由于传统的支付方式非常普及，社会公众大多习惯于使用支票等进行支付，移动支付一直发展较慢。

五是法制化。完善的法规制度是移动支付健康发展的重要保障。移动支付的发展目前还处于成长阶段，与此相对应，其发展环境也表现出一个产业发展初期所特有的稚嫩和无序的特征。许多业务在政策灰色地带快速发展，从而面临未来业务被管制的政策风险。我们必须从移动支付业务准人、电子货币发行、业务监督管理等方面完善相关法规制度，明确相关主体的权力、义务和责任，保障广大用户的合法权益，从而为移动支付的发展创造良好的法律环境。

六是标准化。移动支付涉及众多参与机构，各机构间通过电子信息交互完成支付业务处理。因此，统一的业务和技术标准是业务畅通的前提，只有统一了标准才能规范产业，从而进入正轨化发展。目前移动支付业务还没有形成统一的技术标准和业务标准，各运营主体也没有一个整体的推广模式，这样则很难形成一个中长期规划和长远的发展思路。要总结中国银行卡发展的经验和教训，防止在移动支付领域再一次出现银行卡联网通用工程。在多方运营主体并存、业务模式层出不穷的情况下，必须做好有关业务和技术的标准化建设，为移动支付业务的健康发展奠定基础。

本章小结

本章着重阐述了移动支付的技术与标准、安全认证与管理及风险防范，重点内容包括移动电子支付安全技术与标准有哪些，如何实现移动电子支付的管理，以及风险防范措施有哪些。

📖 本章习题

1. 移动电子支付安全有哪些特点?
2. 移动电子支付安全技术与标准有哪些?
3. 移动电子支付的安全机制有哪些?
4. 如何做好移动电子支付的风险防范?

第11章

移动支付服务的创新

内容提要

本章主要讲述了移动支付服务的创新。先对移动支付创新进行了概述，介绍了移动支付创新的必要性和迫切性，通过对日本和英国移动支付模式的研究阐述了我国移动支付创新的内容，同时给出了相应的案例。

11.1 移动支付服务创新概述

11.1.1 服务创新

服务创新就是使潜在用户感受到不同于从前的崭新内容。服务创新为用户提供了以前没有实现的新颖服务，这种服务在以前由于技术等限制因素不能提供，现在因突破了限制而能提供。服务创新具有四个维度：一是服务概念，即供应商以什么概念吸引新老客户；二是客户接口，即供应商与客户端交互平台；三是服务传递，即供应商和客户间有效传递所共创或获取的价值途径；四是技术选择，即如何开发新技术并应用于服务系统中，推出新服务概念，设计更先进的客户接口，建立更有效的传递系统。

为了使用户感受新的服务，可以对服务传递过程做巨大变动，或者对现存的服务包、服务传递过程逐步作出改善，也可以只是简单地变更附加服务的某些成分，或者与竞争者相比改变服务定位。服务创新具有激进式和渐进式两种。激进式对世人和市场都是全新的，通过新服务周期中的某些步骤开发出来。激进式分三种类型：重大创新、创新服务、新服务。渐进式创新通常是对现有服务组成的微小调整。它分三种类型：服务延伸、服务改善、风格转变。

服务创新有以下五种途径：第一是全面创新，借助技术的重大突破和服务理念的变革，创造全新的整体服务。其比例最低，却常常是服务观念革新的动力。第二是局部革新，利用服务技术的小发明、小创新或通过构思精巧的服务概念，而使原有的服务得到改善或具备与竞争者服务存在差异的特色。第三是形象再造，是服务企业通过改变服务环境、伸缩服务系列、命名新品牌来重新塑造新的服务形象。第四是改型变异，通过市场再定位，创造出在质量、档次、价格方面有别于原有服务的新的服务项目，但服务核心技术和形式不发生根本变化。第五是外部引入，通过购买服务设备、聘用专业人员或特许经营等方式将现成的标准化的服务引入到本企业中。

服务创新需要跨学科的交流和合作，它是一种技术创新、业务模式创新、社会组织创新和需求、用户创新的综合。最有意义的服务创新来自对服务对象的深入了解，这种深入比一般的产品创新要深入得多。

11.1.2 移动支付服务创新

2009 年上半年，我国手机支付用户总量突破 1 920 万户，实现交易 6 268.5 万笔，支付金额共 170.4 亿元，咨询公司 Informa 报告认为，预计到 2013 年，移动支付的市场规模将达到 8 600 亿美元。虽然移动支付业务是非常有潜力的业务，但目前移动支付有三大核心问题。

第一，手机支付的安全问题是居于首位的问题。安全不仅是手机支付所面临的问题，也是信息化建设所面临的问题，也是移动商务等共同面临的问题。如何保证交易安全是每一个使用手机支付的用户最关心的问题，同样也是业务运营商首先要解决的问题，它是制约手机支付发展的一个非常大的因素。只有解决了用户的安全顾虑，手机支付才能逐渐的发展壮大。

第二，支付的标准化问题。手机支付的标准是主管部门、运营商及产业界各方面人士共同关心的一个主要问题。任何一种技术都要有标准，手机支付也不例外，只有统一了标准才能使产业进入正轨，健康地发展。相关的部门应该相互合作，制定一个可执行、规范化的手机支付标准，这是当前移动支付产业非常关键的问题。

第三，如何取得各方合作的问题。这关系到中国的信息化、移动商务等产业的发展，所以需要产业链的各个环节紧密配合，加深合作，加快业务的创新，探索出一条全新的移动支付业务的运营模式、商业模式，共同促进移动支付业务的健康、快速发展。

真正解决上述三大问题，需要在对移动支付产业链的各个环节进行深入整合，促进移动支付的服务创新，这是一项重要、必要且紧迫的任务。

1. 移动支付服务创新的重要性

移动支付是移动商务中的核心环节。移动商务是一种商务方式，也是一种营销活动，移动支付业务的本质是服务。商家与消费者相交换的并非仅仅是货币或其价值本身，消费者为提供服务的整个移动支付产业链支付服务费用。从实践看，移动支付服务创新的重要性还需要得到进一步的重视。移动支付服务创新并非仅仅指更加靓丽的操作界面、智能化水平更高的终端设备、产业链服务人员的规范服务以及提高服务效率等柜台过程，而是指一个端到端的创新，即从支付业务客户体验的设计创新、到业务推广及营销手段的创新，从终端、网络等技术创新到盈利模式、系统架构的商务创新。事实上，业务平台技术的创新和友好的终端界面的创新是基础，对于大多数运营商而言只有选择权和建议权而并无设计权，而业务体验设计和业务营销过程则是运营商可以努力的方向。

目前我国移动运营商、金融机构商业银行以及众多第三方企业都已经推出了很多移动支付创新品种，但需求并不旺盛，效果远不理想，市场浸入程度不高。其重要原因之一就在于，新的移动支付产品缺乏坚强有力的营销服务方面的开拓过程，缺乏以客户为核心的服务体系构建，产业链的整合也一直进行的缓慢而缺乏成效。移动支付、手机银行等已经是几乎所有运营商、商业银行都可以办得到的业务了，但社会不了解、客户不熟悉，“现金大旅行”的状况仍然十分普遍；很多具有可操作性的品种创新思路，缺乏一个主动和市场“亲和”的机构去建立制度性的运转体系。服务创新应当成为移动支付市场开发的重点取向之一。从目前情况看，服务创新可能比品种创新更为迫切。具体说，就是要把服务的概念扩展到柜台之外，把服务的范围推广到交易发生之前。

2. 移动支付服务创新的必要性

面对千家万户，推出好的品牌后，要在激烈的市场竞争中开拓出新的业务领域，要占有一定的市场份额，就必须增强竞争实力。如果没有优质的服务，发展业务只能成为一句空话。移动支付是一项融合了移动运营、金融服务、终端零售商业服务的融合性业务，是一种综合性、多层次、多方位的服务，一种为客户提供的最便捷、最准确、最优质的服务。服务是一种战术，一种商品，也是一种手段，更是一种文化。

近年来，运营商、终端厂商、金融机构、第三方机构进行了大量探索工作，业务创新上呈现出一定的竞争态势。在支付业务市场化趋势、面临的挑战和扩大消费需求的政策推动等多方面因素综合作用下，移动支付技术手段创新、业务品种创新颇有建树。但与此同时，一个被忽视的方面是服务创新。创新过于囿于各自业务领域，没有实现产业链的整合和端到端的服务创新。

3. 移动支付服务创新的紧迫性

全球发展新服务经济的趋势日趋明显。IBM、HP 等之知名制造业公司向 IT 服务的转型，众多制造业大国不遗余力发展服务业的行为，香港、珠三角地区的经济转型的努力，都显现出新服务经济时代的来临。在新服务经济时代，服务不再是仅为产品销售的门面工作、短期行为，产品的整个价值链需要从制造过程向用户应用端开放延伸。以客户为中心，而不是以产品为中心是新服务经济的基本原理。技术创新应该让步于服务创新。所以，通过对客户需求和体验的深入分析与挖掘来指导产品的设计，是新服务经济时代的产品设计理念。在新服务经济时代，必须把服务意识、客户意识嵌入每个员工的行为准则中。

11.2　日本 NTT DoCoMo 移动支付模式

1999 年 2 月，日本的电信垄断机构 NNT，即日本电信电话公司将 DoCoMo 无线部门单独独立出来，并推行 i - mode 移动无线网络服务。自 1999 年 2 月上市以来，此项服务已经吸引了 4 800 万用户，目前可借助 i - mode 浏览逾 95 000 家网站提供的丰富多彩的内容。i - mode 成功的原因在于其多样化移动商务应用服务、市场规模的主导、技术发展的垂直整合与网络连接费用低。

i - mode 移动支付可使用于实体商家和虚拟网上电子商务，并向合作网站的商家收取交易额的9%为交易手续费，其大多以小额度的付款消费金额为主，并且将付款消费金额并入使用者每个月的 i - mode 账单。NTT DoCoMo 的营运模式凭借着以网络的外在效应带来更多的使用者，并开发多功能性的移动入口网站，使用者维持率高，使用量大而达成规模经济。

Osaifu-Keitai 是 NTT DoCoMo 提供的移动支付业务品牌，通过将 i - mode 技术和非接触 IC 卡技术结合，Osaifu-Keitai 将各种移动支付功能服务整合在移动电话上，i - mode 的功能迅速从通信领域扩展到可以提升当前生活品质的诸多领域。

Osaifu-Keitai 总移动支付业务下又分三类子业务：

① Osaifu-Keitai 手机钱包业务。该业务是最普通的手机钱包业务，没有银行的介入。用户在 NTT DoCoMo 申请一个手机钱包账号，并预存一部分金额就可以使用。用户使用该服务购买商品所付的款项直接从在手机钱包预存的账号中扣除。使用 Osaifu-Keitai 手机钱包业务无需输入密码。

② ID 借记卡业务。“ID”是 NTT DoCoMo 从 2005 年 12 月开始提供的信用卡支付业务。它能让用户通过把 Osaifu-Keitai 手机在携带型的读写终端上扫一下即可完成购物或取现。它是建立在事后付款的基础之上的，可以向更广的范围推广。该业务是 NTT DoCoMo 和三井住友银行合作推出的。ID 借记卡能和三井住友银行的普通信用卡相连，用户可以从三井住友的普通信用卡向 ID 借记卡转账。一般情况下，使用 ID 借记卡业务无需输入密码，但如果用户购买商品金额超过 ID 借记卡中的余额，则需输入密码。NTT DoCoMo 通过 ID 借记卡业务搭建了一个移动信用卡平台，以吸引金融机构加入，目前加入到此移动信用卡平台的金融机构有三井住友银行和瑞穗银行。

③ DCMX 信用卡业务。DCMX 信用卡业务真正将移动支付业务渗透到消费信贷领域。用户使用 DCMX 业务无需在信用卡中预存金额就可以透支消费。DCMX 分两种透支额度：一种是 DCMXmini，可透支 1 万日元，用户消费时无需输入验证密码；另一种是 DCMX，透支额度为 20 万日元，单笔消费在 1 万日元以上需输入验证密码。与 NTT DoCoMo 合作推出此项业务的同样是三井住友银行。

方便了用户的使用，NTT DoCoMo 需要银行和商家的支持。为调动银行和商家的积极性，NTT DoCoMo 采取了如下策略。

① 选择在日本已有广泛基础的 FeiliCa IC 技术作为移动支付技术 。FeliCa IC 技术是日本索尼公司研制开发的非接触智能芯片技术。FeliCa IC 技术不仅在技术上具有先进性，而且在日本被广泛应用。截止到 2005 年 10 月，该公司已售出 1 亿枚 FeliCa 芯片。从技术上来讲，FeliCa IC 技术适用于移动支付技术。首先，FeliCa IC 卡具有很高的安全性，适合存储安全要求很高的用户个人信息；其次，FeliCa IC 技术传输速率非常高，操作简单，用户只需在特殊的读卡器前晃动安装有 FeliCa 芯片的手机就可完成支付，极大地方便了用户使用，能够增强用户使用移动支付业务的体验。从 FeliCa 芯片在日本的发展来看，在众多领域都有应用，并且已经应用于电子支付领域，在日本具有一定的基础。采用 FeliCa IC 技术一来可以省去许多安装特殊读卡器的费用，从而更容易调动商家对开展移动支付业务的积极性；二来在用户中进行宣传比较容易。鉴于上述两方面的原因，NTT DoCoMo 选择了 FeliCa IC 技术作为移动支付的实现技术。

② 商家选择和激励策略。如何调动商家开展移动支付业务的积进性是移动支付业务成功开展的关键因素之一。在移动支付业务发展初期，使用业务的用户还不多的情况下，商家要想开展此项业务一方面要投入巨资安装特殊阅读器，需要很大的成本；另一方面，用户使用不多，收益就会很少，极有可能会出现入不敷出的现象，那么商家的积极性就很难调动起来。鉴于此，NTT DoCoMo 在选择合作商家时，首先选择了已经通过 FeliCa IC 技术提供电子支付业务的商家。例如，日本 am/pm 零售连锁店早在 NTT DoCoMo 开通 FeliCa 手机钱包之前就已经采用了 Bitwallet 开发的 Edy 电子支付系统，该系统同样采用了 FeliCa IC 技术。另外，am/pm 在日本的 1 000 多家连锁店主要集中在人口密集的大城市。因此，NTT DoCoMo 首批选择了 am/pm 做为合作商家之一。为鼓励商家采纳移动支付方式，NTT DoCoMo 在业务开展初期承诺为商家承担安装特殊读卡器的费用（以每月向商家收取租金的方式收回投资），向商家收取的交易佣金也比银行低。NTT DoCoMo 之所以能够向商家收取比银行低的交易佣金，是因为 NTT DoCoMo 在整个移动支付产业链中充当着运营商和银行的双重角色，使交易处理环节简化，从而能够降低交易处理成本。另外，提供移动支付业务，向商家收取交易佣金不是 NTT DoCoMo 的主要收入来源，降低交易佣金比例对 NTT DoCoMo 的收入不会造成太大影响。而银行就不同了，向商家收取交易佣金是银行的主要收入来源之一，降低交易佣金比例会对银行造成非常大的影响，这也是银行收取交易佣金高的主要原因之一。

③ 通过注资的方式掌控产业链。在 NTT DoCoMo 之前业界就有通过控股的方式保持和业务提供商紧密合作关系的先例。NTT DoCoMo 在开展移动支付业务上同样采取了此种方法。银行是移动支付业务产业链上的关键一环，银行积极性的调动对移动支付业务的开展具有很大的推动作用。但在运营商主导的产业链中，银行处于被动地位，又是在移动支付业务开展初期，能够看到的好处有限，因此，多数银行处于观望状态，开展移动支付业务的积极性不高。因此，NTT DoCoMo 先后注资三井住友信用卡公司和瑞穗金融集团的关联企业 UC card 公司。从实际的发展来看，NTT DoCoMo 的这一举措得到了不小的回报。三井住友银行和 NTT DoCoMo 联合推出的 ID 借记卡业务使得 NTT DoCoMo 的移动支付业务突破了小额支付的界限。DCMX 信用卡业务使 NTT DoCoMo 的移动支付业务渗透到消费信贷领域。

④ 其他策略。NTT DoCoMo 在确保移动支付业务安全性上也采取了一些措施：NTT DoCoMo 规定消费额超过预存款和 DCMX 移动信用卡业务每笔消费超过 1 万日元都需要输入 4 位验证密码；用户可以通过已注册电话或者公用电话告知 NTT DoCoMo 锁定移动支付业务，阻止其他人使用；针对 DCMX 信用卡业务推出的定制手机中有指纹和面部识别功能，使安全性更高。

11.3　英国 Vodafone 移动支付模式

2002 年，欧洲最大手机业者之一——Vodafone 宣布进入移动支付产业，但当时欧洲最大银行之一——Deutsche 银行已经进入这个市场，因此两家在移动支付领域产生竞争，但 Vodafone 相当明确地采用信用卡与借记卡来完成移动支付方案，Vodafone 的使用者必须先在线注册成为会员，注册时输入使用者的手机号码、使用者名称、密码与 PIN 码，辨认其移动装置，并在使用者购物消费时输入 PIN 码来确认与授权每一个交易。Vodafone 移动支付有两大方案，分别为 M-pay Card 与 M-pay Bill，M-pay Card 是使用信用卡与借记卡的方式完成扣款交易，M-pay Bill 是利用手机账单的方式，将购物消费的交易金额记入手机账单中。

1. 主推业务

（1）Company Caller

此业务类似国内中国移动的 MVPN，也就是移动 VPN。Vodafone UK 可以为拥有五部以上 Vodafone 移动电话的公司办理该业务，通过扩展公司的交换机建立移动 VPN，为企业用户达到节省公司内部网间呼叫费用、移动与办公室固定电话间呼叫费用以及网内短号码拨叫。

（2）BlackBerry 移动 E-mail 业务

2002 年 7 月，Vodafone 引入了 RIM 公司的最新 Blackberry 移动 E-mail 设备，通过 GPRS 网络向企业用户提供远程接入企业内部邮箱的业务。Blackberry 移动终端不仅可以自动接收 E-mail、更新日程表，而且还增添了手机通话功能，并且可以在欧盟各个国家以及瑞士和中国香港漫游。Vodafone UK 的竞争对手也推出了此项业务。Vodafone 的 Blackberry 业务可以为拥有 500 名员工的企业提供服务，月租费为 45.24 欧元/用户。获取这项服务需要首先在企业的内部网安装一个 BlackBerry 企业服务器，该服务器可以保证用户安全地登录到企业内部网络，采用端到端的三重 DES 编码。该服务由于具有这种安全可靠性而在北美受到政府部门的欢迎。另外，每个用户还需要购买一个 BlackBerry 移动终端。现在，用户可在 Vodafone 的分销商处获得最新的 6720 型号 BlackBerry 终端。

（3）Vodafone Remote Access

此业务是 Vodafone 现在在全球各个主要市场主推的面向企业用户的数据业务。用户需要首先需要购买一个可插在笔记本电脑上的 Vodafone 数据卡，然后安装一个 Vodafone 提供的软件，就可以通过 Vodafone 的 GPRS 网络上网，安全的登录到自己的企业网获取信息，并监控自己的使用情况。Vodafone Remote Access 的计费完全是按照 GPRS 业务收取的，根据数据流量进行收费。该业务可进行团购。

（4）Vodafone Mail

通过该业务，用户可以随时通过手机拨打号码“242”收听语音信息、打印传真和 E-mail、转发语音信息给同事或他人。用户可通过网上注册申请此业务，不需要添加任何软件或硬件。但是目前的 E-mail 服务只能提供基于互联网的 E-mail 信箱，不支持企业级信箱。该业务没有月租费或其他固定费用，语音信息、短信或传真都按照标准业务进行收费。

2. 综合业务推广

Vodafone UK 除了着力向企业用户推销上述几种业务外，还将自己的增值业务根据功能进行综合，然后让用户根据自己的需求在综合业务中挑选合适的服务。

（1） E-mail anywhere

能够为用户提供移动 E-mail、日程和地址簿管理的业务，除前面提到的 Blackberry 和 Vodafone Mail 之外，还有有以下几种：

Vodafone OfficeLive：该业务提供通过手机或 PDA 接入企业 Microsoft Outlook 和 Lotus Notes 办公软件的服务，企业需要安装相应的服务器，如 Lotus Domino Everyplace Access Server（DEAS）或 Microsoft 的 Mobile Information Server（MIS）。

Mobile Alert：可收发长达 160 个字节的 E-mail，但不提供企业级服务。

Vodafone Rapide：口述 E-mail 并可群发、短信群发、快速接入公司电话目录等。

（2） 数据解决方案

Vodafone Data Direct：该业务为特定行业如工程、运营。客户服务、销售和营销等公司通过 GSM、GPRS 和 SMS 等技术提供移动数据业务和应用，并提供 SLA（Service Level Agreements）保证。

Vodafone Paknet：为企业提供远程监控、移动支付、移动购买和管理信息业务，例如零售、电力读表、运输等。

（3） 分行业提供特殊应用

Vodafone 还为根据不同行业的需求将自己的业务综合起来向用户提供不同的业务，具体见表 11－1。

表 11－1　　Vodafone 为不同行业提供的业务

行　　业	业　务　内　容
IT 和电信行业	Mobile Access：提供移动的办公管理软件应用，可利用的业务包括 Mobile E-mail、Internet Access、Office Live、Blackberry 工作调度；帮助员工随时通过手机交换工作或进度，以提高效率，如数据业务、Mobile EPOS、PDA 等业务；可以通过移动终端提供销售或 CRM 应用
政府	Vodafone 在政府领域大约有 25 万用户，并且它还是英国财政部下属的 OGC（一个国际行业协会）的战略伙伴，该机构发起了一个名为“政府移动电话”和约帮助政府集体采购移动终端及业务
公共事业（Vodafone 在这一领域拥有 60% 的市场份额）	远程监控骨干网络：通过移动技术远程监控网络比固定技术或人工更加便宜；为在施工现场的工程师提供工作调度应用；提供偏远地区覆盖远程信息管理和车队应用
运输、旅游和配送	这个市场中三分之二的企业是 Vodafone 的客户（2000 年调查数据），后勤方面的应用包括车辆的跟踪、实时信息、交通信息、远程工作调度、签名确认、车队管理等，偏远地区业务，包括车辆监控、偏远地区覆盖，此外，还有国际漫游业务
金融	在英国，70% 的金融机构利用 Vodaofone 的企业业务进行日常工作

（4）移动营销为 B2B 商业提供移动解决方案

Mobile EPOS（Electronic Point of Sale）：利用手持终端通过信用卡等进行移动支付。

Big Mobile：通过这项业务企业的客户可以以短信方式收发企业信息或进行投票、竞赛等。

（5）交通工具跟踪业务

通过移动技术对企业的车队进行跟踪管理。

企业之眼在线：企业可以通过计算机在英国以及欧洲主要地区内利用 GPS 卫星跟踪本公司的交通工具，主要针对大型企业和机构。

Locate You：是专门为中小企业提供交通工具跟踪的业务，跟踪目标甚至可扩展到员工。

Vodafone Cybertrak：跟踪员工业务，尤其是从事危险工作的工作人员，可通过 GPS 技术定位，并提供紧急按钮供工作人员在紧急情况下进行呼叫。

（6）海外漫游业务

由于 Vodafone 在全球各大洲均有自己的移动网络，因此，企业用户在漫游到其他国家的时候同样可以获得与在英国本土相同服务。但只有签约用户才能在海外获得 Vodafone 的服务。

International Call Saver：通过这项业务，用户可以降低在英国本土拨打国际电话费用 30%，Vodafone 的签约用户只需每月多交 2.5 英镑的月租费便可获得此业务。

Eurocall：采用该业务用户可以在欧洲 32 个国家通话，并且资费统一。

出租业务：Vodafone 在美国、日本、韩国、加勒比海和巴巴多斯岛提供 GSM 网络以外的手机出租业务，另外，数据业务的设备如 Blackberry 终端和 Remote Access 卡也可以进行租赁。

此外还有一些增值服务也在海外提供，包括 Vodafone Remote Access、Vodafone Mail、Vodafone Voic E-mail 等。

11.4 移动支付服务创新方式

11.4.1 移动支付服务创新的现状

随着移动互联网的发展，中国启动了新建的 3G 商用网，通过两三年的发展，已建成几十万个基站。不管终端驱动，还是网络应用驱动，都使得中国成为全球最领先的用户市场，普通消费者使用的无线业务的数量和种类越来越丰富。移动终端方面的进展非常快，参与的厂商也很多，包括很多互联网企业也做移动终端。中国国内的智能手机品牌崛起得很快。移动终端的基本态势表明，移动智能终端是一个后 PC 时代的取代。

移动支付在手机互联网的应用中占据了越来越重要的位置，根据去年年底的最新调查数据显示，现在手机购物、手机银行的比例不断攀升。但是不同的独立咨询商对手机支付的产业规模，包括对用户整个的定义达到什么样的交易规模，看法都不同。在政府层面，工信部和金融主管部门在应用支付方面需要统一的口径。易观研究认为，2011

年全国移动支付交易平台的规模达到 700 多亿，预计到 2014 年会到 3 800 亿。

移动支付有两种实现方式，一种是远程支付，第二种就是移动终端的便携性，即可以实现近距离的 NFC。比如说通过红外，通过蓝牙，通过其他的无线连接，通过智能终端和信息读取工具实现快捷的资金的转移。

现在，NFC 已经成为一个主流，国际多个厂商都在所开发的产品中内置这些功能。现场支付受到业界关注。现场支付操作性比较强，美国、欧洲、日本、韩国等国家的现场支付厂家也很积极。从技术解决方案来看，NFC 比较受金融界、银行界的欢迎，它使用的频率是 13.56MHz 或 2.45GHz，推动了中国自主知识产权的技术得到商用。移动市场的容量是非常巨大的，随着智能手机的普及，芯片供应商的市场也将是一个海量级的市场。

关于电信运营商和银行之间到底谁主导产业链，涉及到与金融相关的核心主体业务，围绕着支付功能，包括结算、储蓄、投资各方面朝着电子功能化的方向发展，运营商很难扮演一个主导性的角色。

11.4.2　运营商的移动支付服务创新

1. 中国移动

从 2008 年开始，中国移动便开始关注第三方支付，并尝试建立第三方支付平台，并于去年 6 月份正式成立了中移电子商务有限公司。目前，中国移动的手机支付业务分为两大类：第一类为手机支付，可以实现手机上的远程支付；第二类是手机钱包。中国移动的手机支付业务主要是通过由中移电子商务有限公司推出的专业客户端软件来实现的。用户可通过该支付客户端在手机上使用中国移动提供的综合性移动支付服务，如缴话费、收付款、生活缴费、订单支付等，在带给用户随时、随地、随身的移动支付体验的同时，还可确保用户交易的安全性和便捷性。中国移动推出手机支付钱包以后，又推出了很多应用。去年，该业务已经覆盖了 40 多个城市，上半年交易额接近了 1 亿元，月交易额达到了 4 000 万元以上，用户规模也已达到了 4 000 万。

2. 中国电信

天翼电子商务有限公司是中国电信投资组建的全资子公司，业务涵盖移动支付、固网支付及积分支付等领域。天翼电子商务有限公司的产品主要依托于自有账户和第三方关联账户（包括银行账户及公交卡等准金融账户），为用户提供基于互联网、手机、固定电话、IVR 自助语音、IPTV、公话信息亭、自助终端服务机等各类渠道的近程和远程方式的支付服务。

“翼支付”是目前中国电信主推的手机支付业务，它利用 RFID 近场射频通信技术，实现了手机刷卡、手机乘车等支付功能。从去年 5 月开始，京城百姓即可通过一张特殊的射频手机 UIM 卡，将中国电信的 3G 移动通信功能和市政交通一卡通刷卡功能有机融合在这张手机卡上，只需携带手机就可以轻松实现刷卡乘坐公交、地铁，商家刷卡消费，网点电子钱包充值，手机空中电子钱包充值等服务。

3. 中国联通

早在 2010 年底，中国联通手机支付业务便已在北京、上海、广州、重庆四个城市正式商用，并逐步在全国其他省市推广。2011 年 4 月，中国联通支付公司（联通沃易付网络技术有限公司）获得营业执照，去年 12 月，该公司获得了国内第三方支付牌照。作为中国联通的全资子公司，联通沃易付公司注册资本 2.5 亿，业务涵盖互联网支付、移动支付和银行卡收单等支付业务。中国联通手机支付业务采用的是握奇公司提供的 SIMpass 移动支付技术。该技术解决方案主要有两种形式，一种是“SIM + 天线”的“辫子卡”，用户不需要更换手机，但需要在营业厅更换一张 SIM 卡；另一种是定制手机方案，即天线集成在手机中而不需要外置天线，用户需更换手机。手机支付账户与通信账户相互独立，用户办理手机支付业务之后，将有两个账户，其中手机支付账户中的充值上限为 1 000 元。

总之，三大运营商采取的行动比较早，中国移动从 2000 年就已开始，由于网络环境不好，手机钱包业务开展得并不好。现在，由于 3G 的进展，商用模式逐渐成熟，中国移动应该说已全面渗透，技术、业务、股权和银行有多方面的合作。下一步，中国移动致力于做数字化的倡导者，可能与金融机构一起推支付业务。中国联通起步也比较早，最早 2004 年开始了手机银行业务，目前联通已经在全国 55 个城市开展活动。移动支付成长的空间十分巨大，因为有部分人群只通过手机上网，而这个人群增长的潜力很大。电信企业整合力量迈向移动金融，整合各方面资源，把简单的支付业务提供者变成移动金融的提供者，相当于把 24 小时的在线银行开到每一个手机用户的手上。跟个人相关的所有的金融支付，不管是储蓄、支付还是其他业务，都是未来创新的空间。

11.4.3 移动支付服务创新策略

进行移动支付的服务创新，要从下面三个方面着手。

1. 创新服务观念，树立以“客户为中心”的创新意识

移动通信公司、终端设备制造以及金融银行业都是竞争激烈的行业。企业面临的首要挑战是对优质客户的竞争，这需要企业不断提升创新能力，提供丰富、优质的产品，提高服务水平以及严格经营管理，因为只有客户才是效益的源泉、发展的基石。移动支付产业链中的相关企业都应该保持清醒的头脑，认真思考并建立“以客户为中心”的经营理念。对客户群体质量进行分析评价，细化市场，贴近市场，根据客户需求和企业利益制定服务策略，构建客户管理体系，对优质客户实行特殊服务，努力锁定一批优质客户，发展潜在客户，扩大用户群。并针对不同客户群和不同细分市场进行服务开发，以确保实现利润最大化的经营目标。这是市场经济日臻完善的必然趋势，也是现代化企业经营的必然选择。

2. 创新服务手段，满足经营模式对服务能力的要求

对客户提供的产品能不能使客户得到满足，这是衡量服务水准的关键。优质客户只是其中的一部分，还有很大一部分客户的经济生活离不开支付服务。而且国内外的经验表明，以青年人为主进行的大量微支付活动是移动支付中的主体行为。这就要求移动支付产业链在服务手段上不断创新，尤其要开发能为自身带来丰厚利润的产品，并且有眼光、有魄力度过市场培育期，这样才能增强竞争实力，吸引新的客户，扩大服务群体，

保持持久赢利能力，促进移动支付市场的扩展。

近年来，人们的信息消费、金融消费等需求被给予了更广阔的发展空间和更宽泛的选择余地，消费内容也极大丰富。而另一方面，客户多样化、深层次的消费需求又反过来促进了终端，内容提供商，移动运营商，银行、证券、保险等金融机构的服务方式尤其是营销方式的改革，使其呈现出共同服务、共同繁荣、多元竞争的格局。

为了在这种竞争中保持和扩大自身市场份额，各企业纷纷采取了一些特色鲜明的营销措施，用营销理念来创新金融产品和金融服务。现如今，增强营销创意，培养营销环境，整合营销队伍，优化营销策略以及合理引导企业的有序竞争，已成为企业必须解决的问题。只有持续进行管理升级和服务创新，用诸如金融营销这样的先进理念来武装自己，企业才能在愈演愈烈的市场竞争中占有一席之地。

3. 实施企业流程重组，促进产业链整合，创新服务体制

新的企业发展方向，新的盈利模式，新的服务内容和商业模式，都对企业现存的业务流程运作方式提出新的要求，有些甚至需要对企业流程实施重组，以适应不断变化的市场环境。同时，产业链的整合也迫在眉睫，打破行业藩篱，疏通利益通道，整合上下游资源，也是移动支付服务体制创新的重要内容。

11.5 移动支付服务创新前景

1. 移动支付市场前景广阔，潜力巨大，是移动支付创新的源泉

2009年1月，工业和信息化部为中国移动、中国电信和中国联通发放三张第三代移动通信（3G）牌照，此举标志着中国正式进入3G时代。随着3G的正式上线，对于优化电信市场竞争结构，促进TD－SCDMA产业链成熟，具有十分重要的作用，并在一定程度上促进了移动支付的发展。3G牌照的下发将改变当前电信运营商的行业格局，将为中国移动支付市场的长远发展带来利好，中国移动支付市场的发展前景将更加值得期待。据信产部数据统计，截至2008年底，中国手机用户总数超过6亿户，如此庞大的手机用户群体是移动支付扎实的物质基础。支付手段的电子化和移动化是不可避免的必然趋势，对于中国的移动支付业务而言，庞大的移动用户和银行卡用户数量提供了诱人的用户基础，信用卡使用习惯的不足留给移动支付巨大的市场空间，发展前景勿庸置疑。计世资讯（CCW Research）研究预测，2009年中国移动支付用户数将达到1.08亿户，其同比增长率将达到25.6%；预计2010年中国移动支付用户数将达到1.47亿户，其同比增长率将达到36.1%；2011年中国移动支付用户数将达到2.12亿户，其同比增长率将达到44.2%；2012年中国移动支付用户数将达到2.86亿户，其同比增长率将达到34.9%。

2. 技术进步和硬件环境升级换代，成为移动支付创新强有力的支撑条件

计世资讯研究认为，随着3G、4G通信技术能够实现手机现场支付的RFID技术（包括NFC技术和SIMpass技术等）的不断创新以及金融业信息化需求的不断提升，未来三年内，移动支付市场将由慢车状态跨度到快车状态，2010年将成为市场快速增长的拐点。

3. 产业链的成熟和成功整合，是移动支付创新的关键动力

计世资讯研究预计，2010年由于产业链的不断成熟、用户消费习惯的形成和基础设施的完备，中国移动支付将进入产业成熟期。2010年手机支付将会成为中国银联的首要电子支付渠道之一，交易量达到甚至超越互联网渠道水平，银联和移动深度联手，既共同分担成本，又快速做大市场规模，这是移动支付发展的应有之道。

案例1　联动优势

“嗖！付”（www.soopay.net）是联动优势为中国移动手机用户度身打造的电子支付工具，是国内第一家提供基于中国移动手机的网上收付款和手机收付款服务的支付产品，以提供互联网、手机短信、手机WAP收付款服务为核心内容，同时不断更新及拓展服务领域，本着安全、便捷的宗旨，为用户提供极具特色的服务。用户只需预先向“嗖！付”账户中预存一定的资金，便可通过手机、电脑等终端设备快捷、安全地完成购物、转账、缴费等移动支付操作。“嗖！付”账户由人民币账户和点卡兑换券两部分构成。

人民币账户：包括现金和礼金，其中，现金是通过网上银行或手机钱包银行卡充值到“嗖！付”中的资金，礼金是在活动中获得的奖金。

点卡兑换券：是通过中国移动手机话费购买的。

可提现金额：是从“嗖！付”账户向银行卡中转入资金的最大限额。

使用方式：用户可以使用互联网、手机短信、手机WAP三种方式完成支付、转账、收款、提现、缴纳话费等服务，不用再为身边没有电脑而烦恼，支付更加便捷、私密。

账户充值：用户可以通过开通网上支付的银行账户转账、绑定银行卡、银联卡直付等方式为“嗖！付”账户充值，充值完成后即可用账户内的资金安全轻松地进行在线支付。

账户提现：用户可以将“嗖！付”账户内的资金提取到指定的银行账户中。

支付服务：“嗖！付”是强大的电子收付款平台，支持全球近27亿张银行卡，包括“嗖！付”账户支付、网银支付、绑定银行卡支付、银联卡直付等，帮助各类企业和个人商家解决电子商务中的支付问题，使商家突破支付瓶颈，获得安全便捷的支付渠道。

礼金与点卡兑换券：对于用“嗖！付”支付货款的“嗖！付”用户来说，礼金和购买点卡兑换券是十分受欢迎的。用户参与促销活动后，“嗖！付”会将礼金赠送给用户，用户可以使用礼金进行消费。由于礼金是“嗖！付”给用户的回馈，不能够进行转账和提现，用户可以使用移动手机话费购买一定额度的点卡兑换券，点卡兑换券可以用于支付、转账，不能够提现。

移动手机话费充值：通过本服务，用户可以在线或使用手机为指定的移动手机充值，充值费用通过网银或“嗖！付”账户内的资金在线完成支付。

便民缴费：便民缴费服务集合了日常生活中常用的缴费支付功能，让用户一站式完成付费，实现理想的轻松生活。

公共事业缴费：“嗖！付”公共事业缴费服务是用户通过“嗖！付”平台在线或使用手机对家庭所发生的水、电、煤等公共事业费进行缴费的服务。

移动手机话费充值：移动手机话费充值服务是用户通过“嗖！付”平台在线或使用手机对移动手机话费进行充值的服务。

生活费：无需银行排队，足不出户地支付外地亲人的生活费。

跨行转账：发挥消费者的想象，支付你的个性化账单，完成不同银行账户的转账。

回顾过去，展望未来，1999年，中国移动支付开始崭露头角，中国移动分别与工行、招行等部门合作开展移动支付业务的试用。经历了十年的发展，手机支付市场在占有率、用户数量、业务数量上有了不小的提升。目前，手机支付的业务模式是多种多样的。在此可列举几种划分方式，按照用户办理支付业务的方式可以分为短信模式、移动网银模式、移动POS模式和电子钱包；根据运营主体可以分为移动通信运营商、商业银行、非银行支付服务；按照结算方式划分可以分为银行结算账户、虚拟账户以及手机话费结算三种模式；如果按照支付指令的传输渠道划分可以分为移动通信网络传输和专用交易网络传输两种模式。

手机支付的兴起吸引了商业银行、移动通信运营商以及众多第三方支付公司的关注，这也有效的促进了手机支付的发展。通过手机支付，用户可以进行转账汇款、网上购物、交手机费、商场刷卡、个人理财等操作。但由于一些因素，目前手机支付多以一些小额支付为主，同时还需要承受前期建设的基础费用，因此，目前的手机支付处于一种非赢利的状态。

存在的问题需要在政府、商家以及消费者三方面进行改善。对于政府来说，采取一定的法律法规规范手机支付是一个正确的选择。当前的手机支付市场管理相对混乱，消费者在利益受到侵害后很难及时有效地维护自身权益。同时，也应该对消费者的恶意欠费等问题进行相应的制约。政府还可以加大对手机支付的支持力度，包括支持对手机硬件设备的改进以减少手机被盗用等不利因素。

移动支付企业应该不断提高他们在用户心中的信誉以及地位，不要为了一时的赢利而欺骗消费者。应该从用户本身利益出发，使用户在手机支付中充分享受到便利和安全。同时，商家也可以制定相应的信用体系。有关部门还需要加大对手机支付的推广力度，通过媒体以广告的方式让用户了解手机支付是个便利的选择。同时，商家也要在宣传的基础上加入创新元素，让用户对手机支付这个新兴领域感兴趣。此外，还需要抓住用户心理，通过一些促销、优惠等手段吸引更多的用户。手机支付的发展空间很广阔，移动支付企业将来会在更多业务领域有所发展和创新。

本章小结

在介绍日本NTT DoCoMo和英国Vodafone的移动支付服务和产业链的基础上，对我国的移动支付服务的内容和创新进行了介绍，同时给了多个案例。

本章习题

1. 为何移动支付服务需要创新？
2. 试述移动支付服务创新方式有哪些。

第12章

移动支付立法与监管

◉ 内容提要

本章主要研究移动支付法律制度，首先阐述移动支付立法的必要性、移动支付安全的问题、移动支付面临的法律问题以及移动支付的立法要求。然后介绍第三方支付市场准入制度，主要是《非金融机构支付服务管理办法》、第三方支付服务市场准入的具体规定和非金融机构支付服务的配套规范。重点介绍移动支付交易法律制度，包括移动支付法律关系主体及内容，以及移动支付合同法律问题及身份认证制度。尤其要注意移动支付的法律责任。最后阐述移动支付法律制度的构建、移动支付发展的环境因素和我国移动支付的法制化问题。

12.1 移动支付法律概述

12.1.1 移动支付立法的必要性

移动支付，是指用户使用移动电子设备通过移动运营商向约定银行提供的计算机网络系统发出支付指令，由银行通过计算机网络将货币支付给服务商的一种消费支付方式。银行支付结算系统的电脑自动化操作使交易更加安全和便捷，同时有助于国家税控。

在移动支付的市场上，盗卡、网络钓鱼、诈骗、涉黄及涉毒等问题层出不穷，在电子支付发展的短短几年中，支付宝、快钱、首信、拉卡拉等第三方支付平台和各大银行、银联，甚至运营商几类市场主体在竞争中微妙博弈。法律法规的缺失和监管空白让这个新兴行业在乱象中潜伏着重重危机。中国电子支付行业鱼龙混杂，发展很不规范，亟待相关法律法规的出台。我国的电子支付行业从最初为解决网上支付银行卡联网通用问题开始，伴随信息技术的发展已迅速发成为业务种类覆盖网上支付、手机支付、电话支付、充值卡支付、电子货币发行、集中代收付等多方面的新兴行业。在没有国家信用和监管部门支持的情况下，依靠商业信用和产品创新，电子支付已经获得了各大银行金融机构、国内和国际知名企业以及广大用户的普遍认可。

从移动支付发展的外部环境来看，在政策法律方面，我国关于电子商务的法律法规体系逐步成熟，但在电子支付相关政策法律方面还不够完善，第三方电子支付组织的规范正在完善。构建一个完善的法规制度是移动支付健康发展的重要保障。

12.1.2　移动支付面临的法律问题

1. 关于电子银行犯罪的法律问题

目前有关电子银行的犯罪主要集中在以下几个方面：

① 电脑黑客，又称网络系统的非法入侵者。这些人往往利用自己的技术优势入侵电子银行的交易系统，实现自己的非法目的，有时甚至能造成电子银行的交易系统瘫痪。电脑黑客是网络银行交易安全的最大隐患。

② 网上盗窃，又称电子扒手。有些人或因商业利益，或因对所在银行或企业不满，甚至因好奇，利用自己的网络技术优势盗取银行和企业密码，浏览企业核心机密。这些盗窃犯罪具有盗窃作案值高、手段隐蔽、不易侦破等特点，成为关于电子银行犯罪的一个新趋向。

③ 网上诈骗。网上诈骗已成为世界上第二种最常见的网络风险。一些不法分子通过发送电子邮件或在互联网上提供各种吸引人的免费资料等引诱互联网用户，当用户接受他们提供的电子邮件或免费资料时，不法分子编制的病毒也随之进入用户的计算机中，并偷偷修改用户的金融软件。当用户使用这些软件进入银行的网址时，修改后的软件就会自动将用户账号上的钱转移到不法分子的账号上。

以上只是有关电子银行的几种典型的犯罪形式，由于电子银行与传统银行相比具有全新的经营模式，因此，新的犯罪形式也在不断出现，例如伪造和复制电子货币以及利用电子银行进行洗钱等问题，已经被有识之士认识到。

相对于迅速发展的现实而言，立法总是滞后的，我国目前关于电子银行的立法主要是1997年修订的《中华人民共和国刑法》中针对计算机犯罪的条款。该法第285条对“非法侵入计算机系统罪”进行了规定，第286条界定了“破坏计算机信息系统罪”。网络黑客的行为，情节严重的就已构成犯罪，必须负刑事责任。《刑法》第287条专门规定了“利用计算机实施金融诈骗、盗窃、贪污、挪用公款、窃取国家秘密或者其他犯罪”的处罚，其中规定：对犯罪后果特别严重的，处五年以上有期徒刑。这些规定相对于频繁出现的多种形式的针对网络银行的犯罪现象而言过于笼统和粗糙，不利于有效打击这些犯罪现象。因此，实现对网络犯罪的有效打击是我国刑事立法的一个重点。

2. 技术安全问题

技术安全是指使用移动支付对手机等设备有特殊的要求，是否更换现有的手机，是否要更换SIM卡，用户的银行账户和个人身份等敏感信息通过手机和商家的网站、支付网络等进行传输和存储，它的安全性怎样？

3. 用户资金安全问题

资金安全是指移动支付通过第三方支付组织处理时通常会存在资金沉淀问题。这些资金的所有权依法属于客户，但实际上由第三方支付企业进行支配，如何保障沉淀资金的安全也是广大客户关心的问题。因此，有关各方要通力合作，不断创新，提供更多手段和方法，使得我们的移动支付解决方案更加安全和保险。

4. 移动消费模式选择问题

移动消费模式是预付还是透支，如果采用先消费后结算（透支）方式，就必然要启用手机实名制、信用评估和担保体系，而且透支额度太小，也会阻碍交易的进展。我国目前消费支付方式有现金、支票和信用卡三种。随着技术的进步，手机等移动电子设备支付将成为支付方式中非常重要的一部分。移动电子设备持有者购物消费或缴费时，只要输入特定的银行卡号和金额，将支付请求通过短信息发送到银行，银行在进行审批划账之后，通过短信息反馈到特约商户或特约商户指定的银行，商户使用无线或有线 POS 打印出消费收据后完成交易。用户会获准得到所需要的商品和服务，整个过程全部实现电子化。这样的支付方式称移动电子支付。将移动电子设备和银行卡结合起来，用户将随身携带支付终端，可以在任何时间、任何地点用移动电子支付方式办理消费、缴费和转账等业务。在整个移动电子支付过程中，如何确认各方法律关系以解决在移动电子支付中可能产生的矛盾和纠纷以及如何确定相应归责原则显得迫切而现实。

12.1.3　电子支付的立法要求

移动电子支付业务的迅速发展导致许多新的问题与矛盾，也使得立法相对滞后，同时，电子支付涉及的范围相当广泛也给立法工作带来了一定的难度。在电子支付的发展过程中，为了防范各种可能的风险，不但要提高技术措施、健全管理制度，还要加强立法建设。针对目前移动电子支付活动中出现的问题，应建立相关的法律以规范电子支付参与者的行为。对电子支付业务操作、电子资金划拨的风险责任进行规范，制定电子支付的犯罪案件管辖、仲裁等规则。对电子商务的安全保密也必须有法律保障，对电脑犯罪、电脑泄密、窃取商业和金融机密等也都要有相应的法律制裁，以逐步形成有法律许可、法律保障和法律约束的电子支付环境。

移动支付作为一种新型的支付工具对我国传统的法律体系提出新的挑战，在其迅速发展的过程中移动支付遇到了一系列的法律问题。解决移动支付的法律问题不能够采取“头痛医头，脚痛医脚”的做法，而应使移动支付的法律制度跟电子商务等有关的基础法规相一致。换句话说，目前没有必要进行有关移动支付的专门立法，只有在有关电子商务的立法出台以后才能进行，或者在制定有关电子商务或电子支付的法律时考虑移动支付这一特殊的现象。但是不管是现在还是将来，对移动支付进行立法时必须考虑下列有关的问题。

① 移动支付立法应强调安全性要求。移动支付的安全问题是消费者、商业机构、移动运营商、银行和支付平台营运商最为关心的问题。安全问题涉及交易双方身份的真实性、信息传输的保密性和完整性、交易的不可否认性等内容。为了确保支付的安全，数字签名、电子认证和 SET（Secure Electronic Transactions）标准等安全控制技术应运而生。但是这些安全控制技术也会带来新的法律问题，因此在将来立法时必须对有关安全控制技术作出具体的规定。只有这样，才能在移动支付中有效地保护消费者的隐私权和财产权，防止犯罪分子进行洗钱、逃税或赌博。

② 移动支付立法应规范移动支付市场。移动支付立法应对商业机构、移动运营商、银行、支付平台营运商和认证中心规定相应的资格，对他们的市场准入作出科学的规定。尤其是严格确定移动支付平台营运商的主体资格，因为目前移动运营商或者其他商业组织加入移动支付平台营运商是没有法律根据的。但为了进一步开拓和发展移动支付市场，相应的立法不应该完全否定非银行企业进入移动支付市场，而是规定一定的市场准入条件，同时还应加强移动运营商、银行、支付平台营运商和商家之间合理分工、密切合作，以推动移动支付业务的健康发展。同时加强国际合作，建立国际统一的法律规则，开拓国际市场。

③ 移动支付立法应明确当事人权力与义务。移动支付行为包括支付指令的签发、接收、执行等，移动支付立法应针对这些行为设定相应的规则，使移动支付主体有规则可循。具体地说，可以将移动支付的全过程划分为一系列的双边操作，针对每一操作的特殊情况作出相应的权力与义务的规定，这样可以有效地防止一般法律管辖不明确。

④ 移动支付立法应加强责任承担。对移动支付的风险防范，支付安全控制规则起着正面的积极作用，但风险仍然存在。一旦出现风险，其责任承担规则可以借鉴美国《统一商法典》的有关规定。尤其明确在移动支付未完成时，应返还对发出有效支付命令的当事人的有关款项。同时，明确间接损失的赔偿问题，即规定在通常情况下银行的责任应限于支付的款项及利息，间接责任只在有明示书面协议或当事人明确向银行申明发生错误损失重大时才发生。

⑤ 移动支付立法应明确举证责任。在移动支付中，支付等一系列行为大多数通过特定的技术系统传输，证据多以电子形式存在且不易保存，并且双方举证的难易程度也不一样。因此，为了顺利解决各种纠纷，必须从立法上明确各方当事人的举证责任，在某些特定情况下，可以考虑采用举证责任倒置或过错推定原则。

12.2 第三方支付市场准入制度

在第三方支付的业务里面，其中的网络支付业务是指非金融机构依托公共网络或专用网络在收付款人之间转移货币资金的行为，包括货币汇兑、互联网支付、移动电话支付、固定电话支付、数字电视支付等。因此，第三方支付的市场准入制度就包含移动支付的市场准入规范，所以本节重点阐述第三方支付的规范。

12.2.1 第三方支付服务规范出台背景

随着网络信息、通信技术的快速发展和支付服务的不断分工细化，越来越多的非金融机构（第三方支付机构）借助互联网、手机等信息技术广泛参与支付业务。非金融机构提供支付服务，与银行业既合作又竞争，他们已经成为一支重要的力量。传统的支付服务一般由银行部门承担，如现金服务、票据交换服务、直接转账服务等，而新兴的非金融机构介入到支付服务体系，运用电子化手段为市场交易者提供前台支付或后台操作服务，因而往往被称作“第三方支付机构”。实践证明，非金融机构利用信息技术、通过电子化手段提供支付服务，大大丰富了服务方式，拓展了银行业金融机构支付业务的广度和深度，有效缓解了因银行业金融机构网点不足等产生的排队等待、找零难等社会问题。非金融机构支付服务的多样化、个性化等特点较好地满足了电子商务企业和个人的支付需求，促进了电子商务的发展，在支持“刺激消费、扩大内需”等宏观经济政策方面发挥了积极作用。虽然非金融机构的支付服务主要集中在零售支付领域，其业务量与银行业金融机构提供的支付服务量相比还很小，但其服务对象非常多，主要是网络用户、手机用户、银行卡和预付卡持卡人等，其影响非常广泛。截至2010年一季度末，共有260家非金融机构法人向中国人民银行提交了支付业务登记材料，其中多数非金融机构从事互联网支付、手机支付、电话支付以及发行预付卡等业务。

随着非金融机构支付服务业务范围及规模的不断扩大和新的支付工具的推广，以及市场竞争的日趋激烈，这个领域一些固有的问题逐渐暴露，新的风险隐患也相继产生，如客户备付金的权益保障问题、预付卡发行和受理业务中的违规问题、反洗钱义务的履行问题、支付服务相关的信息系统安全问题，以及违反市场竞争规则、无序从事支付服务问题等。这些问题仅仅依靠市场的力量难以解决，必须通过必要的法规制度和监管措施及时加以预防和纠正。

12.2.2 第三方支付服务规范的意义

国家领导高度重视非金融机构支付服务监管工作，并曾多次作出重要批示。中国人民银行作为我国支付体系的法定监督管理者，认真贯彻落实党中央、国务院关于“大力发展金融市场，鼓励金融创新”、“加强风险管理，提高金融监管有效性”的要求，在鼓励各类支付服务主体通过业务创新不断丰富支付方式、提高支付服务效率、顺应社会公众不断发展变化的支付服务需求的同时，大力推进支付服务市场相关制度建设，强化对非金融机构支付服务的监督管理，防范各类金融风险。在组织开展非金融机构支付服务登记、征求社会各方面意见和建议、学习借鉴国际经验的基础上，中国人民银行制定并发布了《非金融机构支付服务管理办法》。

《非金融机构支付服务管理办法》的制定和实施，是以科学发展观指导中国人民银行监督管理支付体系的重要实践，是落实党中央、国务院领导同志指示精神、顺应社会公众意愿的一项重要举措。《非金融机构支付服务管理办法》的出台符合非金融机构在遵循平等竞争规则基础上有序发展的需要，符合广大消费者维护正当权益、保障资金安全的需要，符合国家关于鼓励金融创新、发展金融市场、维护金融稳定和社会稳定要求的需要，必将对我国金融体系的健康发展产生积极而重要的影响。

12.3 移动支付交易法律制度

网络银行交易主要是银行与客户之间基于网络银银行而发生的交易。二者之间的法律关系主要为由民商法调整的私法关系，所带来的问题突出表现在电子签名、电子合同、格式合同及网络银行交易中法律责任的确认等方面。

12.3.1 移动支付合同的法律问题

1. 有关电子合同效力的问题

网络银行的无纸化操作使电子合同的有效性及其证据效力成为银行与客户交易的前提条件。《合同法》第12条规定：书面形式是指合同书、信件和数据电文（包括电报、电传、传真、电子数据交换和电子邮件）等可以有形地表现所载内容的形式，明确了电子合同的有效性。同时，联合国国际贸易委员会《电子商业示范法》第6条规定：一项数据电文所含信息可以调取以备日后查用，即满足了书面形式的要求。同时，第8条：有办法可靠地保证自信息首次以其最终形式生成作为一项数据电文或充当其他用途之时起，该信息保持了完整性，并且可以将其显示给观看信息的人，即符合原件的要求。我国新颁布的《证据法》也进一步明确了电子合同和电子数据的证据效力。对于电子合同效力和证据效力的承认是明确银行和客户之间权力与义务的基础，也是适用《合同法》的前提条件，更是防止信用风险的一项有效措施。

2. 有关格式合同问题

现在的网络银行一般都会与客户签订一份“网络银行服务协议”，方式往往是将“网络银行服务协议”放在网上，在客户正式申请网络银行服务之前向客户显示，或者由客户直接到银行所在地领取“网络银行服务协议”。该协议的内容一般包括定义条款、服务内容、网络银行使用方法、免责条款、法律适用等。在网上显示的服务协议的确认方式是在服务协议之后或者其他显著地方标注一段文字，大致意思是客户必须在正式申请网络银行服务前阅读并接受该服务协议的内容，一旦客户开始正式申请网络银行服务，就被视作接受了服务协议的所有内容。由客户领取的服务协议经客户和银行签字确认生效。服务协议从内容上看，包含了一般合同所具有的内容，它的性质是明确了客户及银行双方的权力与义务的合同。此服务协议或者网上银行章程是银行为了方便重复使用而制作的，客户如果希望获得银行的网上银行服务，只能简单地表示接受，而不能提出修改条款的具体内容。根据我国《合同法》第39条的规定“格式条款是当事人为了重复使用而预先拟定，并在订立合同时未与对方协商的条款。”很明显，现在所有由银行提供的服务协议的内容都是格式条款，对于提供格式条款的一方除了应遵循公平原则确定当事人之间的权力与义务关系，并对该条款进行说明的义务外，还要承担《合同法》第41条规定的“对格式条款有两种以上解释的，应当作出不利于提供格式条款一方的解释”的风险。另外，根据《合同法》第40条的规定：“提供格式条款一方免除其责任、加重对方责任、排除对方主要权力的，该条款无效”。这些规定对网络银行在制定格式条款以及客户进行接受网络银行服务时都有明显影响。

3. 有关不可抗力问题

在网络银行业务这样的新型服务模式中，传统法律中的不可抗力出现了新的挑战，如黑客攻击、计算机病毒发作或网络堵塞造成交易服务终止等，这些新的情况能否被视为不可抗力？我们认为，如果银行方面能够证明在自身系统方面采取了应尽的防范义务，仍发生上述情况，可以视为发生了不可抗力。另外，根据《合同法》的规定：“当事人一方因不可抗力不能履行合同的，应当及时通知对方，以减轻可能给对方造成的损失，并应当在合理的期限内提供证明。”所以上述情况发生后，应及时通知客户已经遇到的困难，并提供相关证明，尽量弥补客户的损失。

12.3.2 移动支付的身份认证

从移动电子商务的网络结构分析，有可能遭受攻击的地方主要有移动终端与交换中心之间的空中接口、移动网关与应用服务提供商之间的传输网络。一方面，虽然 GSM 采用了比较先进的加密技术，可是由于移动通信的固有特点，手机与基站之间的空中无线接口是开放的，这给破译网络通信密码提供了机会。而且信息一旦离开移动运营商的网络就已失去了移动运营商的加密保护。因此，在整个通信过程中，包括通信链路的建立、信息的传输（如用户身份信息、位置信息、用户输入的用户名和密码、语音及其他数据流）存在被第三方截获的可能，从而给用户造成损失。另一方面，在移动通信系统中，移动用户与网络之间不像固定电话那样存在固定的物理连接，商家如何确认用户的合法身份，如何防止用户否认已经发生的商务行为，都是急需解决的安全问题。移动网关一般是实现信息格式的转换，但也有的移动网关（如 WAP 网关）对信息进行加解密处理，因而整个移动电子商务的安全链条就存在安全断点。如何解决好移动支付的安全问题，并且通过宣传培养用户通过移动终端进行消费的信心，是决定移动电子商务下一步发展的关键。

在无线世界里，由于空中接口的开放，人们对于进行商务活动的安全性的关注远超过有线环境。仅当所有的用户确信通过无线方式所进行的交易不会发生欺诈或篡改，所进行的交易受到法律的承认，隐私信息被适当的保护，移动电子商务才有可能成功地推广。在有线通信中，电子商务交易的一个重要安全保障是 PKI（公钥基础设施）。在保证信息安全、身份证明、信息完整性和不可抵赖性等方面，PKI 得到了普遍的认同，并起着不可替代的作用。PKI 的系统概念、安全操作流程、密钥、证书等同样也适用于解决移动电子商务交易的安全问题，但在应用 PKI 的同时要考虑到移动通信环境的特点，并据此对 PKI 技术进行改进。WPKI（Wireless PKI）技术满足移动电子商务安全的要求，即保密性、完整性、真实性、不可抵赖性，消除了用户在交易中的风险。

12.4 移动支付法律制度的构建

12.4.1 移动支付需要立法创新

移动支付是近年来支付服务方式的重要创新之一，也是新兴电子支付的主要表现形式。移动支付伴随着移动电子商务的发展而产生，二者互为依存，共同发展。由于支付是一种大众性的需求，而移动支付具有随身、实时、快捷的特性，因此具有广阔的发展前景。与传统的通过银行业金融机构营业网点提供支付服务的模式相比，移动支付依靠较少的基础设施投入达到了更加广泛的便民和惠民效果，符合科学发展观的要求，既有利于满足社会公众日益多样化的支付需求，也有利于缓解社会公众日益增长的支付需求与银行机构服务资源相对不足的矛盾。另外，针对我国广大农村地区的金融服务环境较差的状况，移动支付突破银行机构提供金融服务的传统模式，通过较低成本将支付服务网络覆盖到广大农村地区，有助于改善农村地区的支付环境，促进金融普及，对于构建社会主义和谐社会将产生积极意义。

所谓移动支付，就是用户使用移动终端进行支付的一种服务方式。移动支付所使用的移动终端可以是手机、PDA、移动 PC 等，但主要的还是使用手机，所以，移动支付又称为手机支付。移动支付是一项跨行业的业务，是电子货币与移动通信业务相结合的产物。自移动支付业务产生以来便显示出强大的活力，用户数量不断增加，业务范围逐步拓展，业务量快速增长。但围绕移动支付的讨论和争议也始终不断，例如移动支付的安全问题和监管问题等。作为世界第一大手机用户国，我国移动支付的发展前景非常广阔，市场空间十分巨大。如何促进移动支付市场健康、规范、快速发展，是政府部门、从业机构等各方普遍关注的重要问题。

12.4.2 我国移动支付发展的法制化

我国移动支付的发展必须依托市场，强化政府引导，加强规范管理，统一业务技术标准，充分发挥有关机构的积极作用。

第一，移动支付的发展要坚持市场化原则。移动支付的价值链上拥有众多的参与主体，在不同主体的推动下产生了多种业务模式。随着移动支付业务的进一步发展，还将产生新的业务模式。移动支付的不同业务模式各有优劣，但每一种模式的产生和发展均是市场选择的结果。我国移动支付的模式选择和发展应充分坚持市场化原则，发挥市场主体的能动作用，通过阶段式、渐进式的发展，形成产品供应与市场需求协调发展的良性发展机制。

第二，要加强对移动支付的政策引导。移动支付区别于传统支付方式最大的特点在于它为消费者提供了一个便捷的、快速的支付渠道，而持续创新能力是引领移动支付市场发展的主要动力。为了正确引导市场发展，充分发挥移动支付在社会经济发展中的积极作用，必须加强对移动支付的政策引导。要逐步完善移动支付相关法规制度，维护各参与主体的合法权益；要研究对垄断性资源运营商参与移动支付市场的管理，实现市场资源的合理配置；要通过制定优惠的产业政策，鼓励移动支付服务市场的充分竞争，引导移动支付服务深入农村，特别是边远山区和贫困地区；要从满足社会公众日常支付需求的角度出发，引导有关主体进一步拓宽移动支付的业务范围。

第三，中央银行要加强服务和监管。移动支付的发展在创新支付方式的同时，对中央银行完善支付清算服务提出了新的要求，也对中央银行加强支付体系监督管理提出新的挑战。另外，移动支付大量使用电子货币，如果电子货币管理失控乃至泛滥，会直接放大市场上的货币流通量，造成国家在金融政策监管上的偏差，干涉经济管理部门对经济方向的正确判断，也将对中央银行制定和实施货币政策产生影响。因此，中央银行必须进一步完善跨行支付清算系统，以适应移动支付的业务处理需要；要综合市场协调发展等多种因素，研究向非银行支付服务组织开放中央银行的支付服务设施；要密切关注移动支付的发展，逐步将其纳入支付体系的日常监管范围，防范支付风险；要尽快发布《支付清算组织管理办法》，明确第三方支付组织的监管主体、市场准入条件、业务范围和风险管理要求等；要逐步规范和统一电子货币的发行，研究电子货币发展对传统货币的影响，进一步提高货币政策的操作水平。

第四，要抓紧制定统一的移动支付业务技术标准。从社会资源的有效利用来看，只有统一规范移动支付的业务技术标准，才能够避免相关机构在市场拓展、技术研发、终端布放等方面进行重复性投资，增强支付服务市场的竞争，实现社会资源的有效配置和充分利用。人民银行将积极会同有关部门进行研究，尽快明确移动支付的业务技术标准和安全标准，加强地区、部门、行业、机构的合作，实现互联互通，充分发挥移动支付网络的规模效应，降低交易成本，提高移动支付行业整体竞争力，为客户提供便利的支付业务。

第五，要充分发挥中国银联的积极作用。商业银行是移动支付发展的重要参与主体，而银行卡是银行账户的重要载体，也是社会公众办理移动支付的重要条件。在移动支付的业务处理中，经常涉及移动通信运营商在手机用户及其开户银行之间进行信息转接的问题，需要在银行和移动通信运营商之间建立信息传输通道。如移动通信运营商仅与部分银行连接，其他银行的客户将无法享受移动支付服务；如移动通信运营商与全部银行连接，将大大增加运行成本。考虑中国银联已经建立了银行卡跨行信息转接平台，应充分利用中国银联与各银行连接的优势，发挥其在移动支付发展中的积极作用。中国银联应通过建设移动支付专用平台，有效连接并协调各市场主体，降低移动支付的运营成本；要不断提高移动支付业务的处理效率，加强风险控制，促进移动支付稳健发展。

总之，移动支付的发展需要各参与机构的密切合作，同时也离不开相关管理机构的引导和扶持。在各方的共同努力下，我国移动支付产业将取得更大、更快的发展。相信在不远的将来，手机将集包括信用卡、储值卡、公交卡、身份证、社保卡、医保卡、电子病历等在内的多种功能于一身，人们可以利用手机随时、随地、随身、随心地完成日常消费、商务和支付等活动，真正实现“一机在手行天下”。

12.5　电子金融监管概述

移动支付监管是电子金融监管的一部分，其内容涉及电子金融、电子银行和电子支付的监管。

12.5.1　电子金融监管的环境

加快电子化金融监管建设的步伐，保证金融市场中资金的安全流动是我国政府金融监管部门亟待解决的问题之一。金融信息化彻底改变了传统的金融服务模式，其显著特征之一就是金融市场中资金流动模式的变革，然而，新型的资金流动模式在极大地推动了全球经济发展的同时，也给金融监管部门对资金流动行为的监管提出了空前的挑战。

我国金融技术进步的发展历程是与计算机在 20 世纪 60 年代进入金融领域，改变金融行业落后、过时的结算手段的努力紧密相关的。20 世纪 70 年代中期，引进国外小型机进行银行电子化试点拉开了我国银行电子化的序幕。改革开放以来，金融业建设按照“六五”作准备，“七五”打基础，“八五”上规模，“九五”电子化的发展战略，金融电子化水平有了较大的提高。总体上看，我国金融技术进步发展经历了三个阶段，即1957年起到70年代末期的单机批处理阶段、80年代的联机实时处理阶段和80年代末期至今的金融电子化联机网络阶段。

目前我国金融技术进步已进入全面发展阶段，基本实现了业务操作自动化、信息处理网络化、社会服务多元化、客户结算电子化。

1. 我国金融监管工作的复杂性

我国金融体制改革力度加大，监管范围扩大。我国正处于经济体制改革的攻坚阶段，国家“十一五规划”提出：推进商业银行、证券公司、保险公司等金融机构体制的市场化改革，加大金融产品的市场化开发力度；建立现代金融体系；推动发展证券市场、资本市场、外汇市场、金融衍生品市场等各类金融市场，加大金融创新力度；实施世界贸易组织的承诺，继续逐步地推进金融市场的国际化程度。国务院总理温家宝在政府工作告中指出，“加强和改进金融监管，依法严厉打击金融领域的违法犯罪行为，防范系统性金融风险，维护金融稳定和安全”。金融体制的深化改革和金融市场的不断发展将大大增加我国金融监管工作的复杂性和不确定性。

相对于西方发达国家，我国金融信息化和政府信息化水平差距较大。从20世纪70年代开始，我国各金融机构纷纷建立和完善内部治理信息系统，进行业务流程再造——从手工操作到联机处理业务操作，从柜台交易到实时交易，从分散业务处理模式到高度统一的综合业务处理系统。然而，我国金融机构的信息化建设较国外金融机构仍然不完善，如数据库的大集中、储户实名制、一个企业开多头账户等多方面问题还没有完全解决。而我国各级政府的电子政务正处于建设和应用的初级阶段，这使得在西方发达国家行之有效的监管方法和监管工具难以照搬照用。

金融业务混业化趋势。在我国，尽管存在金融全球化与金融混业对统一监管的客观要求，但我国金融市场的发展阶段和对外开放程度都决定了金融统一监管在短期内在我国还缺乏稳固的基础。但是，金融机构的业务运作模式混业化趋势已经给我国现有的分业监管模式带来了一系列的问题。

我国金融监管体系力量薄弱。国际专家对我国资金流动异常行为监管的评价是“态度积极，案例极少，基础薄弱，手段落后”。这主要体现在我国现行金融监管体系缺乏有效金融监管的条件，如异常交易数据采集规章与采集手段不完善，异常交易监管分析和决策支持工具匮乏，经验丰富的专家极少；多元化监管主体缺乏必要的信息交流与合作；证券业、保险业的监管资源与行业发展不匹配；金融监管缺乏科学的实务操作系统。上海作为中国金融交易中心，在中国加入世界贸易组织后成为了中外资金融机构市场化竞争的主战场，承担着我国资本运营中心和资金调度中心的重要职能。同时在2005年8月成立的人民银行上海总部，预示着我们正面临着如何通过治理金融中心做好金融市场各种资金流动异常行为监管的大挑战。

信息化促进了我国政府电子化金融监管体系的建设。传统的金融监管方式主要是由有经验的监管专家定期地对某一金融机构进行现场检查，或者金融服务机构将可疑数据定期上报，从而实现对资金流动行为的监管。然而，基于信息技术、网络技术、金融创新的快速发展，各金融机构纷纷进行业务流程的重新设计，金融市场和金融机构发生了革命性的变化，金融市场中所处理的资金流动速度加快、交易量急剧增加、资金流动方式复杂化，这些变革都使得传统的现场金融监管流程在时间和空间上都变得效率很低或彻底失效，这样，金融体系中的政府行为也必须随之调整。

4. 电子化金融监管

金融信息化为电子化金融监管工作提供了对金融交易进行持续性监管的条件。传统的金融监管流程面临金融信息化的高速发展，在监管的时间和空间上均变得不切合实际。电子化金融监管系统提高了对金融机构交易信息采集、分析、决策的及时性和准确性，为金融监管工作提供了更为具体和及时的信息。

电子化金融监管体系金融信息化促进了金融机构之间以及金融监管机构之间的信息共享。资金是在不同的金融市场中不停地流动，因此对资金流动的监管也应该是实时的、连续的，仅仅局限于某一个金融机构内部是无法进行的。目前，我国各金融机构正在进行的数据大集中、建设数据仓库的工作为金融机构间实现信息共享创造了初步条件。然而，考虑到金融机构之间由于竞争关系而给信息共享带来的阻力问题，对资金流动异常行为监管中的信息共享工作最好通过各金融监管机构来实施。

金融机构内控信息化建设工作是电子化金融监管的重要组成部分。在很大程度上，金融监管机构和金融机构内控部门的工作目标是一致的，同时，金融监管机构的任务之一就是对金融服务机构内控工作的监督检查。因此，促进金融机构风险内控信息化建设将极大地推动我国电子化金融监管的前进步伐。

我国电子政务建设为金融监管机构参与政务资源共享体系建设创造了有利环境。一方面，金融监管机构可以通过政务共享系统来充分利用政府其他部门中所有有利于监管的信息，有效识别资金流动异常行为的目的；另一方面，金融监管机构的资金流动异常行为也可以为政府其他监管部门服务提供可疑的交易证据。

12.5.2　电子金融监管的基本要求

根据我国的实际情况，特别是金融业发展状况、互联网使用现状、发展速度等客观条件，网络银行监管的基本内容应包括以下一些方面。

1. 制度框架

对于网络银行的监管，应根据网络银行的不同方面制定不同的规则或条例，这是国际上较为通行的做法。如美国对网络银行的监管形式，有规则、公告、劝告、警示、信函、备忘录等。我国监管部门对新机构或业务，通常习惯于制定一个包含各个主要方面的全面条例或规则，这种做法可能不适合于网络银行的监管方式。

2. 市场准入

目前国际上的通行做法是，对分支型网络银行的设立按新设分支行或营业部的管理规则进行管理，一般不要求重新注册或审批。纯网络银行的设立需要审批注册，并要满足其他一些特定要求。由于我国四大国有商业银行占据着银行业的主导地位，且对风险、利润的敏感性要远低于对“创新”的追求，不难预见，如果没有相对严格的审批制度，有可能导致其盲目发展。对于使用同一交易平台的金融机构，某一分支机构技术和管理上的薄弱会转化成系统性隐患，进而增大整个体系的风险。另外，审批制可能提高市场的进入成本，使得已设立的网络银行可能利用先发优势形成市场垄断，影响业务创新与技术进步，最终降低银行业的整体竞争力。

3. 日常监管

我国网络银行因技术水平参差不齐，对于与技术相关风险的监管应成为日常检查的一个主要内容。由于中间业务在网络银行的总体业务和赢利中所占的比重较大，并对网络银行的生存和发展有着重要的影响，所以，对这类业务的监管是网络银行日常监管的主要内容。

4. 市场退出

目前发达国家对网络银行的退出设计非常谨慎，一般要求网络银行要参加储蓄保险计划，制订可靠的信息备份方案，以市场兼并作为主要的退出措施。这是考虑到网络银行的市场退出不仅涉及存贷款等金融资产的损失或转移，而且其积累的客户交易资料、消费信息、个人理财方式等也面临着重新整理、分类和转移。当出现意外时，还有可能发生损失。

12.5.3 电子金融监管的内容

网络金融的迅速发展向金融监管体制提出了挑战。对此，戴相龙行长提出：网络金融的监管要纳入网络经济、电子商务整体管理框架中考虑；网络银行监管的国际性标准、国际化合作日益重要，过分强调一国金融业的特殊性，有可能成为全球金融一体化外的“孤岛”而在竞争中失败；在存款人利益得到有效保护的情况下，适当降低银行开展网络业务的市场准入要求，将有利于金融机构降低成本；严格控制网络银行已办业务的终止和市场退出。为此，我国网络的金融监管应基于以下几个方面：

1. 完善网络银行监管的法律法规框架

我国银行开展网上银行业务已有六年多，但国内法律法规还不能给网上银行业务发展提供充分的法律保障。目前除了《安全法》、《保密法》以及近期出台的《网上银行业务管理暂行办法》外，有关的法律法规非常有限，如不及时制定相关法律法规，无疑会妨碍网上银行业务的进一步发展。相应的法律法规应包括管理条例、指引公告和风险警示。其中，管理条例用以界定网络银行的要领和范围，市场进入的基本要求，交易行为的基本规范，一般的风险管理及站点管理、客户保护措施、信息报告制度等；指引公告是对已基本认定但仍未成熟，或者可推广的技术操作系统、标准、系统设置、风险管理手段等，或有可能形成系统性风险的业务流程、项目和规范，以及计划的检查项目、检查手段等，以指引公告的方式发布，随情况的变化及时调整；风险警示是对于一些偶然性的网络、信息安全问题，一些潜在的、有可能扩展但不确定的风险因素，以警示的方式向网络银行输送必要的信息。

2. 强化网上银行业务审批制度

审批制度对提高银行业整体风险管理能力、防止盲目扩张具有积极的现实意义。目前，我国银行开办的网上银行业务大部分是在网上提供传统银行业务，但因业务载体发生了变化，风险的内涵和表现形式也相应发生变化，似应视为新业务品种。因此，商业银行开办网上银行业务应获得人行的批准，在审批中应予以优先考虑以下内容。

① 遵循审慎性原则。必须严格监督网络银行公示、信息发布、交易风险揭示、系统安全机制设计等制度性安排。对于设备装备、技术投入、系统应用等技术性标准宜采用较为灵活、宽松的策略。

② 要求网络银行具有较为完备的风险识别、鉴定、管理、处置方案和计划、应急处理措施及辅助替代手段等。

③ 严格跨境业务管理。这既与我国目前的监管水平、外汇制度相适应，也为网络银行将来的发展提供了一个公平的竞争环境。

3. 提高监管人员的专业技术水平

网上银行业务的监管，要求监管部门必须设置专门的部门，培训专门的专业监管人员，从组织上保证对网上银行业务实施有效监管。

4. 金融业混业经营的监管问题

金融业混业发展是目前的国际趋势，也将是我国金融业未来的发展方向。为此，应在现有法律框架范围内允许银行在证券公司和保险公司合法委托的情况下，开办代理证券类业务或代理保险类业务。目前，我国金融监管机构对金融业分业经营的政策已经作出了适当调整，银行、保险、证券三业出现了互相渗透、共同发展的趋势。金融网络化为混业经营发展带来了新的契机，我们应迎合这一趋势，把握这一机遇，促进银行业、证券业、保险业的进一步融合。

12.5.4 电子支付安全的监管

为推动电子支付的健康发展，提高电子支付的安全性，需要从以下范围构筑防范体系：构建严密的电子支付监管体系，防范系统性风险；构建覆盖全社会范围的信用评估体系，防范道德性风险；构建统一的电子支付安全认证平台，防范技术性风险。在总行领导的高度重视下和在科技部门和业务部门的共同规划下，人民银行近几年加大力度，建成或建设了一批重要的相关系统。

1. 电子支付流程监管

由于我国对电子支付提供商监管的缺失，少数第三方电子支付提供商在处理电子商务过程中庞大的资金流时，突破经营限制，从事吸收存款等违法活动。构建安全高效的电子支付流程监管体系，可以对电子支付服务提供商进行有效的管理和控制，以防范与电子支付相关的金融风险。具体需要从以下几方面入手：进行电子支付大额资金流监测、建立反洗钱系统、加强账户管理。人民银行规划在建和已经建成的相关系统包括反洗钱监测管理信息系统、支付管理信息系统、人民币结算账户管理系统等。反洗钱监测管理信息系统、支付管理信息系统和账户管理系统相结合，能实现对账户的资金流向、交易资金额度和频度等设置相应阀值进行监测。支付管理信息系统主要用于采集分析支付系统数据信息和监测系统运行情况。为加强对全国人民币结算账户的管理，人民币结算账户管理系统（二期）也已顺利建设完成，实现了对全国个体和法人人民币结算账户开立、销户、变更、查询、统计、监测等功能，并实现了账户信息与征信系统、与同城清算、与公民身份信息相互之间的匹配核对，并即将实现与支付管理信息系统之间的信息比对。

2. 电子支付信用评估

构建安全高效的电子支付信用评估体系需要从以下几方面入手：信用评估指标体系的制定与研究、建立支付信用信息系统、落实账户实名制。

2007 年，金电公司正在建设为政府管理部门、金融机构和社会公众提供支付信用信息特别是票据信用信息查询服务的支付信用信息系统，系统将于 2007 年年底上线运行；为落实账户实名制，建设联网核查公民身份信息转接平台，面向全国所有的商业银行提供公民身份信息核查、查询功能的系统已开始试点运行。在此之上，需要继续研究电子支付信用数据交换模型和网络服务方案，结合目前人民银行的征信体系数据，客观、公正、全面地提供电子信用评价服务，完善信用评价指标体系，设计与其他相关系统和部委之间的网络服务平台，设计数据交换模型，制定与其他相关诚信系统互联互通的服务方案。

3. 电子支付安全认证

为电子支付业务应用提供保障的安全认证技术在我国已经了较好的研究与应用。我国自主研制出入侵容忍 PKI 系统、PMI 权限管理系统、电子证书认证系统、PKI 中间件等一批认证产品和支撑系统。这些技术和产品在我国 20 多个重要部门或重大工程中得到示范应用。目前，全国范围内能够为社会提供服务的 CA 认证中心有 30 多个。CFCA 证书及各商业银行的 CA 证书已经在银行业务领域得到广泛应用。在当前形势下，最迫在眉睫的是要尽快解决当前各 CA 认证之间的信息互联互通，解决信息孤岛的问题。

4. 电子支付工具的监管

电子货币的发行会产生发行人的监管问题、支付系统的监督问题、对消费者及其信息资料的保护问题等。在欧盟，只允许存款机构和经批准的电子货币机构发行电子货币。澳大利亚、捷克和立陶宛规定，发行电子货币的供应商都必须持有相关的牌照或者豁免遵守这项规定。如同纸币，电子货币是发行人的债务。发行人必须在任何情况下能够清偿其债务。发行人不能兑付电子货币不仅损害公众对电子货币的信任，而且也会损害公众对其他货币形态的信任。因此，必须强制发行人具有足够的资本和流动性。由于发行电子货币的非金融机构通常不会像银行业金融机构那样受到管制，这也就意味着消费者的权益可能会受到侵害。特别是，对于无法继承或者静止不用的电子货币余额，非金融机构还不能像银行那样对电子货币进行记录并遵从有关缴存规定。第三方电子货币服务的出现使得隐藏和搬运一张卡片要比一箱现金更为容易。如果允许通过特殊的资金转账安排进行资金转账，第三方电子货币服务就会非常容易地进行大量小额支付。即便是有记录的网络支付方式，只要第三方电子货币服务容许匿名使用，依旧非常容易地避开监督管理。在这种情况下，第三方电子货币服务使得洗钱更加容易。除了发行人的可靠性以外，电子货币还会涉及支付方式和支付系统的安全性与可靠性。当电子货币是不记名的，其所包含的权力只能通过转让所有权来实现。人们似乎已经习惯了不记名的卡基支付方式，而且也不关心是否存在账簿记录。这种现象会导致人们不会过多地关心电子货币的安全性。事实上，让中央银行对各种电子货币的安全进行权衡是相当困难的。新加坡货币监管局对发行电子货币的银行是否已建立了防御伪造和欺诈的强大安全系统进行评估。在评估支付系统的运转和技术安全性作用的方面，奥地利的中央银行是借助相关技术组织提供的支持，墨西哥还为此专门成立了特别工作组。

12.5.5　非金融机构支付服务的监管

国际上关于非金融机构支付服务的监督管理大体上可以划分为“自律的放任自流”模式和“强制的监督管理”模式。但是，自从美国和欧盟在 2000 年相继发布有关支付清算服务（货币服务）的示范法或指令以来，“自律的放任自流”模式开始让位于“强制的监督管理”模式。亚洲部分国家的中央银行近年来也在着手制定有关非金融机构支付清算服务的法律。有不少国家通过对电子货币进行界定，加强了对电子支付工具及其发行者、服务提供者的监管。从已经实施的监管措施来看，主要措施是对非金融机构设定支付服务市场准入条件，对取得许可的此类机构进行监督管理。

中国支付清算协会成立的目的在于对支付服务行业进行自律管理，维护支付服务市场的竞争秩序和会员的合法权益，防范制度风险。中国支付清算协会的地位和证券业协会、银行业协会、保险业协会的地位是同等的。2011 年 2 月，中国支付清算协会已经获得民政部门的许可，同意筹备成立，并且要在准予筹备之日起 6 个月内召开成立大会，通过章程产生执行机构、负责人和法定代表人。最后，筹备工作完成以后还要向民政部申请成立登记。按照民政部的要求，中国支付清算协会要在 2011 年 8 月之前就要做好相关筹备工作。从支付行业方面来说，支付清算协会的成立具有很重要的意义。说明支付行业已经被国家作为一个正式的行业予以监管了。相关行业规范也将制定，支付行业将会更加规范。该协会很可能成为支付清算组织正式监管实体。在中国支付清算协会成立的同时，首批第三方支付牌照也将随之宣布。对非金融机构支付清算服务的监管主要有以下内容：

1. 实行有针对性的业务许可

美国要求，所有从事货币汇兑等业务的机构都必须登记注册、获得许可并接受监督检查。欧盟规定，各成员国应对电子货币机构以及支付机构实行业务许可制度，确保遵守审慎监管原则的机构才能从事此类业务。在韩国、马来西来、印度尼西亚、新加坡和泰国，电子货币发行人必须得到央行的授权或许可，并对储值卡发行设置金额上限。

2. 设置必要的准入门槛

美国从投资主体、营业场所、资金实力、财务状况、业务经验等方面，对设立从事货币汇兑等业务的机构作出了要求。欧盟规定电子货币机构的注册资本金应不少于 100 万欧元，其在业务活动、投资行为等方面应遵循严格的规定。英国对这类机构的注册资本金与自有资金构成及业务活动等方面进行了详细规定。

3. 建立检查、报告制度

美国明确规定，从事货币汇兑等业务的机构应当接受现场检查。从事货币汇兑等业务的机构，必须维护客户资金的安全，具有足够的流动性，不得从事类似银行的存贷款业务，不得挪用客户的交易资金。欧盟要求此类机构严格区分自有资金和客户资金，切实保障消费者的权益。

4. 通过资产担保等方式保护客户的利益

美国对货币汇兑机构提出了担保和净资产的要求，以保护公众的安全和产业的健康发展，规定这类机构的投资方式必须得到许可，投资种类和比例应符合相关要求。欧盟要求对客户资金提供保险和类似保证。电子货币机构用于活期存款及具备足够流动性的投资总额不得超过自有资金的20倍。英国要求，电子货币机构的在途资金总额不得高于自有资金的8倍。

5. 加强机构的终止、撤销和退出管理

美国规定，在特定条件下，可以终止、撤销业务许可或要求从事货币汇兑等业务的机构退出该业务领域。欧盟明确规定，可以就若干情形撤销对支付机构的支付清算业务许可。

12.5.6 我国电子支付监管的任务

我国已将促进电子支付发展列入经济发展战略。国务院明确了人民银行负责“制定全国支付体系发展规划，统筹协调全国支付体系建设”。长期以来，人民银行积极推进银行业金融机构的电子支付发展，密切关注非金融机构参与支付服务市场的动态，努力探索支付服务市场的发展与改革。

1. 加快电子支付制度建设

为规范银行业电子支付发展，人民银行出台了《电子支付指引（第一号)》。它的颁布标志我国电子支付规则制定取得了突破性进展。它统一了电子支付业务申请的条件和程序，规范了电子支付业务的发起和接受，强调了电子支付风险的防范与控制，明确了电子支付业务的差错处理的原则和要求。

由于电子支付的复杂性、市场主体的多样性，人民银行将针对不同电子支付业务的特点等，综合不同发展阶段的管理要求，连续出台一系列相关指引。通过建立和完善电子支付业务规则，人民银行将逐步加强对电子支付业务的全面指导。

2. 继续推进银行卡品牌建设

在人民银行党委的正确领导下，经过银行业金融机构的不懈努力，我国在短短几年时间里成功实现了不同银行卡的联网通用。中国银联的顺利改制为创建自主品牌奠定了良好的基础，许多国家和地区已逐步认同并使用银联标识银行卡。

人民银行将继续支持银行卡产业的发展壮大。银行卡的发展必须坚持走联网通用、联合发展的道路。人民银行将与有关各方共同改善银行卡的受理环境；修改完善银行卡业务的收费标准，提高中小特约商户的普及率和持卡消费率；积极推动公务卡的使用；进一步做好银行卡的联网通用工作，全面推进银行卡业务规范和技术标准的统一。

3. 推进电子票据广泛使用

为顺应市场发展需要，人民银行通过深入调研、充分论证，将着力推广使用电子票据。电子票据以商业银行的电子银行为基础，将传统的票据业务与信息技术结合起来，以电子方式明示传统票据的要素，以电子签名取代传统印鉴，对提高票据业务效率、防范票据风险、推动票据市场具有重要意义。

在成功引入票据影像系统的基础上，人民银行充分考虑商业银行行内电子商业汇票系统的联网通用需要，正在建立电子票据系统。该系统的建成将为银行业推广电子票据提供跨行通用的服务平台，并将有力促进电子票据的快速发展。

4. 引导电子支付规范发展

人民银行非常重视银行业金融机构的创新活力，大力支持其电子支付的规范发展，并密切关注其与非金融机构之间的支付清算服务合作。人民银行将继续深入研究支付服务市场的新生事物，积极推进银行业电子支付的业务、技术和安全等方面的标准化建设，切实推进银行业电子支付的健康发展。

非金融机构支付清算服务是国家支付体系的有机组成部分。人民银行将依据国务院明确的职责对非金融机构参与支付服务市场进行规划和统筹。由于涉及电子支付的许多法律问题还在探索阶段，人民银行将通过多种手段积极引导非金融机构支付清算业务的规范发展。为维护社会公众对货币转移机制的信心，人民银行将密切关注客户备付金等的监督管理。

通过业界的共同努力，中国的电子支付取得了令人瞩目的成绩。随着支付基础设施的不断完善，支付服务市场主体不断丰富，有关制度建设将成为我国今后的工作重点，中国的电子支付必将沿着不断创新与规范发展的道路前进。

本章小结

通过本章学习，首先要掌握移动支付法律制度，了解移动支付立法的必要性，熟悉移动支付面临的法律问题以及移动支付的立法要求。然后要理解第三方支付市场准入制度，掌握第三方支付服务市场准入的具体规定和非金融机构支付服务的配套规范。要重点掌握移动支付交易法律制度、移动支付合同法律问题及身份认证制度。最后，要掌握电子金融监管，包括电子金融监管的环境、电子金融监管的要求和电子金融监管的内容。

本章习题

1. 试述移动支付立法的必要性。
2. 试述移动支付面临的法律问题以及立法要求。
3. 试论第三方支付市场准入制度的内容及特点。
4. 试论我国移动支付的法制化前景。
5. 详述电子支付的风险。
6. 简述电子支付风险的防范措施。
7. 试论非金融机构支付服务的监管。

参 考 文 献

[1] Mobile Payment Forum White Paper. Enabling Secure, Interoperable, and User - friendly Mobile Payments. Mobile Payment Forum, 2002 (10)

[2] 刘华．手机支付：在竞合中问路［J］．软件工程师，2010（21）

[3] 周少晨．信用卡联姻移动通信业务［J］．中国信用卡，2010（6）

[4] 肖荣，张云华，章依凌．基于WAP的移动电子商务支付系统安全性改进［J］．计算机系统应用，2010（3）

[5] 王欣．中国移动支付的发展分析［J］．东南大学学报：哲学社会科学版，2008，12（10）：78－80

[6] 张琪．移动支付成多功能卡应用突破口．中国计算机报，2011－1－17

[7] 孟键，陈少芳．基于NFC手机的应用研究［J］．电子商务，2008（8）：70－75

[8] 韩露，桑亚楼．NFC技术及其应用［J］．移动通信，2008（3）：25－28

[9] 张桂龙．电子商务环境下的移动支付研究．同济大学硕士论文，2007（3）

[10] 侯春萍，宋梅，蔡涛，等译．WAP无线应用协议．北京：机械工业出版社，2000

[11] 李珊君，任瑞玲．WAP无线应用协议原理与技术．上海：浦东电子出版社，2002

[12] 黄显明．移动支付技术支付．信息工程系统，2009（4）：63－65

[13] 陈思，何炜，等．基于开放服务架构的移动支付平台［J］．计算机工程，2003（11）

[14] 刘文琦．移动支付系统安全的关键问题研究．大连理工大学博士论文，2008

[15] 李晓力，王昕．对我国当前移动产业链的分析［J］．商场现代化，2007（7）

[16] 门凤超．移动支付之案例篇NTT DoCoMo移动支付业务运作模式分析［J］．通信世界，2008（01）

[17] 马凌，游亚敏．我国移动支付业务发展的营销策略分析［J］．改革与战略，2012（1）

[18] 尹远，郭嵩海．运营商移动支付发展分析［J］．数字通信，2011（4）

[19] 董亚昕．移动支付业务采纳影响因素研究．北京邮电大学硕士论文，2011（1）

[20] 杨若莎．诺基亚利用NFC技术推广移动支付［J］．物联网技术，2011（7）

[21] 陈化南．NFC成为移动支付主流技术［J］．电信快报，2011（9）

[22] 陈翔，仲伟俊，梅姝娥．电子商务业务模式及其发展趋势［A］．西部开发与系统工程——中国系统工程学会第12届年会论文集［C］，2002

[23] 张安伟，吴俊．基于产业链视角的移动支付主导力量分析［J］．中国电信业，2011（9）

［24］李健民．基于价值网络的移动支付模式研究．中南大学博士论文，2011（5）
［25］雷铁军．湖南电信移动支付运营模式研究．中南大学硕士论文，2011（5）
［26］柯新生．网络支付与结算．电子工业出版社，2004
［27］梁春丽．移动支付 13.56MHz 和 2.45GHz 两种标准共存［J］．金融科技时代，2012（1）
［28］李峰．基于 NFC 技术的移动支付应用探索．数字通信，2011（4）
［29］李洪．点对点移动支付信任因素研究．大连海事大学硕士论文，2011（5）
［30］郝志同，邵伟忠．多种移动支付技术的比较与分析［J］．高新技术企业，2011（9）
［31］朱阁，敖山，戴建华，李忱．手机移动支付的价值接受度模型及实证［J］．北京信息科技大学学报：自然科学版，2011（9）
［32］中国民生银行课题组．移动支付的挑战与银行的对策［J］．中国金融，2011（4）
［33］银联移动支付路线图渐明短期主推 SD－NFC 支付．移动通信，2011（16）
［34］林行高．移动支付应用中的无线通信技术研究．华南理工大学硕士论文，2011（11）
［35］张桂龙．电子商务环境下的移动支付研究［D］．同济大学，2007
［36］杨国明．移动支付商业模式分析［J］．电脑知识与技术：学术交流，2006（20）
［37］宋颖．NTT DoCoMo 移动支付业务的启示［J］．当代通信，2005（15）
［38］张安勤．移动支付技术综述［J］．上海电力学院学报，2006（02）
［39］马涛．我国移动支付业务发展分析［J］．华南金融电脑，2005（03）
［40］辛云勇．移动支付的几点难题［J］．互联网周刊，2006（04）
［41］王慧红，杨国明．浅议我国移动支付产业链［J］．辽宁丝绸，2006（01）
［42］邹宗森，卢兆丰，王道花．我国移动支付产业分析与发展策略［J］．金融经济，2006（06）
［43］盛天翔．试析移动商务之手机支付的可行性［J］．科技情报开发与经济，2006（16）
［44］肖云鹏，徐惠民，苏放．移动支付系统研究及其安全性分析［J］．中国数据通信，2005（05）
［45］王文标，宿嘉鹤．移动支付业务拓展期市场分析与营销方法［J］．中国信用卡，2005（08）
［46］马玲．企业移动电子商务的研究与应用［J］．商场现代化，2006（24）
［47］彭冰，郎为民．移动微支付系统研究［J］．微计算机信息，2006（27）
［48］冯家兴，钱志军．基于银联的移动支付平台的设计与实现［J］．中国信用卡，2006（12）
［49］刘军，廖建新．利用 USSD 实现移动支付业务［J］．中国无线电，2005（04）
［50］栾瑞鹏，廖建新．移动支付平台与多银行联网的安全策略方案［J］．中国无线电，

2005（07）
[51] 吕廷杰．我国移动商务发展趋势分析与展望［J］．北京邮电大学学报：社会科学版，2006，8（4）：2－8
[52] 袁雨飞，王有为，胥正川，等．移动商务［M］．北京：清华大学出版社，2006：11－17
[53] 王荣庆．浅析移动支付［J］．科技论坛，2005（10）：42
[54] 尹秀超．解析：移动电子支付相关法律问题［EB/OL］．http：//www. enet . com. cn/article/2006/0512/A20060512530753. shtml，2008202208.
[55] 杨国明．移动支付商业模式分析［J］．电脑知识与技术，2006，（20）：18
[56] 刘胜题，范菁．电子支付的法律问题［J］．上海理工大学学报，2001，（3）：15.
[57] 刘颖．支付命令与安全程序——美国《统一商法典》第 4A 编的核心概念及对我国电子商务立法的启示［J］．中国法学，2004，（1）：165.
[58] 王蜀黔．电子支付法律问题研究［M］．武汉：武汉大学出版社．2005
[59] 徐萍．消费心理学教程［M］．上海：上海财经大学出版社，2001
[60] 江林．消费者行为学［M］．北京：首都经济贸易大学出版社，2002
[61] 信息产业部．2007 年全国通信业发展统计公报［R］．北京：中国信息产业部，2008
[62] 易观国际．2007 年第 4 季度中国第三方电子支付市场季度监测［R］．北京：易观国际咨询公司，2008
[63] Mallat N. Exploring consumer adoption of mobile payments – a qualitative study［C］. in Presentation at Helsinki Mobility Roundtable，Helsinki，Finland，June 1－2，2006.
[64] Mallat N，Rossi M，Tuunainen V，Oorni A. Use context for mobile payment services［C］. in Presentation at Hong Kong Mobility Roundtable，Hong Kong，China，June 1－3，2005.
[65] 岳云康．我国电子商务环境下的移动支付问题研究［J］．中国流通经济，2008（1）：40－43
[66] 王晓娥．移动支付存在的主要问题及市场切入点分析［J］．宁夏工程技术，2004（6）：150－153
[67] 陈华平，唐军．移动支付的使用者与使用行为研究［J］．管理科学，2006，19（6）：48－55
[68] 崔瑞琳．移动支付业务综述［J］．现代通信，2006（6）：20－22
[69] 陈香梓．基于 J2ME 技术的移动支付方案研究［J］．电子商务，2010（2）
[70] 冯俊，陈家琪，沈海峰．基于双 Hash 链的移动支付微证书验证优化策略［J］．计算机工程与设计，2010（3）
[71] 曲珊珊，刘旸．面向移动支付服务的安全认证管理系统研究［A］．2010 通信理论与技术新发展——第十五届全国青年通信学术会议论文集（上册）［C］．2010

[72] 刘晓敏，陈文伟．厦门广电集团呼叫中心项目的实施［A］．2009 中国电影电视技术学会影视技术文集［C］．2010
[73] 戴宏．移动支付系统安全风险评估［D］．北京：北京交通大学，2010
[74] 范伟．移动商务安全性研究［D］．北京：北京邮电大学，2010